LOCUS

LOCUS

LOCUS

LOCUS

mark

這個系列標記的是一些人、一些事件與活動。

mark 42 聖經密碼 2
(*Bible Code II*)
作者： 邁可・卓思寧 (Michael Drosnin)
譯者：蔡梵谷
責任編輯：湯皓全　美術編輯：謝富智
法律顧問：全理法律事務所董安丹律師
出版者：大塊文化出版股份有限公司
台北市105南京東路四段25號11樓
www.locuspublishing.com
讀者服務專線：0800-006689
TEL：(02) 87123898　FAX：(02) 87123897
郵撥帳號：18955675　戶名：大塊文化出版股份有限公司

總經銷：大和書報圖書股份有限公司　地址：台北縣五股工業區五工五路2號
TEL：(02) 89902588 89902568　FAX：(02) 22901658
製版：源耕印刷事業有限公司
初版一刷：2003年7月
初版 7 刷：2017年10月

定價：新台幣 300元
Printed in Taiwan

[聖經密碼2]

倒數計時

Bible Code II: The Countdown

Michael Drosnin⊙著

蔡梵谷⊙譯

謹將本書再度獻給我的家人、我的友人、所有秉持信念的人。

「並且有大艱難、從有國以來直到此時、沒有這樣的。」

——聖經舊約《但以理書》十二：一

「要解決以前未曾解決的難題，你必須向未知敞開大門。」

——諾貝爾物理學獎得主理查・費曼

目錄

中文版翻譯凡例

本書所謂的「密碼」，是由希伯來文的《聖經》中以「等距跳躍取碼」（間隔固定數目之字母取一碼）的方式，湊成字、詞、句，以這種方式組成字語，在本書中皆稱爲encoded，中文版則譯成「密載」。

本書中提及這類「密載」之字語時皆稱爲hidden text，中文版則因這些密碼有預言未來之性質，而譯成「讖文」或「讖語」。

由於這類密碼是由希伯來文《聖經》以跳躍取碼組成，故而您無論是在英文版或中文版的《聖經》皆找不到書中所提的「讖文」，但中文版會酌情附上相關之經文。

至於直接援引之《聖經》內容，在本書中皆稱爲plain text，中文版譯成「經文」。由於本書作者有時是將相關內容由希伯來文的《聖經》自行譯成英文，故而雖然是「經文」，卻不見得能在一般英文版或中文版《聖經》中找得到（例如，本書的重點之一：尋找「密碼鑰匙」，其關鍵地點Lisan，黎山，在英文版或中文版《聖經》中皆未譯出此地名）。值此情況，中文版就依原文直接譯出，再附上相關章節之經文，以供讀者參照。

本書提及相關經文時所附的中文《聖經》，皆採用聖經公會發行之中文版。由於該版迻譯年代較久遠，有些用語不符目前習慣（例如，Dead Sea譯成「鹽海」，目前則習稱「死海」；又如本書的另一重點End of Days，中文《聖經》中稱爲「末時」，目前習稱爲「末日」）。本書中譯的原則是在這類字語第一次出現時先以「譯按：」略予說明，隨後於引用經文時皆採取《聖經》用語，在一般敘述時則依照現代用語。

書末之「各章註解」性質類似論文之「參考書目」，大都是交待內文資料之來源、出處。其中所引用之人名、地名、書名等，若曾在內文出現，則使用內文之中文譯名。若不曾在內文出現，則除非有特別需要，否則一律直接引錄原名，不另中譯，有興趣參考的讀者可由原文直接進一步查詢。

前言

《聖經》中有一套密碼三千年來一直不爲人知。如今它已由電腦破解，或許可從中窺悉我們的未來。

五年前我出版一本書，論及一位著名的以色列數學家發現聖經密碼之事。

那本書讓聖經密碼舉世皆知，我原本期待自己在這場奇特的經歷中無足輕重的角色可以告一段落。我是記者，不是先知，不是科學家，也不是聖經學者。

而且聖經密碼對我而言一直都是個謎。我不信教，也不信仰上帝，故而我甚至無從想像《聖經》中會有一套密碼可以預言聖經成書後才發生的事件。

不過我確定聖經密碼是確有其事。

我一再見證了密碼中的預言成眞。我甚至曾警告過一位總理，密碼說他將遇刺，然後駭然眼睜睜看著他遇害，就如密碼所預言，就在密碼預言的那一年。

二〇〇一年的九一一恐怖攻擊事件，在已有三千年歷史的經文中也可窺見端倪。

我向美國及以色列的傑出科學家請益，也向一位美國國家安全局的資深解碼專家求證聖經密碼，這個諜報單位專替美國軍事情報單位編碼及解碼。

我學習希伯來文，並與以色列譯者合作求證已找出的每一則密碼。

我與發現密碼的數學家伊力雅胡・芮普斯（Eliyahu Rips）博士經常碰面，每週也會交換意見，他是「群論」（group theory）的翹楚，這個數學領域也是量子物理學的基礎。

我除了利用芮普斯博士與他的同事亞歷山大・羅登堡（Alexander Rotenberg）所撰寫的電腦程式來覈驗機率外，也向他查證每一則重大密碼的數學意涵。

我聽過向芮普斯挑戰的批評者之鼓譟。我甚至期望有人能證明密碼爲子虛烏有，那可以使我如釋重負，無需再承擔我不想要也深感力有未逮的重責大任。

但是沒有一個批評者能證明聖經密碼純屬子虛烏有，事實上《聖經》中有一套可以預言未來的密碼之證據反倒日益確鑿（參見附錄）。

最後，有三件事迫使我繼續追根究柢——首先是九一一事件，那是密載於聖經中的警訊確有其事之殘酷證據；第二點是愈演愈烈的中東紛爭，恐有將全世界捲入戰火之虞；第三點是一項令人震驚的發現，那或許會令聖經密碼暗藏的玄機眞相大白。

本書開始尋求可以將密碼徹底解密的鑰匙，揭露我們已塵封的過往，及我們全部的未來。

如今這場尋覓行動已刻不容緩。因爲聖經密碼警告，我們若想救亡圖存，或許只有四年（譯按：作者是以英文本出版的二〇〇二年估算）。

01 末時

二〇〇一年九月十一日上午八點四十八分，一陣令世界從此面目全非的爆炸聲將我驚醒。

我扭開時鐘收音機，收聽新聞快報——一部巨無霸噴射機已撞上世貿中心大樓中的一棟。

我衝上屋頂，及時看到第二架波音七六七不偏不倚飛向雙塔的第二棟，使其陷入火海。那顯然不是意外。恐怖分子劫持了兩部飛機。紐約已遭到攻擊。

我在屋頂獨自佇立一個多小時，驚駭萬端又難以置信地望著那兩棟一百一十層的大樓，巍然聳立在我所住的下曼哈頓區半空的銀色龐然大物，持續地燃燒，巨大的橘色火焰由缺口迸出，黑煙直竄入雲霄。

突然間，一棟大樓塌了。它是筆直塌陷。第二棟大樓也在內爆後崩坍。漫天襲地的灰塵朝我面前的街道直撲而來，兩棟大樓轉眼間夷爲平地，在飛揚的塵土間失去蹤影。

我的腦筋無法承受我目睹的這種大規模毀滅。那種規模僅見於聖經預言中。

我由屋頂飛奔下樓，立刻搜尋我的電腦中那套古代的密碼：聖經密碼。我從中或許可以找到全面性危險的佐證，以及還會來臨的危難之啓示。

這套密碼是一位知名以色列數學家在《聖經》中發現的，其中已揭露《聖經》成書後數千年才發生的其他舉世震驚的事件。

如今它也揭露了我剛親眼目睹的整個事件。我幾分鐘前在屋頂上所看到的，就以古希伯來文詳盡地顯現在我的電腦螢幕上。

「雙塔」密載於有三千年歷史的經文中。「飛機」出現在同一個位置。「它造成塌坍、撞倒」與「飛機」和「塔」交錯。

我在二〇〇一年九月十一日所親眼目睹的事，三千年前就已密載於《聖經》中。

我目睹整個經過時，心中只萌生一個念頭，當第一棟大樓倒塌時我大聲說出——「噢，上帝，是眞的。」

眞正令我震驚的不是這場恐怖攻擊，而是聖經密碼預言還會發生的事。

密碼已預言了約翰・甘迺迪及伊茲哈克・拉賓遇刺。由第二次世界大戰以迄水門案、由納粹大屠殺至廣島原子彈、由登陸月球至波斯灣戰爭，凡此種種皆早已預知。有時候預言會被事先發現，而所預言的事件也都應驗了。

如今九一一事件的每個細節也都在其中。忽

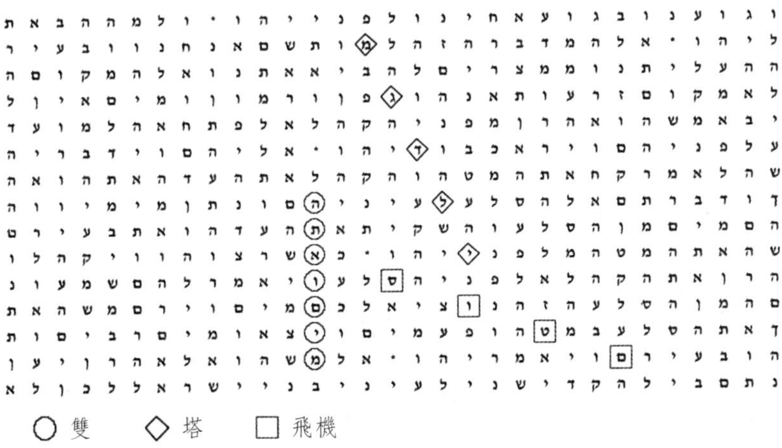

然間，我掌握了聖經密碼確有其事的殘酷鐵證。

故而當飛機衝上大樓時，我眼看著駭人的景像呈現在眼前，也看到了恐怖得難以想像但密碼中明確預言的未來。忽然間，密碼似乎是信而有徵了。

五年來我一直在警告世界領袖，一則古代的預言即將應驗，西方三大宗教全都預言的末日浩劫（Apocalypse），就密載於《聖經》中，我們在十年內或許會面臨眞正的「哈米吉多頓」（Armageddon，末日決戰）——由中東的恐怖攻擊行動引發的核子世界大戰。不過我自己對此也半信半疑。

柯林頓總統前往大衛營時帶著我的書，以及我的一封信函，我在函中警告他，我們面臨一場在「聖地」（耶路撒冷）爆發但會波及全世界的戰爭。

「我對是否要詳細說明猶豫不決，因爲聽來

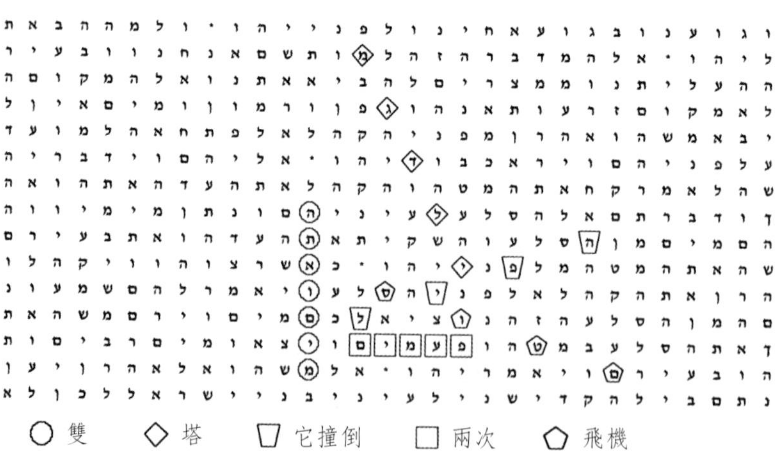

有如預言末日浩劫，」我在對柯林頓提出警訊時仍有所保留。我無法告訴總統世界末日將至。

然而我在去年內終於還是告訴美國總統、以色列總理、巴勒斯坦領袖，依據聖經密碼我們已置身於末日的終極險境中。

我曾赴拉馬拉（Ramallah），與阿拉法特在他戒備森嚴的總部會晤，也曾至特拉維夫晉見裴瑞斯（Shimon Peres）、在耶路撒冷與夏隆（Ariel Sharon）的兒子見面、在白宮與柯林頓的幕僚長晤談，我告訴他們每一個人，要拯救世界或許只有五年。

不過沒有人聽信這則警訊。

就在九一一恐怖攻擊的前一天，我還向白宮打聽，新上任的布希總統是否已收到我寄給他的信函，我在那封信中警告，我們或許會在他任內面臨第三次世界大戰。

我寫給布希的信是在阿拉伯恐怖分子攻擊紐約與華盛頓前一個月寄出的，內容如后：

「而今聖經密碼警告，在您任內世界或許會面臨一場終極危險——由中東引爆的核子世界大戰。

「這危急存亡之秋已明顯預言，無庸置疑。

「『布希』、『阿拉法特』、『夏隆』全都密載於《聖經》中，與西方三大宗教長久以來所預言的危險時刻——末日——密載於同一處。

「聖經密碼用現代詞彙清楚指出這場危險——『原子彈浩劫』與『世界大戰』——都密載

於聖經。兩者都與二〇〇六年並列。」

九一一當天布希總統宣稱美國已經開戰，「二十一世紀的第一場戰爭已經開打」。《紐約時報》有一則專欄的標題是「第三次世界大戰」。

然而直到九一一之前我始終是信疑參半。我不信教。我不信仰上帝。我是對宗教存疑、凡事追根究柢的記者。我剛出道時在《華盛頓郵報》跑警察夜間臨檢新聞，我在《華爾街日報》跑公司行號的新聞，我對事實依然抱持著實事求是的態度。故而儘管我寫了一本書令聖經密碼舉世皆知，我每天早晨醒來仍會懷疑那場危險是否確有其事。

九一一當天早晨，我被足以證實密碼確有其事的事件驚醒。

突然間那已經不容置疑了。涉及的不僅是以色列，而是美國、紐約。是我居住的都市。對紐約的攻擊，對世貿中心的攻擊，這令人難以置信的恐怖事件不僅密載於《聖經》中——事實上我在事發前就已預見到。

就僅隔著一個街區。而且我是親眼目睹的。

我是在一九九三年發現的，就在恐怖分子對同兩棟大樓發動攻擊失敗之後。「雙塔」密載於《聖經》中，與「警告、屠殺」並列，而「警告、屠殺」也與「恐怖」交錯。「恐怖」兩度出現，「它會倒塌、坍陷」也密載了兩次。

但我以爲那指的是過去，不是未來。我不曾料想過會兩度遭雷殛——八年後會對同兩棟摩天大樓發動另一場恐怖攻擊，而且會成功，將兩座大樓撞毀。

我也不曾想過要在密碼中尋找「飛機」。我在當天稍後向美國中情局的一個友人解釋：「沒有人能想到會採取這種方式。」「有人想到了，」他說。

事情發生後，警訊已昭然若揭。它隱藏在《聖經》中已三千年。如今已可一目瞭然。鉅細靡遺。

發現聖經密碼的科學家芮普斯在他耶路撒冷的寓所，也找到了同一份與九一一有關的不尋常密碼表列，他從以色列把它用電子郵件傳給我。

芮普斯博士是群論——量子物理學的基礎——的權威之一，我與他晤談時，他告訴我他已核算過機率。

三個關鍵字——「雙」、「塔」、「飛機」出現在《聖經》同一處的機率，是一萬分之一。

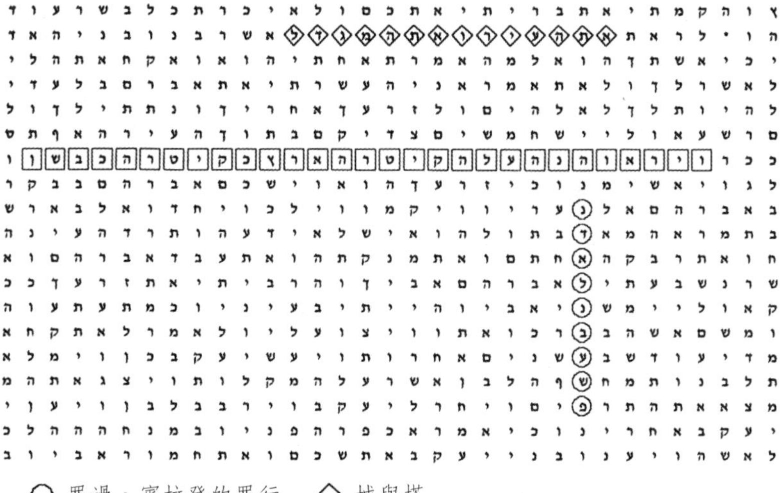

○ 罪過，賓拉登的罪行　◇ 城與塔

□ …觀看。不料、那地方煙氣上騰、如同燒窯一般。

不僅如此。賓拉登（Osama bin Laden）這個名字亦出現在《聖經》中。芮普斯找到一列文字宣告他有罪——「罪過，賓拉登的罪行」——它就出現在創世記中談及「城和塔」的經文之處。

在經文的同一處，《聖經》原文寫道「…觀看。不料、那地方煙氣上騰、如同燒窯一般。」（譯按：

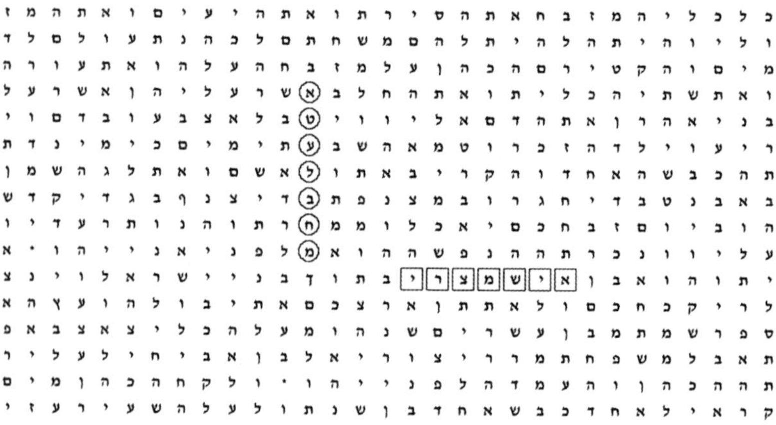

○ 恐怖分子阿塔　□ 埃及人

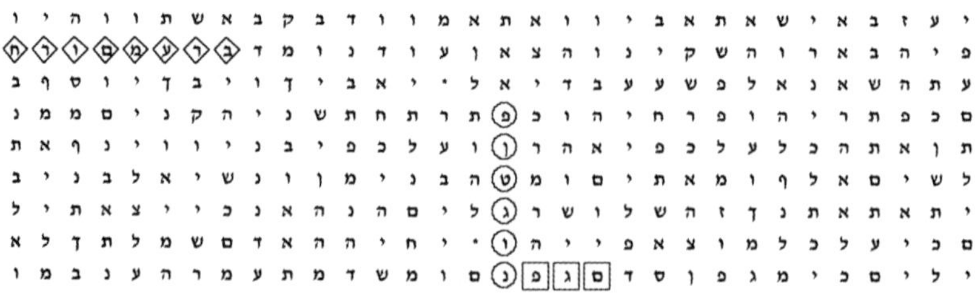

○ 五角大廈　□ 毀損　◇ 危急來自阿拉伯

《創世記》十九：二八）

為首的劫機者——撞向雙塔的第一部飛機之駕駛——穆罕默德・阿塔（Mohammed Atta）也辨識出來了。

「恐怖分子阿塔」就密載於《聖經》中，「埃及人」亦出現於同一處。

另一個目標，位於華府的美國軍事總部。紐約的第一場攻擊後一個小時，五角大廈也遭第三部受劫持的飛機撞擊。那也密載於《聖經》中。

「五角大廈」在《聖經》中出現一次，與「毀損」交錯。已有三千年歷史的經文之預言再度應驗。五角大廈的五面之一被撞毀，但建築物本身仍屹立不搖。

「危急」與「五角大廈」出現在同一處，緊接著是「來自阿拉伯」。事實上，幾天後得悉大部分恐怖分子來自沙烏地阿拉伯。

世上有史以來最慘烈的恐怖攻擊事件，也是美

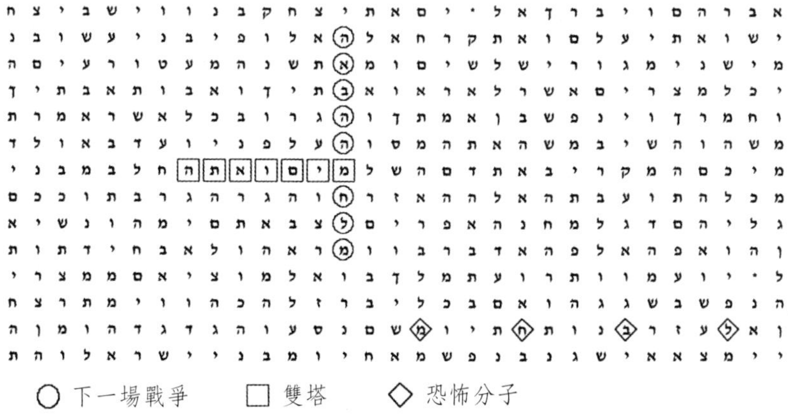

國本土在現代首度遭到外力攻擊，它的警訊三千年前就密載於《聖經》中。然而我們視而未見，直到爲時已晚。

而今密碼警告那將導致戰爭。「下一場戰爭」與世貿大樓的希伯來文「雙塔」交錯。「恐怖分子」亦密載於同一處。

密碼中所言令人不寒而慄。恐怖攻擊是一場新戰爭的導火線，就是布希所宣示的那場戰爭，許多人預測這場反恐怖主義之戰將持續經年。

而今我看到描述這恐怖至極的一刻之密碼。「塔」與「雙」再度同時出現在《聖經》的經文中清楚記載著最後的倒數計時業已開始之處——「在末時」。

幾年來我一直向華府及中東的政府高層警告，世界將面臨一場只見諸聖經預言中的危險，而今我已目睹事實就呈現在我眼前，

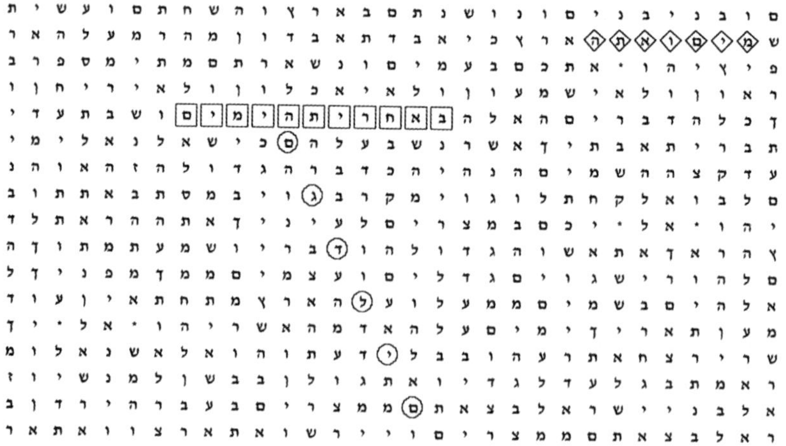

◇ 雙　○ 塔　□ 在末時

與我的紐約寓所相去僅咫尺。

我很確定這只是恐怖得令我們無從想像之事件的開端，而不是結束。「全能的上帝所編製的密碼」，「神的謎語，冥冥之中早有定數的過去與未來事件之謎語。」

這就是牛頓筆下的聖經密碼。三百年前，開創現代科學先河、發現地心引力、推斷出我們的太陽系之機制、獨立發明了高等數學的牛頓，在《聖經》中尋找一套可以揭露人類未來的密碼。

逾三千年來，自從《聖經》存在迄今，世人相信其中暗藏天機，只有高階神職人員得以一窺其堂奧，只有運用某種深奧的公式、某種魔法、某種新科學，才能發掘其中的新啓示。不過這套千年讖文一直祕而未宣，直待由俄國政治獄獲釋後移民以色列的俄國數學家芮普斯博士解密，才將之公諸於世。

芮普斯之所以能竟其功，是因爲他擁有前輩們所缺乏的必備工具——電腦。

聖經密碼有一套時間鎖。在電腦未發明前無從開啓。

它顯然是由某種可以預知未來的智慧生物所設計，設定要於現在開啓。這一點顯而易見。這套密碼原本可以設計成能讓牛頓在三百年前破解。或者也可以設計成可以在距今三百年或三千年後才問世的高科技來破解。

然而，某種可以未卜先知的智慧生物將《聖經》編寫成讓我們在人類歷史上的這一刻可以破解的密碼。

「因此牛頓才徒勞無功，」芮普斯說。「必須仰賴電腦來解密。那是『隱藏這話、封閉這書，直到末時』（譯按：《但以理書》十二：四）。」

不過當芮普斯博士於約莫二十年前開始尋找聖經密碼時，他所想的不是「末時」。他只是在解一個數學難題。「我找到一些密載的文字，出現機率遠高於統計學所允許的隨機巧合，我知道我的研究方向攸關重大，」芮普斯回憶道。「待我運用電腦，便有所突破。」

芮普斯在希伯來文版的原始舊約中發現了聖經密碼，就是《聖經》當初所寫成的文字，依照《聖經》所言，那是上帝於三千兩百年前在「西乃山」（譯按：Sinai，現譯西奈，以下採現譯）交付給摩西的話語。

芮普斯將各字間的空隔刪除，使整部原始《聖經》成為一個毫不中斷的字串，長達三十萬四千八百零五個字母。

他這麼做，其實是將《聖經》回歸古聖先賢所言的原貌。根據傳說，摩西由上帝手中接過的《聖經》就是這種模樣──「一氣呵成，各字間毫不間斷」。

芮普斯撰寫一套電腦程式，以間隔固定數目的字母之方式尋求字串之新意涵。

每個人都可以編寫表面上說的是一則故事，但若跳躍取碼又是另一則故事的句子。例如：**Rips explained that each code is a case of adding every fifth or tenth or fiftieth letter to form a word**（芮普斯解釋，每個密碼都是每隔五或十或十五個字母取碼來組成一個字）。

將這句英文依每隔四個字母取一個字母來編密碼：**Rips ExplAineD thaT eacH codE is a Case Of adDing Everyfifth or tenth or fiftieth letter to form a word**。

密語便是──**READ THE CODE**（閱讀密碼）。

不過即使是牛頓也沒有人能以人工計算字母，覈驗每種可能的間隔序列，由第一章至最後一章的每一個字母，往前及往後，從頭到尾覈驗整部《聖經》。唯有電腦的搜尋速度才夠快，使這項工作得以完成。

也唯有電腦能找出聖經密碼中錯綜複雜的資訊。相關的文字、名字、日期、地點，全都密載在一起，絕非偶然。

那些文字組成一套縱橫字謎。每發現一個新字或片語，就創造一個新的字謎。相關的文字也都會揭露與現代事件有關的精確資料，經常是鉅細靡遺。

聖經密碼獨到之處就在於此。採用隨機跳躍取碼組字在其他書籍中或許可以找到類似「雙塔」之類的字，但找不到「飛機」。或許可以找到「賓拉登」──不過找不到「城與塔」。或許可以找到「雙」──但找不到「下一場戰爭」，或「末時」。

「唯獨在聖經密碼中才能找到前後一致、文意連貫的資訊，」芮普斯說。「在其他任何書籍中都沒有見過這種情況，無論是譯本，或希伯來文原版都沒有，唯有《聖經》。」

當芮普斯在一本美國數學期刊發表他的發現時，許多科學家都存疑。他們無法挑剔他的科學，但他們無法相信他的結果。這種主張太危言聳聽——《聖經》中有一套密碼可以預言《聖經》完成後才發生的事件。

極機密的國家安全局——位於華府附近的美國政府祕密監聽站——有位資深解密專家得悉此驚人的論點後，決定一探究竟。

哈洛・甘斯（Harold Gans）畢生替美國的軍方情報單位編製及破解密碼，他相信聖經密碼「太離譜、太荒謬了。」

他自己撰寫電腦程式，打算證明這是一場騙局。然而，他的實驗結果卻與芮普斯如出一轍。六十六位生活在聖經時期之後許久的各年代古聖先賢，名字果然與他們生卒日期全都密載於同一處。甘斯難以置信。他認爲這種實驗有做弊之嫌。他尋找芮普斯不曾試過的新資訊。他確信六十六位猶太拉比所居住及過世的城市名稱，密碼中找不到。他找到了。

甘斯原本打算拆穿聖經密碼的西洋鏡。他花了四百四十個小時的實驗，反倒證明那是確有其事。

「那令我背脊發涼，」那位解密專家回想道。

沒有人能在《聖經》中密載著《聖經》完成後數千年才會出現的人、事。不過有人做到了。

倘若不是芸芸眾生，會是何方神聖？

我在十年前首次聽說聖經密碼。我當時正和以色列的情報首長會晤，討論未來的戰事。我正要離開情報總部時，有位我曾見過面的年輕軍官攔下我。

「你應該去見見耶路撒冷的一位數學家，」他說。「他發現了波斯灣戰爭開戰的確切日期。在《聖經》裡。」

「我不信教，」我邊上車邊說。

「我也不信，」那名軍官說。「不過他在開戰前三個星期，在《聖經》中找到確切日期的密碼。」

那太匪夷所思了。我確定那是走火入魔了。不過待我打聽芮普斯的底細，才發現他在數學界被奉爲才子。我前去登門拜訪。

芮普斯滿臉大鬍子，戴著猶太人的無邊小圓帽，活脫像是舊約中走出來的人物。那證實了我的揣測。這位科學家無論是不是才子，顯然是因宗教信仰而走火入魔了。我向他下戰帖，要求他告訴我《聖經》中何處有波斯灣戰爭。他反倒帶我到他的小書房，向我展示電腦螢幕上所密載的波斯灣戰爭預言。

「海珊」及「飛毛腿飛彈」都密載於《聖經》中，與伊拉克攻打以色列的確切日期，一九九一年一月十八日密載於同一處。

「你找到多少日期？」我問。

「僅此一個，在開戰前三星期，」他回答。

但我仍對此存疑。我要求芮普斯尋找他尚未找過的現代事件。

我們找到「甘迺迪總統」與「達拉斯」並列。我們找到「比爾・柯林頓」與「總統」並列——在他當選之前六個月。我們接二連三找到密載於《聖經》中的事件，都是芮普斯不知道我會問起的事。最後，我們找到若干尚未發生的事件——包括一顆彗星撞擊木星，連同彗星的名稱，及撞擊的確切日期。

聖經密碼不斷的應驗。美國一位頂尖解碼專家證實確有其事。以色列及美國的數學家、哈佛、耶魯、希伯來等大學的數學家，都說此事鑿鑿有據。

芮普斯的實驗在美國一本望重學界的數學期刊通過了三位同儕的審核。不過我還是難以置信。

然後，兩年後，我終於發現了一組密碼，連我都不得不信服。

一九九四年九月一日，我飛回以色列與詩人柴牟・古里（Chaim Guri）在耶路撒冷會面，他與拉賓總理是知交。我交給他一封信，他立刻轉交給總理。

「我發現了一則訊息透露出您的生命垂危，」我在致拉賓函中說道。「您的全名——伊茲哈克・拉賓（Yitzhak Rabin）唯一一次密載於聖經的那段經文中，『刺客將行刺』與您的名字交錯。」

一年後，一九九五年十一月四日，此事慘酷地應驗——一個自信是替天行道的男子由背後放冷槍，這樁謀殺案三千年前便已密載於《聖經》中。

我乍聽到這消息時，幾乎窒息。我癱坐在地，說出與世貿大樓坍塌時相同的話：「噢，上帝，是眞的。」

令我震驚的不是拉賓遇害，而是聖經密碼確有其事。

不過雖然一九九五年十一月四日我受到劇烈震撼，二〇〇一年九月十一日的衝擊卻更強勁。因爲如今我已知道密碼中的其他預言。

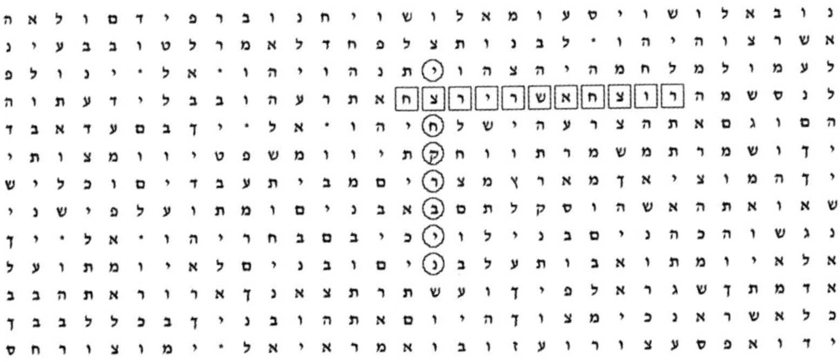

○ 伊茲哈克・拉賓　□ 刺客將行刺

如果聖經密碼是眞的，我已無法再置疑，它或許只有一個目的——警告世人一場可怖、甚至終極的危險。而且這場危險已迫在眉睫，否則我們不會在此刻找出聖經密碼。或許我們此時此刻眞的正面臨「末時」。

《聖經》的兩大預言書，舊約的《但以理書》與新約的《啓示錄》，都是預言空前的大浩劫，當閉封的經文於「末時」開封時便可眞相大白。

在上帝向摩西口述的五本原始經文，亦即猶太人習稱的摩西五書（Torah）中，曾四度預言末日。《但以理書》中再現此末日讖言。一位天使向這位古代的先知揭露終極的未來，然後告訴他：「但以理阿、你要隱藏這話、封閉這書．直到末時」（譯按：《但以理書》十二：四）。

希伯來文的「末時」有兩種寫法，兩者僅有一次同時出現在《聖經》同一處。

「在末時」出現在《申命記》的原始經文，即摩

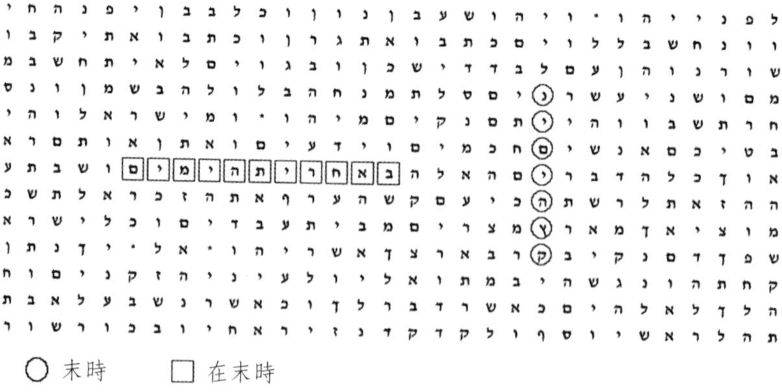

○ 末時　□ 在末時

西向在沙漠中流浪的古代以色列人開示的話語中。這句經文在下表的橫列。

出現在直列的是「末時」的另一種說法，那是但以理所言，但密載於摩西五書中，就在摩西警告未來會出現可怖危險的時代那段經文處。

這兩種說法同時出現在《聖經》中的機率頂多百分之一。

但不僅如此。

就在西元兩千年七月四日之後，柯林頓總統宣布以色列總理伊胡·巴拉克與巴勒斯坦領袖阿拉法特將與他在大衛營舉行和談。每個人都知道那風險極大，不過連三位領袖都無從想像聖經密碼中所顯示的那一刻之重要性。

在《聖經》中兩種「末時」的說法唯一密載於一起之處，「阿拉法特」出現在經文中，就在「在末時」的經文正下方，拼法絲毫不差。

而「巴拉克」（E. Barak）同樣出現在經文中，也

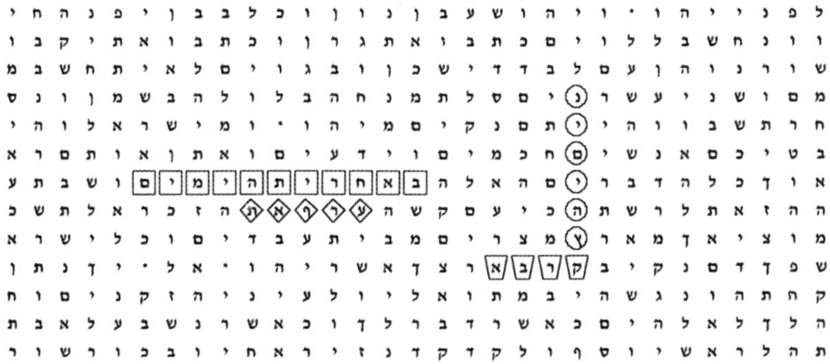

○ 末時　□ 在末時　◇ 阿拉法特　▽ 巴拉克

是拼得隻字不差，與「末時」的說法密碼交叉。

我在此之前兩年，一九九八年，便已向芮普斯展示這份密碼表列，比巴拉克當選總理整整早了一年。但即使預言成眞，巴拉克成爲以色列的新領導人，芮普斯仍更關切阿拉法特。「阿拉法特年歲已高，體弱多病，」芮普斯說。「如果與他有關，則我們早已置身於末日了。」

芮普斯計算以色列與巴勒斯坦的領導人正好與「在末時」與「末時」密載於同一處的機率。它的或然率不及十五萬分之一。

故而當柯林頓宣布這場高峰會時，我立刻致函給他。「謹附上拙著《聖經密碼》一本，因爲您今天宣布巴拉克與阿拉法特將於大衛營舉行高峰會，證實了密碼的預言。」

「風險遠超乎您所能想像，」我在函中繼續說。「聖經密碼中亦赤裸裸地指出了另一種抉擇，即是眞正的『哈米吉多頓（末日決戰）』，一場由中東引發的核子

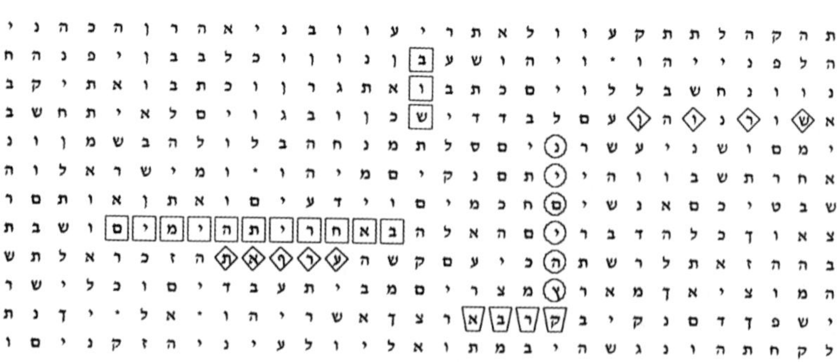

○ 末時　□ 在末時　◇ 阿拉法特　▽ 巴拉克　◇ 夏隆　□ 布希

世界大戰。」

待大衛營和談宣告破裂，而巴勒斯坦人又再度於加薩走廊發動暴動，加以公然反對和談的右派將領艾里爾・夏隆當選以色列新總理，而喬治・布希則成爲新任美國總統，這也都應驗了聖經密碼的預言。

不僅兩場選舉都早已預知，連「布希」與「夏隆」也都密載於《聖經》中，與「阿拉法特」及「巴拉克」並列於「末時」及「在末時」密載在一起之處。

芮普斯博士很詫異。他再度查核或然率。以色列、巴勒斯坦以及美國的四位領袖全都與《聖經》中兩種「末時」說法並列的機率，最多五十萬分之一。芮普斯說眞正的機率或許是百萬分之一，不過眞要徹底估算這麼複雜的組合簡直難如登天。

「無論如何，這絕非機緣湊巧，」芮普斯說。「顯然是刻意的。這在數學上是有憑有據的。這是一張很完美的表列。顯然所指涉的也是此時此刻。」

然而這一切都早已存在三千餘年，當今世界領袖的名字與古代先知密載於一處，等我們在必須聽到警訊時來發掘。

聖經密碼顯然——無庸置疑，絕非機緣巧合——指出我們目前就置身於許久以來所預言的終極危險的時代。

末日、浩劫，不再是種宗教迷思，或永遠不會眞正發生的噩夢中駭人的情景，或僅是古代經文中的用語。它不再是悠邈的過去或迢遙的未來。

它是此時，此地。

四年前，一九九八年十月，我將一份封緘的存證信函交給我的律師，紐約的名律師麥可・甘迺迪。我在那封指定於二〇〇二年才能開啓的信中寫道：

「麥可：

「我深信兩點：

「一、聖經密碼確有其事；

「二、世人不會聽它的警告，直到幾乎爲時已晚。」

上回世界陷入險境正是如此。沒有人想與希特勒交鋒。美國幾乎輸掉第二次世界大戰，因爲我們蹉跎數年後才參戰。而今我正試圖警告世人有一場更慘烈的危險，而警告的來源對我而言更匪夷所思——聖經密碼。

「密碼挑戰所有西方傳統觀念中對眞實的看法，」我那份封緘的信中繼續寫道。「故而，即使牛頓相信未來可以預見，而且《聖經》中有一套密碼可以預言未來，國家安全局一位頂尖的解碼專家也已證實了以色列人的發現，它仍未能獲得全面接受。

「即使密碼在拉賓遇刺、波斯灣戰爭，及其他重要世界大事發生前便已正確預言，這個事實仍未能說服心存疑竇者。

「裴瑞斯總理及莫薩德（譯按：Mossad，以色列情報單位名稱）的首長與我晤談，但大部分的政府領導人都對警訊充耳不聞，直到更多的預言應驗。

「故而，我將其中犖犖大者寫成白紙黑字，以便證明這些預言是事先發現的。

「密碼中載明之最明確的警訊有：

「一、全世界將由希伯來曆五七六二年（西元二〇〇二年）開始面臨全球性的『經濟崩潰』；

「二、這將導致一段空前的危險期，由於擁有核武的國家局勢動盪，恐怖分子可以購買或竊得足以毀城滅市的武力；

「三、這場危險將於希伯來曆五七六六年（公元二〇〇六年）達到巔峰，這個年份清楚密載著『世界大戰』與『原子彈浩劫』。」

二〇〇一年九月十一日，在我親眼目睹世貿大樓的攻擊事件後，在我找出此事清楚密載於《聖經》中後，我將那份封緘的存證信函取回。

我展讀此信，不禁不寒而慄。

我們經濟強權的象徵——世貿中心——頹然坍塌，以及對我們的軍事強權的象徵——五角大廈——之攻擊，在在皆使所預言的危險顯得鐵證如山。

九月十七日，與「經濟危機」密載於同一處的希伯來曆五七六二年除夕，股市於九一一後首度重新開盤。道瓊指數狂跌六百八十四點，那是有史以來最大跌幅，也展開了一九二九年大蕭條時期以來股市跌得最慘的一個星期。

聖經密碼的第一則讖言已然應驗。

我耽心的是一場新的景氣蕭條會導致第三次世界大戰，就如一九三○年代的經濟崩潰導致希特勒乘勢竄起，也引發了第二次世界大戰。

「世界大戰」、「原子彈浩劫」、「末時」全都與「在五七六六年」，這個相

○ 世界大戰　□ 於五七六六年（公元二○○六年）

○ 原子彈浩劫　□ 於五七六六年（公元二○○六年）

當於公元二〇〇六年的希伯來年份，密載於一起。

我覈驗往後的一百年間，唯獨二〇〇六年與這三個警訊密載於同一處。那是一則明確的預言，我們或許在五年內就會面臨第三次世界大戰。

我告訴芮普斯博士。他利用希伯來大學的大型電腦估算機率。他隨機覈驗十萬份文稿，檢視這幾個最嚴重的危險除了《聖經》之外，是否還會湊巧在其他地方與這個年份並列。

「機率是十萬分之一，」芮普斯回報。「我隨機檢視十萬分文稿，這些字眼只在《聖經》中並列。那不會是機緣湊巧。有人刻意將這警訊暗藏於摩西五書中。」

那已不容置疑。百分之一的機率是正常的測試。千分之一對數學家而言已是最嚴格的標準。十萬分之一則可謂是千眞萬確。

依據聖經密碼，我們或許眞已面臨終極危險，一場核子世界大戰，於二〇〇六年。

第二次世界大戰由一顆原子彈劃下句點。第三次世界大戰則可能由一顆原子彈揭開序幕。如今至少有五萬枚核子武器充斥於世界各地，由飛彈至手提箱型的炸彈，以至多彈頭洲際彈道飛彈，每一枚的威力都較廣島原子彈還強大。

「原子彈浩劫」與在廣島投下原子彈的一九四五年密載於同一處，也與二〇〇六年密載於同一處。

如果聖經密碼屬實，則第三次世界大戰——這場戰爭所使用的將是前所未見的大規模毀滅性武器——或許在幾年內就會爆發。全世界或許會在幾小時內灰飛煙滅。那將是名符其實的末日。

不過那不是世人在冷戰期間所耽心的因超級列強間衝突而引發的核戰，世人如今面臨的或許是新的威脅——配備核子武器的恐怖分子。

「恐怖主義」與「世界大戰」並列，而自殺炸彈客的阿拉伯文Shahid也隻字不差地出現在同一處。「兵戎相見」亦然。

擁有大規模毀滅性武器的極端宗教狂熱分子、恐怖分子，自認爲是替天行道的人士，他們是密載於《聖經》中的終極危險。

九一一事件或許是個開端，不是結束。

不過我於一九九八年交付給律師的封緘存證信函中仍留有一線生機，而且即使在二〇〇一年的九一一事件後，我仍持樂觀看法。那封信函繼續寫道：

「然而聖經密碼告訴我們各種可能的未來，而不是一種已成定局的未來。故而我們可以改變方向，

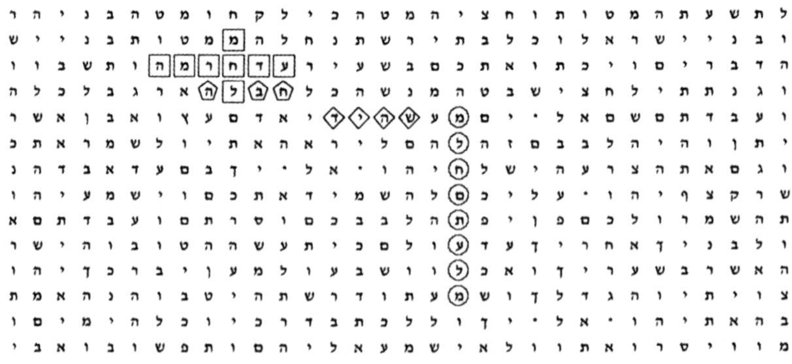

○ 世界大戰　⬠ 恐怖主義　◇ 自殺炸彈客　□ 兵戎相見

防止終極的慘禍。

「我相信聖經密碼的存在乃是要協助我們防患於未然。我相信密碼於此時、在人類歷史的這一刻發現，意在讓我們得以及時警覺。

「因此我將這時間膠囊託付於你，於一九九八年封緘，於二〇〇二年開啓，讓我們得以因應二〇〇六年。」

只是當我撰寫那封信函時，我已經開始在搜尋另一則訊息，封藏於某段邈遠的古代，我們若想救亡圖存，或許必須找出那封藏的訊息。

02 密碼鑰匙

黎明前的黑暗，荒漠中的大地忽然開始震動，隨後傳來駭人的雷鳴，人們匆匆跑出帳篷，惶恐地注視著聳立他們眼前的高山，它的山巔此時由一道耀眼白光照得宛如白晝，彷彿整座山起火燃燒。

忽然間一道聲音不知由何處傳來，說道：「摩西，你上山到我這裡來。」（譯按：《出埃及記》二四：十二）

那是西元前一千兩百年。摩西登上西奈山頂。

依據《聖經》的經文，他「看見以色列的　神、他腳下彷彿有平鋪的藍寶石。」（譯按：《出埃及記》二四：十）

依據傳說，上帝就是將《聖經》的原始經文撰寫在那「藍寶石」（Sapphire）上。雖然那石頭堅硬如鑽石，卻可以像卷軸般捲起。而且它雖然是深藍色，卻是透明的。事實上，《聖經》上說那「如同天色明淨。」（譯按：《出埃及記》二四：十）

有天晚上我獨自在紐約寓所閣樓研讀《聖經》，也首度領悟到《聖經》的經文原本是寫在「藍寶石」上。

我立刻暗忖著，這語意模糊的細節是否暗藏著聖經密碼的玄機。

我思忖著，若《聖經》中真有一套可以預言未來的密碼，則在上帝於西奈山將《聖經》交付摩西的這段故事中，應當也預言了此事，並鏤刻於藍寶石上。

我反覆檢視那段經文。其中有暗示，有線索。希伯來文的書是Sefer，與Sapphire的三個字母拼法相同，或許因爲是這第一本書，《聖經》，是書寫在那寶石上。

隨後我發現Sapphire這個字亦指「可數的」——或許意味著由一開始在《聖經》中就有一套數學的密碼。我想找出一套複雜的數字組合，但徒勞無功。

忽然間，我看到很簡單的一點。在《聖經》的原始文字，希伯來文中，Sapphire倒過來拼就是Rips（芮普斯）。

伊利雅胡・芮普斯，發現聖經密碼的數學家，名字赫然出現在《聖經》中，就在《聖經》訴說上帝降臨西奈山的故事中。

我大感震驚。芮普斯博士自己的名字就密載於他所發現的密碼中，就在那套可以預言未來的聖經密碼中。

「藍寶石」，用來書寫原始《聖經》的深藍色寶石，這個名稱就預言了將於三千年後發現密碼的科學家。

將Sapphire倒過來拼就成爲Rips，這顯然不是機緣湊巧。倒過來拼寫是很古老的傳統。事實上，《聖經》上就說如此才能預見未來。第一位先知以賽亞說：「鑑往以知來（想看見未來就得往後看）。」這句希伯來文亦可譯成：「將字母倒過來唸。」

這已無庸置疑。不僅芮普斯的名字倒過來拼，他的作爲亦已清楚記載。

ספיר = ריפס

Sapphire（藍寶石）= Rips（芮普斯）

Sapphire stone（藍寶石）倒過來拼就是Rips prophesied（芮普斯預言）。

我飛回以色列會晤芮普斯。那是拙作付梓並使聖經密碼舉世皆知、我們兩人亦成為全球爭論的焦點之後，我們在當年的首次見面，

《聖經》中是否眞有一套可以預言未來的密碼？我們是否眞已找到我們不是「星際孤旅」的第一手證據？這可是新的天啓？那證明了上帝存在嗎？

我想逃避這一切。我不信教，我也不信仰上帝。聖經密碼似乎都在預言恐怖的危險，或許是眞正的末世浩劫，使世界終結的劇變。我也不想相信這一點。

可如今，我忽然找到聖經密碼確有其事的新佐證。我無法輕忽的佐證。發現密碼的人，名字就出現在上帝將《聖經》交付給摩西的那段經文中，那也是《聖經》中唯一一段親眼目睹上帝的經文。

若密碼確有其事，則它所預言的危險亦是信而有徵。我必須與發現密碼也密載在密碼中的科學家會面，他或許可以協助我們遏止「哈米吉多頓」的倒數計時。

我在一九九八年的聖靈降臨節（Shavuot），亦即慶祝西元前一千兩百年上帝降臨西奈山那一刻的節日前夕，向芮普斯展示他的名字就在《聖經》的那段經文中。

אבנ ספיר = ריפס נבא

Sapphire Stone（藍寶石）＝Rips Prophesied（芮普斯預言）

芮普斯並不覺得詫異。他仍一如往昔，謙沖爲懷。

「那與其他的密碼一樣不值得大驚小怪，」芮普斯說。「如果全世界的知識鉅細靡遺都包羅其中，則我們每個人的相關知識，及我們與它的互動，也可以預知。」

芮普斯由他的書架上取出一本書，將我們首次碰面時他引述有「維爾納才子」（Genius of Vilna）美譽的十八世紀賢人的那一席話再讀一次：「律令有云，過去、現在到時間終了，一切都包羅在摩西五書中。從第一個字到最後一個字，而且不單是泛泛之論，更詳述每一種生物和每一個個人，從出生到死亡之日的一切，鉅細靡遺。」

但是芮普斯否認他是個先知。「《聖經》明確記載先知會直接由上帝欽賜天機，」這位數學家說。

雖然我不信仰上帝，芮普斯所散發出的氣息仍令我不禁想問一個問題——「聖經密碼可不可能正是那種溝通方式？上帝可不可能就是透過密碼直接與你交談？」

芮普斯排除了他與眾不同的這種可能性，反倒提出上帝及密碼是在與我們每一個人溝通的論點。

「你只需找出『求助』（譯按：HELP，即一般電腦軟體的『說明』）按鈕即可，」芮普斯說。

然而無論芮普斯如何謙沖自牧，他在三千年前的《聖經》讖文中被指名爲會發現密碼的人，這一點如今已是不容置疑。

不僅「藍寶石」倒過來拼就是「芮普斯預言」，另外在密載「藍寶石石板」處，也出現了「俄國人」及「他將運算（譯按：compute，用電腦運算）」，彼此縱橫交錯。

芮普斯曾因參與美國數學學會主席所領導的全球抗議活動而在蘇聯身繫囹圄，他於一九七〇年甫由這場政治獄獲釋便移徙至以色列。

「芮普斯」正是「計算」密碼的「俄國人」，在同一份表列中「他預言」亦與「他以機器處理」交錯密載於一處。

不過最後一點，令我們兩人都深信不疑的是聖經密碼中與「解碼者」並列出現的文字。我們望著他的電腦上呈現的文字。

「解碼者」再度與「藍寶石」及「石」交叉——倒過來拼就是「芮普斯預言」。而「密碼」與「解碼者」重疊。

芮普斯沉吟半晌。他在他的電腦上檢視這些文

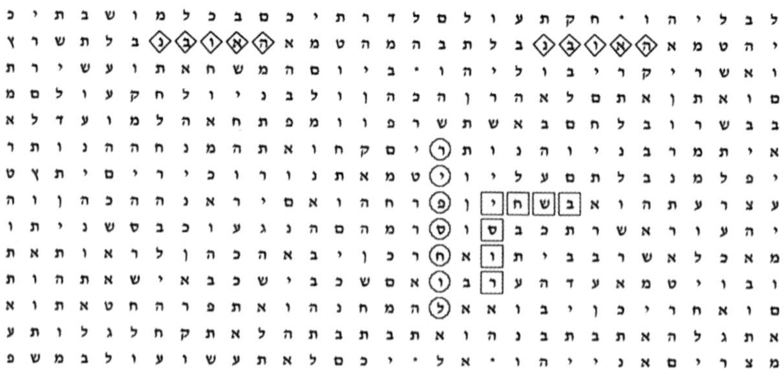

○ 藍寶石石板／芮普斯　□ 俄國人／他將運算　◇ 預言

字。然後他說：「當我們都已習慣天地萬象都包羅在密碼中這種觀念時，我們便會接受我們在密碼中佔有一席之地的想法。不過看到這麼明確的事證，比理論上知道有這回事感受深刻多了。」

「就技術上而言，這是很好的發現，」他評道。那是他的典型作風。他一向專注於數學上的意涵，而非他在密碼中被指名爲發現密碼的人這種超乎尋常的事實。最後，芮普斯勉爲其難的說出他試著藏在心中的話。「因爲我知道編碼者是宇宙的造物者，這種體驗令人感到卑微，」他說。

如果伊利雅胡・芮普斯不是被刻意安排當解碼者，至少他已在預言中出現。

而今，在他位於耶路撒冷的窄小書房內，我問芮普斯我們能否看到聖經密碼的全貌。

「我們沒有鑰匙，」芮普斯說。

「即使運用當今功能最強大的電腦，我們也無法解開這個謎，」他繼續說。「我相信摩西五書是上帝的話語。其

○ 解碼者 ◇ 芮普斯 ◇ 預言 □ 密碼

中包羅世間萬象。但我們無法得悉為什麼，或有何目的，直到，或許，能找出密碼的鑰匙。」

芮普斯說聖經密碼就像一幅巨型的拼圖，我們只擁有其中區區幾片。他說上帝或許不想讓我們看到全貌——「密碼或許會選擇要透露全貌中的哪個部分，讓我們得悉甲，卻不容我們察知乙或丙。

「但是密碼說二〇〇六年或許會是世界末日，」我提醒他。「我們此刻就需要拼圖的每一片。我們必須立刻採取行動，以免為時已晚。」

「任何一片都是我們無法看到的全貌之一部分，」芮普斯說。「故而，擅自干預都屬冒昧唐突。」

我提醒芮普斯，「世界大戰」、「原子彈浩劫」、「末時」全都與二〇〇六年密載於一處，以及我們曾檢驗過往後一百年的每個年份，唯獨這一年明確密載——而且我們此刻就坐在「耶路撒冷」，密碼指明為目標的城市中。

「一切聽天由命，」芮普斯說。

我再向他追問。「但是你認為我們能否看到聖經密碼的全貌？」

「如果我們能找到鑰匙，」芮普斯說。

鑰匙。我待在以色列期間這念頭一直在我腦海中盤桓，然後有天晚上我打開膝上型電腦，在聖經密碼中查詢「密碼鑰匙」。出現了四次。

有一個我無法理解的希伯來文晦澀的字語兩度與「密碼鑰匙」交錯。我連我的字典中都查不到這個字。不過在最完整的希伯來文字典中，這個字譯成「金字碑」（譯按：obelisks，底方頂尖呈金字塔型的石碑）。

金字碑。那與我所期待的不符。我看過金字碑，就是那種高大的石柱，頂端像金字塔般成尖型。埃及仍有若干高達百呎的這類石柱聳立著。羅馬、倫敦、巴黎也各有一根，都是許久前征服者由埃及帶回來的戰利品。我還曾在紐約看過一根有三千六百年歷史的金字碑，上頭鏤刻著象形文字，述說一位古代法老王的事蹟。

但那不是我期待會與「密碼鑰匙」交錯的字眼。

我原本想像應是一個數學方程式，或一套指令，而不

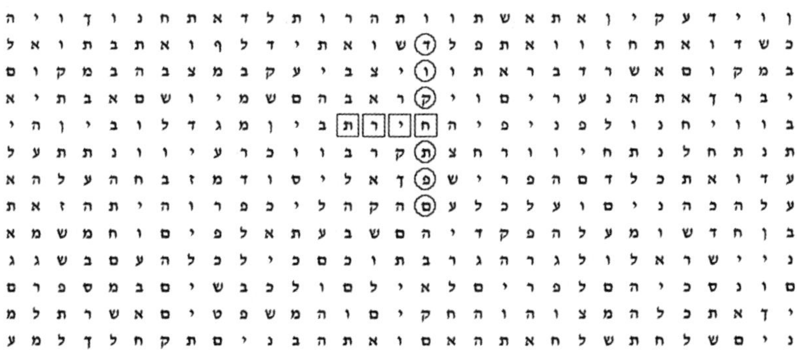

○ 密碼鑰匙　□ 金字碑

是一種具體的物體，甭論會想到金字碑。

「金字碑」兩度出現時都是「金字碑之口」這個片語的一部分。那意味著這些金字碑不僅是石柱，而是某種形式的神論，可以預言未來，或

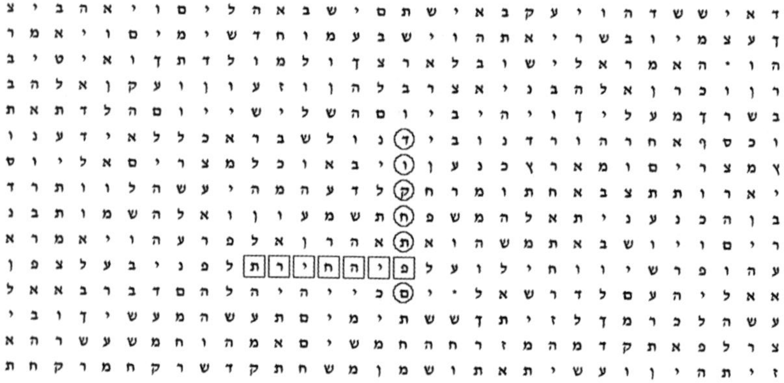

○ 密碼鑰匙　□ 金字碑之口

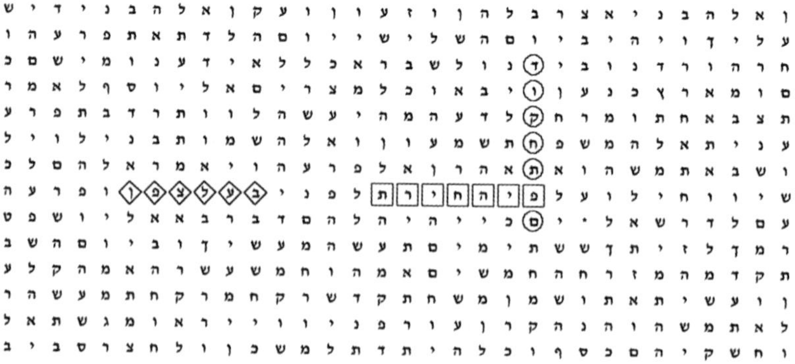

○ 密碼鑰匙　□ 金字碑之口　◇ 密碼之主

許甚至還可以開口說話。

眞難以置信。但無疑的這是刻意安排的。「金字碑」與「密碼鑰匙」兩度並列，兩次都縱橫交錯，兩次都分毫不爽，斷非湊巧。

芮普斯開始在希伯來大學的大型電腦上核算數字，然後將他的估算以電子郵件傳送給我：「『密碼鑰匙』與『金字碑之口』機率已臻百萬分之一的水準。恭喜！」

後來芮普斯告訴我，那是他所見過最佳的結果。「搜尋密碼不曾見過機率如此微乎其微的組合，」他說。「兩次直接命中不會是巧合。那是刻意的。那在數學上是可以確認了。」

就在同一個地方，《聖經》中的同一段經文處，在「金字碑」兩度與「密碼鑰匙」交錯處，還有另一個片語，「密碼之主」。

密碼之主。在希伯來文這個片語尙有其他意涵，那可以是《聖經》中對「編碼者」的稱謂。簡直是完美無缺。

然後我發現「密碼之主」密載於《聖經》中的位置，就與《出埃及記》中述說上帝降臨西奈山，將書寫於「藍寶石」的《聖經》交付摩西的那段經文交錯，也就是確認發現密碼的科學家就是芮普斯的那段經文。

就在那份表列中，「金字碑」再度出現，也與「天國之物」這句經文交錯。

我翻閱古代的聖經注疏，希望能找到「金字碑」的進一步資訊，結果就在一本名爲

《聖經集注》（*Midrash*）的一千七百年前猶太古籍中，立刻證實了聖經密碼：

「這些『金字碑』是什麼?它們不是人類製造的，而是天國所爲。」

這一席話非比尋常。這本歷史最悠久的權威注疏明白指出「金字碑」是來自外太空，或許甚至來自另一種靈界。不過不僅如此。《聖經集注》亦說它們酷似人：

「他們有像窗戶的眼睛，有男性與女性。」

這本古籍並未言明它們是不是活生生的，但它暗指它們可以看，或許還能說話。《聖經集注》言下之意當然是說金字碑至少代表某種生命形式，或許不是出自於這個世界。

我再去找芮普斯。當然，他對金字碑不是出自於這個世界並不感到意外，因爲他早已確信聖經密碼以及《聖經》本身，都是來是另一種靈界，亦即來自上帝。

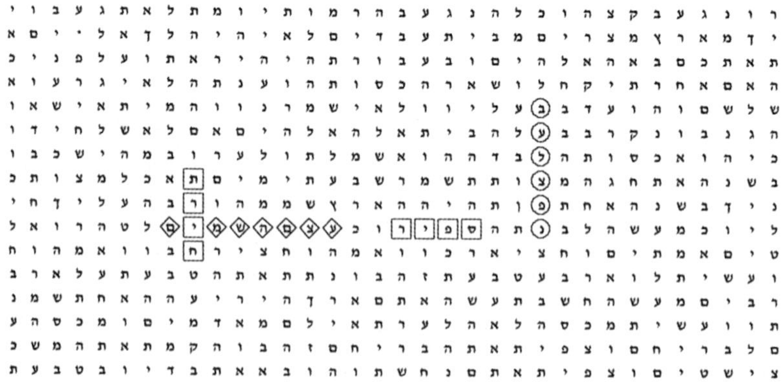

○ 密碼之主　□ 藍寶石石板／芮普斯　◇ 天國之物　□ 金字碑

我告訴芮普斯，我原本以爲會找到一套數學公式，而不是一根石柱，無論是來自這個世界或外太空。芮普斯說：「或許兩者兼而有之。」

他告訴我，在希伯來文中「鑰匙」亦意味著「鏤刻」。故而「密碼鑰匙」可以譯成「鏤刻的密碼」，也因此鑰匙與金字碑兩度交錯自是天經地義、順理成章了。那意味著我們在尋找的鑰匙就鏤刻在石柱上。

我們在他的電腦上尋找「數學鑰匙」。那也密載於《聖經》中。然後我們都看出極不尋常的一點——「數學鑰匙」再度出現於述說上帝降臨西奈山的那段《出埃及記》經文中，亦即述說原始《聖經》書寫於「藍寶石」上的那段經文，而「藍寶石」倒過來拼寫就成爲「芮普斯」。

我們尋找「金字碑上的密碼」。它在《聖

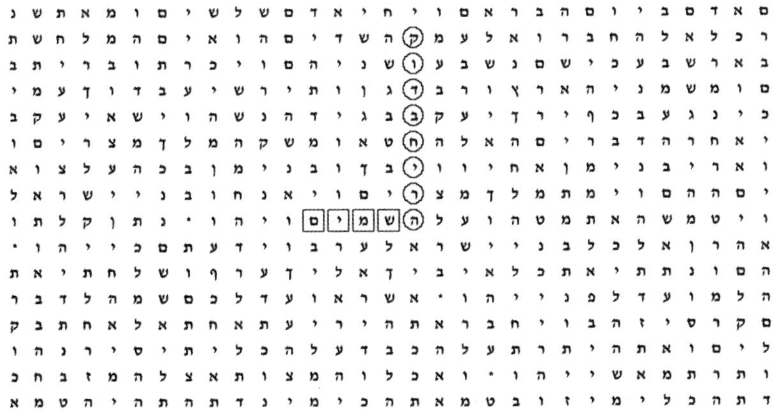

○ 金字碑上的密碼　□ 天國

經》中出現了一次，與「天國」交會。

我們再找「聖經密碼」的原始密碼，亦即《聖經》自我證實我們多年前找到的這套密碼確實存在。「金字碑」與「聖經密碼」交錯。

我們兩人都瞠目結舌。這簡直就是鐵證如山。以前，至少在許久以前，曾有暗藏著聖經密碼失落的天機之金字碑。

但若眞有聖經密碼的鐵證，某種具體的物體，可以成爲我們一窺全貌的鑰匙，則它的功用當然不僅止於此——它亦可充當我們不是「星際孤旅」的第一項鐵證。

若在有數千年歷史的金字碑上眞的鏤刻著比我們當今更高級的科技，一種數學密碼鑰匙，則它必是來自比我們更高等的文明——即使不是來自「天國」，至少也是來自外太空。

無論是數千年前或今日，這世上都沒有任何人類能編製出聖經密碼。我們的科學仍在學步。芸芸眾生中尙無人能縱覽古往今來。

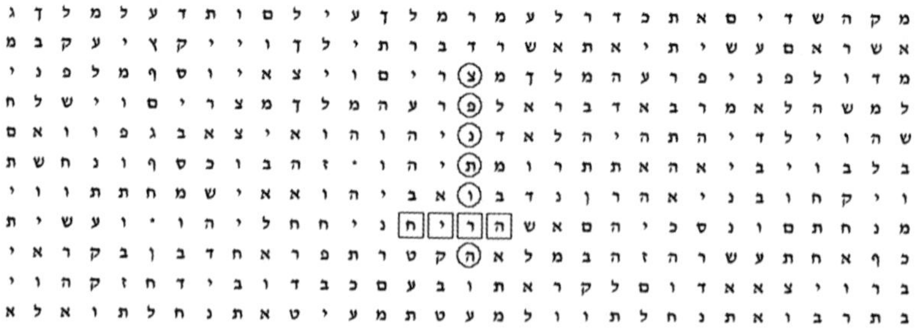

○ 聖經密碼　　□ 金字碑

故而若能找到金字碑，我們不僅能擁有破解密碼的鑰匙，能將未來一覽無遺，亦將擁有我們塵封過往的證據。

或許我們可以得悉「密碼之主」——編碼者——是何方神聖。甚至可以一窺上帝的眞實身分。

然而金字碑而今安在哉？

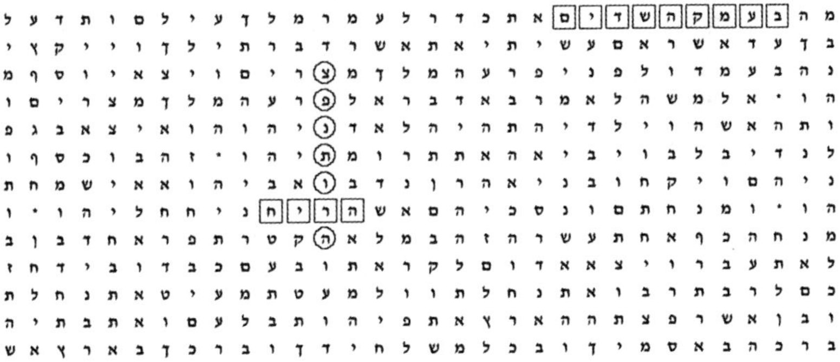

○ 聖經密碼 □ 金字碑 □ 在西訂谷

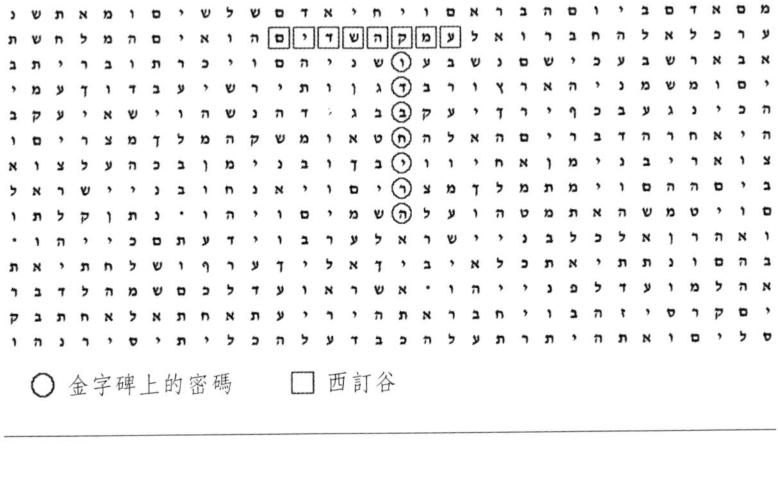

○ 金字碑上的密碼 □ 西訂谷

我在一九九八年感恩節前夕飛返以色列，也窺見「聖經密碼」與「金字碑」交錯的驚人讖文。

隨後我看到在那處經文中記載著一個非常明確的地點，就在「金字碑」與「聖經密碼」交錯處——「在西訂谷」。

我知道我以前見過這個地名。我在膝上型電腦中查詢，果然找到了——「金字碑上的密碼」亦與「西訂谷」交會。

這處地點出現在《聖經》的經文中，與「亞伯拉罕」一起出現。（譯按：「亞伯拉罕」，Abraham，原名爲Abram，「亞伯蘭」，於《創世記》十七：五後上帝替他改名爲「亞伯拉罕」。據《聖經》記載，他是以色列人及阿拉伯人的共同祖先）。《創世記》（十四：三）這節經文全文，透露了這座山谷的所在地——「西訂谷就是鹽海（譯按：Dead Sea，現代譯名爲「死海」，以下皆採現代譯名）」。

當然，死海大名鼎鼎。它就位於以色列與約旦之間，是一座內陸海，鹹得沒有任何生物可以存活。

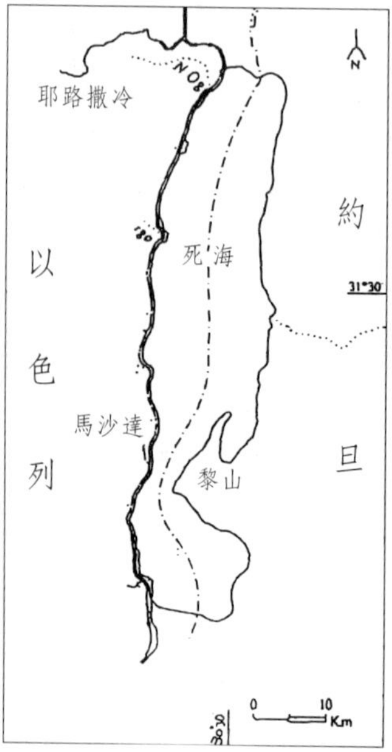

然而在現代地圖中遍尋不見西訂谷。我查閱聖經相關地理位置圖，仍未見西訂谷的蹤影。對這個地點我所能找到的就只有《創世記》中的記載。現代學者對此地毫無所悉。有些人推測那座山谷或許如今已淹沒於水中，不是在死海附近，而是在死海裡面。有一點很明確：當三千年前《聖經》成書時，西訂谷就已經歷史悠久，也顯然已受世人遺忘了。正因這個地點的年代邈遠，在《聖經》存在前已遭死海淹沒，故而在書寫《創世記》時，必須藉助死海來定方位。

我向拉比及聖經學者請益。在約有兩千年歷史的《聖經集注》這本《聖經》的注疏中曾提起過西訂谷。最著名的注疏家，中世紀的法籍猶太人剌許（Rashi），謂這座山谷一度綠意盎然，果園遍野，但許久前地中海的海水倒灌，形成死海，淹沒了山谷。

不過古聖先賢沒有人知道，當今的學者也沒有人知道，這座山谷確切的地點曾位於何處。

我去拜訪對死海地區最有研究的科學界權威，一位名叫大衛．尼夫的以色列地質學家。「我們由《創世記》所能得知的如下，」尼夫說。「這座山谷在《聖經》中特別說明是死海。此地曾是一處古戰場。所多瑪國與蛾摩拉國的國王在此打了敗戰，落荒而逃時掉進石漆坑裡。」

尼夫由此揣測西訂谷想必就在所多瑪與蛾摩拉附近。他的理論是在約四千多年前發生一場大地震將兩座城邦夷爲平地，並使它們都淹沒在死海中。他說，那是《聖經》神話背後的眞實事件。

不過沒有人知道這兩座業已滅亡的城邦之確切所在地。而且那遺址幾乎可以確定如今已在水中。

然而尚有一線生機。死海如今正處於五千年來最低水位。人類文明肇始之初淹沒於水中的，如今或許可以再度重見天日。

「死海就像一座置於烈焰上的水壺——水份會不斷蒸發，」尼夫說。「再過一百年大部分的海域或許都會就這麼憑空消失。到最後放眼望去就剩一片海鹽。」

這位地質學家向我展示一張水位圖。死海的水位在最近十年已下降至海平面下四百公尺。它以往長期降到這個水位的時期在距今五千五百年至八千年前。

日漸消失的死海是否將洩露遠古的天機？

它上次水位這麼低是在現代文明萌芽的神祕年代，當時書寫與數學、天文與農業似乎都憑空冒出，人類在這時期也學會了如何使用鐵器，並開始興建城邦。

「如果你要找的石柱是在銅器與石器並用時期豎立起來的，那是文明乍現的時期，則它很可能至今仍未出土，」尼夫說。「不過若你要找的東西是五千年前建的，隨後又被水淹沒數千年，待海水枯涸，你找不到什麼金字碑，連宮殿或整座城市也找不到，只有泥巴與沈積物和岩鹽。」

這位地質學家再給我另一條線索：『「西訂」（Siddim）在希伯來文中意指『石灰』，故

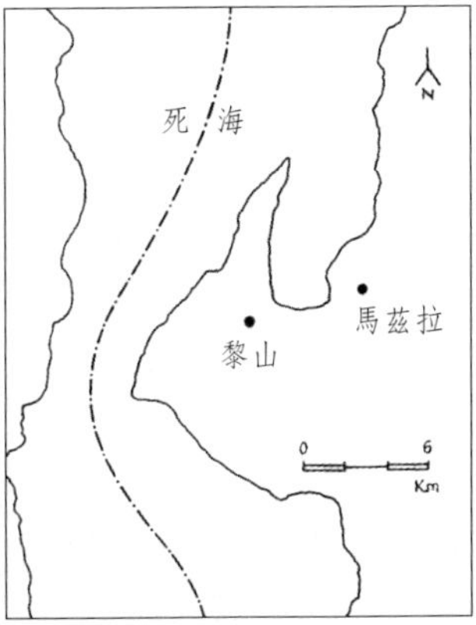

而我想你應當去找石灰谷。事實上，有些《聖經》譯本就將西訂谷譯成『石灰谷』。」

尼夫建議我前往死海靠約旦的那一側。「那邊有一座半島名叫黎山（Lisan），」他說。「那是一片圓頂形的岩鹽，上頭覆蓋著石灰石。」

他不曾到過當地。以色列曾與約旦三度交戰。「小心，」他說。「那是敵人的領土。」

我的嚮導搞不懂我爲什麼要到黎山半島。從來沒有觀光客想要前往當地。

那是一片形狀怪異的陸塊，往前延伸入死海中。它看來像是舌頭，事實上Lisan在希伯來文與阿拉伯文中的原意都是「舌頭」。

我們到達時，彷彿登陸了月球的另一面。它的地貌有如月球表面般荒涼，寸草不生。在沙漠的炎陽下它白得耀眼，因爲地表整片都覆著石灰。

那是死海仍在水平面上的區域中，唯一可能是古代的「西訂谷」，亦即「石灰谷」的遺址。它與神話契合得有如渾然天成。它是地球的中心點。它是地球最低點，低於海平面一千三百呎。

全地球沒有其他陸地的地勢這麼低。故而當我佇立於黎山半島的新生海岸，那片土地十年前仍在水中，睽違五千年才重見天日，我當時就站在地球最低點的最低處，世界的底部。

「世界的底部」就密載於《聖經》中。「黎山」也出現在同一處，與「古代的鑰匙」交錯。

當年或許曾豎立在這片乾燥陸地，隨後在人類有文明史以來就一直淹沒於水中的物體，如今或許會重見天日，覆蓋在沙、土、泥，及海水枯涸後留下的鹽層下。

放眼望去空無一物。杳無人煙。如今沒有，往昔亦然。整座半島就唯有採鹽工人。

不過它的四周卻蘊藏著聖經時代的往昔所留下的罕見考古遺跡。

與它隔海眺望的是昆蘭（Qumran）洞穴，現存最古老的《聖經》，《死海書卷》（*Dead Sea Scrolls*），就是在此出土。獸皮上的手寫文稿保存了兩千多年。一九四七年，一個牧童朝一個洞穴內丟擲石塊，他聽到陶器破碎聲。他在那破甕中找到一

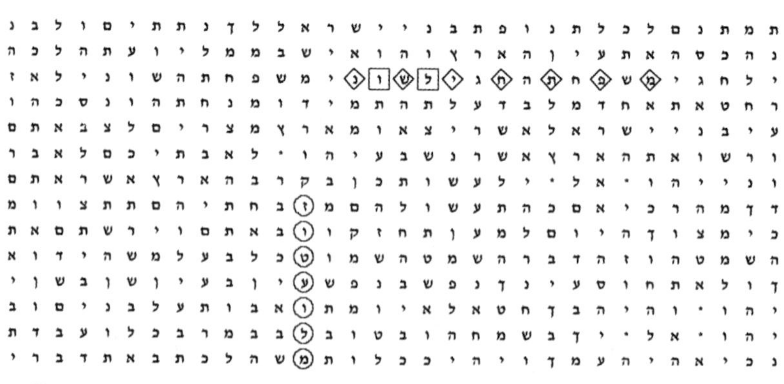

○ 世界的底部　□ 黎山　◇ 古代的鑰匙

本完整的《聖經》，絲毫未受歲月侵蝕。

在海的對岸靠以色列那一側，也是觸目可及，是古代馬沙達的山頂碉堡，兩千年前有一小群猶太人在此負隅頑抗羅馬兵團，戰至最後一兵一卒。碉堡的原始石塊至今仍挺立在這片台地上，俯瞰著悠悠兩千載始終如一的荒涼地表。

在約旦這一側，距海岸不到一哩的內陸，有一座已有五千年歷史的村落出土，名爲貝伯伊卓（Bab-Edrah），它的古老泥磚仍完好無缺。那或許是《聖經》中的「瑣珥」（譯按：Zoar，《創世記》十三：十），據傳說「羅得」（譯按：Lot，亞伯蘭的姪兒，《創世記》十三：十）在所多瑪、蛾摩拉將毀滅前逃到此地。

故而或許會有一根鏤刻著「密碼鑰匙」的古代金字碑就埋藏在我腳下，在這滿目荒瘠的半島，這亦不無可能。

黎山半島在地圖上只是一個小點，但它面積達二十五平方哩，我佇立於烈日下，放眼望去是一片無垠無涯

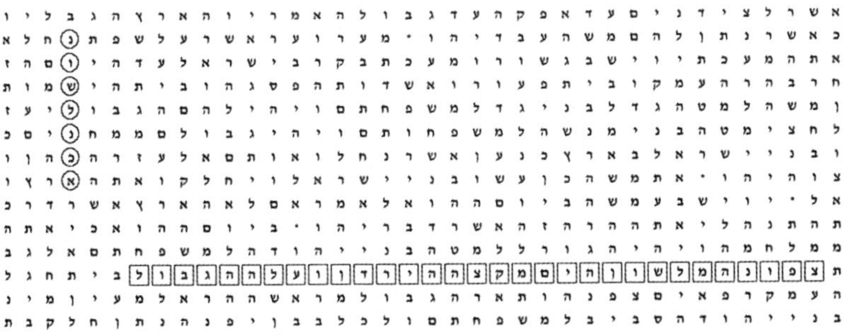

○ 他找到確切地點，黎山　□ 北界，從黎山，海之舌，從約但河口

的石灰與海鹽，我體認到即使我歪打正著矇中了正確地點，要在這麼廣袤的地區尋找埋藏在地底的一根柱子，或甚至一座宮殿，也不啻是大海撈針。

故而我再回頭查《聖經》，查密碼。

舊約中有一部經文提到「黎山」這個地名。在《約書亞記》中，一位年輕戰士在摩西過世後，率領古代的以色列人走完出埃及的最後一程，將他們由約旦帶往以色列。

「黎山，海之舌」出現在《約書亞記》十五：五，這段文字與「他找到確切地點，黎山」交錯。（譯按：英王欽定本的英譯本及聖經公會的中譯本皆未譯出Lisan這個關鍵地名。中譯本《約書亞記》十五：五全文如下：「東界、是從鹽海南邊到約但河口。北界、是從約但河口的海汊起」）。

「黎山，死海之舌，在北邊，」出現在《約書亞記》十八：十九，將地點描述的更精確。（譯按：《約書亞記》十八：十九全文爲：「又接連到

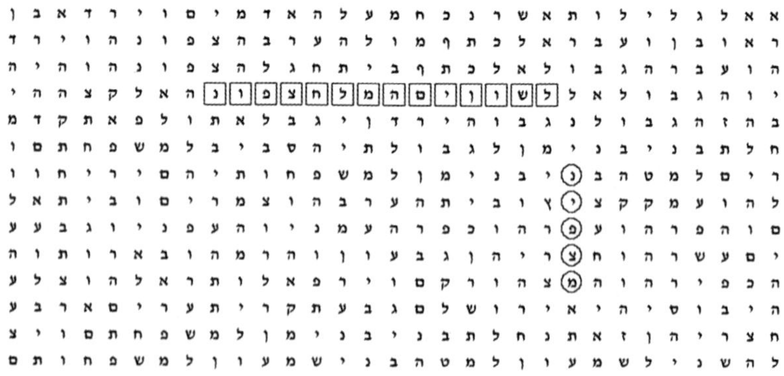

○ 編碼者　　□ 黎山，鹽海之舌，在北邊

伯曷拉的北邊、直通到鹽海的北汊、就是約但河的南頭、這是南界。」）

「編碼者」密載於與描述地點的經文交錯處。「編成密碼」在同一份表列中出現五次，而且在希伯來文中這個字亦意味著「隱藏」及「北方」。

故而《聖經》中唯一提及黎山這個地名的《約書亞記》，顯然是在透露半島上應當尋找的確切地點——在最北端，半島的尖端延伸入死海，形成一個小海灣，「鹽海之舌」。

我在摩西五書中尋找「黎山，海之舌」，在經文中只有一次沒有跳躍取碼直接出現。「黎山」與「海之舌」交錯，「古代的鑰匙」與兩個詞彙交錯。

我去找芮普斯。我向他展示這組密碼，並告訴他我曾親詣當地。

芮普斯在他的電腦上研究那組密碼，立刻看出端倪。

「在希伯來文中『古代的鑰匙』與『偵測圖』拼法相同，」芮普斯說。「那與『海之舌』

○ 黎山

◇ 古代的鑰匙／偵測圖

□ 黎山，海之舌

□ 編成密碼／北方

□ 編成密碼／北方

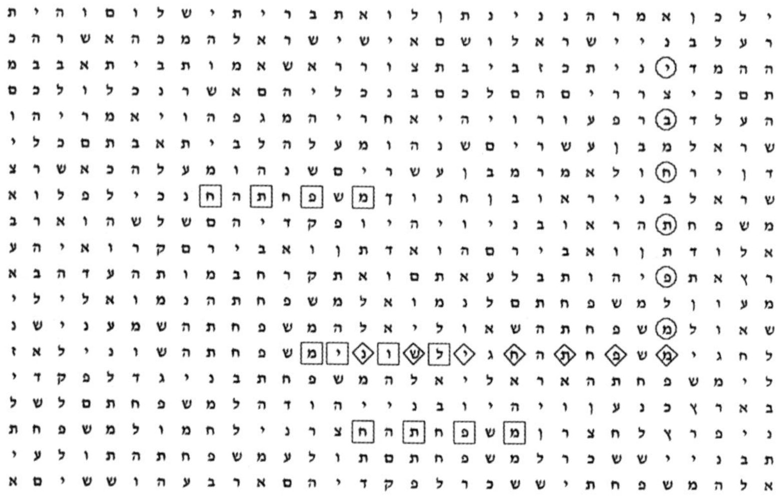

○ 藏匿處之地圖　□ 偵測圖／古代的鑰匙

◇ 黎山，海之舌　□ 鑰匙　□ 鑰匙

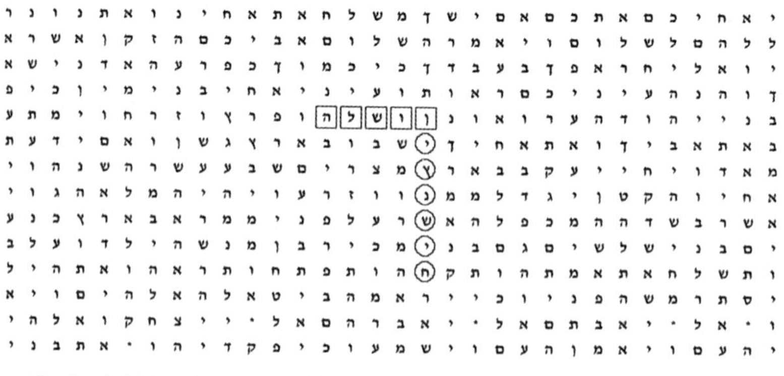

○ 偵測器標示地點　□ 黎山

及『黎山』交錯。」

這是攸關重大的發現。我要找出埋藏的「金字碑」，唯一的途徑是使用某種「偵測器」，可以透視水底或地底，並將肉眼看不到的物體繪成「地圖」的某種高科技。

在「古代的鑰匙／偵測圖」這組跳躍一個字母取碼的密碼序列中，未取碼的那些字母可組成一種新的字義：「揭發、可見、發現、探測。」

後來，我發現《聖經》中這段令人側目的經文，「黎山，海之舌」未跳躍取碼密載於經文中，「古代的鑰匙／偵測圖」與之交錯，不僅與「黎山」密載於同一處，也與我尋覓「密碼鑰匙」的另外十個關鍵線索同時出現。

「黎山的金字碑」與「黎山，海之舌」交錯。「藏匿處之地圖」亦是如此。而「鑰匙」在這表列中出現三次，就在「偵測圖」與「藏匿處之地圖」交錯處。

ב ש נ ת ש ל ו ש ל מ ל כ ו ת י ה ו י ק י ם מ ל ך י ה ו ד ה ב א נ

צ ר א ל • י ו י א מ ר ה מ ל ך ל א ש פ נ ז ר ב ס ר י ס י ו ל ה

ה מ ל ך ו ל ל מ ד ם ס פ ר ו ל ש ו ן כ ש ד י ם ו י מ ן ל ה ם ה מ

ס ר י ס י ם ש מ ו ת ו י ש ם ל ד נ י א ל ב ל ט ש א צ ר ו ל ח נ נ

י א ל ל ח ס ד ו ל ר ח מ י ם ל פ נ י ש ר ה ס ר י ס י ם ו י א מ ר

מ ר ד נ י א ל א ל ה מ ל צ ר א ש ר מ נ ה ש ר ה ס ר י ס י ם ע ל ד

ך ו כ א ש ר ת ר א ה ע ש ה ע ם ע ב ד י ך ו י ש מ ע ל ה ם ל ד ב ר

ם ז ר ע נ י ם ו ה י ל ד י ם ה א ל ה א ר ב ע ת ם נ ת ן ל ה ם ה א

ל א נ מ צ א מ כ ל ם כ ד נ י א ל ח נ נ י ה מ י ש א ל ו ע ז ר י ה

נ ת ש ת י ם ל מ ל כ ו ת נ ב כ ד נ צ ר ח ל ם נ ב כ ד נ צ ר ח ל מ

ל ך ח ל ו ם ח ל מ ת י ו ת פ ע ם ר ו ח י ל ד ע ת א ת ה ח ל ו ם ו

ע ב ד ו ן ו ב ת י כ ו ן נ ו ל י י ת ש מ ו ן ו ה ן ח ל מ א ו פ ש

צ י ב י ד ע א נ ה ד י ע ד נ א א נ ת ו ן ז ב נ י ן כ ל ק ב ל ד י

ש ר ה ת ה ח ו נ נ י ע נ ו כ ש ד י א ק ד ם מ ל כ א ו א מ ר י ן ל

י י ח ו נ ה ק ד ם מ ל כ א ל ה ן א ל • י ן ד י מ ד ר ה ו ן ע ם ב

○ 偵測器標示　　□ 黎山如同西訂

芮普斯和我尋找「偵測器標示地點」。它竟然出人意表地密載於摩西五書中「黎山」未跳躍取碼之處。這種機率是萬分之二。

最後，有天晚上我獨自用膝上型電腦在《聖經》中最富預言色彩的經文《但以理書》中尋找，結果發現「偵測器標示」也密載在這段經文中，與「黎山」交錯。

《但以理書》中暗藏著更出人意表的玄機。上頭記載著：「黎山如同西訂」。

那是我確實已找到古代的西訂谷之確鑿明證。《但以理書》中記載的很明確。這座山谷就是黎山半島。

然而《但以理書》中尚有更超乎尋常的玄機。在第一章的經文中述說一位巴比倫王圍困耶路撒冷，並將若干以色列兒童帶回他的宮殿。這些兒童學習當時所知的一切，「所有智慧、知識、及科學」，包括第一個已知的文明所使用的語言，「迦勒底的語言」。（譯按：中譯本《但以理書》一：四經文如下：「就是年少沒有殘

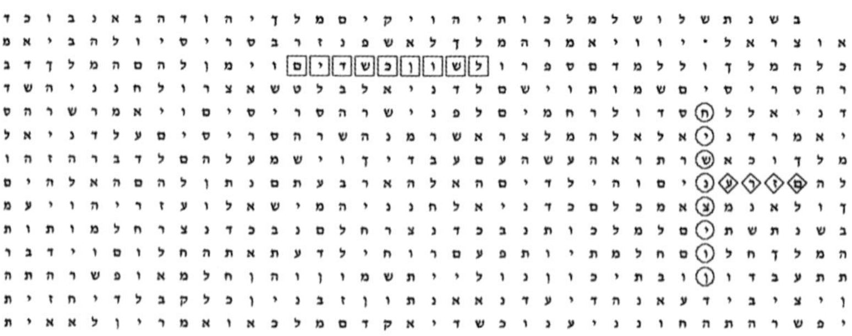

○ 測器標示　□ 黎山如同西訂　◇ 馬茲拉

疾、相貌俊美、通達各樣學問、知識聰明俱備、足能侍立在王宮裡的、要教他們迦勒底的文字言語。」）

這些經文中暗藏著我想尋覓的全部天機。

在希伯來文中，「迦勒底的語言」亦可拼寫成「黎山如同西訂」。《但以理書》中述說那些兒童「足能侍立在王宮裡的」那段希伯來經文亦可譯成「王宮裡的柱子」。或許那正是我所尋覓的「金字碑」，上頭鏤刻著「所有智慧、知識、及科學」。

然而非比尋常之處尚不止於此。《但以理書》的這幾段經文告訴我尋寶圖中的「X」標記處。「馬茲拉」也出現在「黎山如同西訂」的經文處。（譯按：英王欽定本及中譯本中亦未譯出Mazra——「馬茲拉」這處關鍵地名）。

而「馬茲拉」就是位於死海南岸入海口的村落名稱，「陸之舌」往上延伸向北端的黎山半島，形成「海之舌」。

我應可在此找到「宮殿中的柱子」，「金字碑」，「密碼鑰匙」。我查遍《聖經》的每一篇經文，似乎都指向同一個地點——曾稱爲西訂谷的地區，如今是死海，尤其是半島北端的入海口，馬茲拉灣，以及形成海灣的手指形陸地，黎山海岬。

在摩西五書中密載「黎山半島」處，「馬茲拉」與其交錯，機率微乎其微。

「馬茲拉」與「密碼鑰匙」密載於同一處，而「金字碑」則與「馬茲拉」、「密碼鑰匙」皆有交錯。

我們找到了確切的地點。唯一的問題是如今我們要如何找出埋藏在底下的古物。

那可不像電影中的那幕情景。我可無法像「印第安納・瓊斯」（譯按：《法櫃奇

兵》主角名字）那般撥開若干塵土便可徒手找到失落的法櫃。即使是使用挖土機的重裝備，地圖上這個「x」標示，這確切位置，也寬廣得挖不勝挖。

我對金字碑的材質、埋在多深處、在陸地或水底，都毫無概念，連它在歷經不知幾千年後是否仍存在都不得而知。

芮普斯博士找到了一個線索，但那不是好消息。

在「金字碑」與「聖經密碼」交錯處，經文記載道：「地張開口吞了它。」若金字碑被吞噬了，或許就是以色列地質學家尼夫告訴我的那場四千年前的大地震，則金字碑很可能埋在很深的地底下。它或許就如同所多瑪、蛾摩拉兩座城市般化爲烏有。

這得動用某種極高的科技才能找得到。如今我需要的是「偵測圖」。但是當我向探勘石油、貴重金屬、古物等的地球物理學專家們請教時，所得到的卻是更多的壞消息。

能滲透地表的雷達，用來尋找埋藏在廣袤的沙漠中的物體時很管用，但在死海及黎山那種鹽份過高的地形則完全派不上用場。雷達波會反彈，無法滲入地底。

我請教以色列情報部門的友人、國防部的首席科學家、五角大廈、中情局等單位的友人。他們的答案如出一轍。沒有什麼祕密科技可以穿透那片土地，沒有什麼新型的軍方機密科技、沒有什麼先進的間諜衛星，可以在那片全世界含鹽量最高的地方找到一根埋在地底的金字碑。

眞令人傻眼。眼看我們都走到這個地步了。「金字碑」與「密碼鑰匙」兩度交錯的機率不到百萬分之一，我好不容易碰上了，幾乎像奇蹟似地單憑《聖經》中的一組密碼按圖索驥來到此地，如今或許就站在埋藏著數千年鑰匙的地面上。

「我覺得自己像被引領著去尋寶，」我告訴芮普斯。

「當然，」他說道，將之當成天意，我無法相信的事他視爲天經地義。

「既然如此，爲什麼要這麼大費周章，精神比我正常的人早就打退堂鼓了?」我問。

「你的問題就是你的答案，」芮普斯說。

他再度尋找「密碼鑰匙」的原始碼。「這很令人振奮，」他說著，指向他的電腦螢幕。「上頭說，『交由我們解決』。那在希伯來文中還有更好的解釋——『交由我們破解』，就像破解密碼一樣。」

然而那句希伯來文也可以譯成：「危機就操在我們手中。」我深信我們在世界面臨危機的時刻尋找密碼鑰匙，絕非偶然。

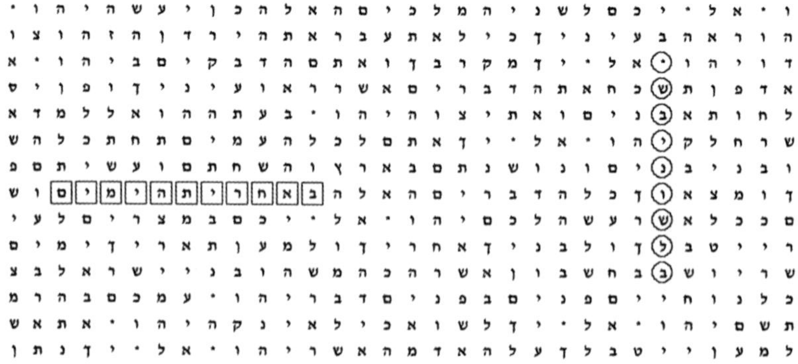

○ 在黎山半島　□ 在末時

中東戰鼓頻催的背景，使尋找聖經密碼更顯得刻不容緩。那是一種警訊：這場尋覓行動宛如與末日浩劫的倒數計時賽跑。

「在黎山半島」與「在末時」密載於一處。

這警訊昭然若揭，但承諾亦歷歷可辨。與「在黎山半島」交錯，就在「在末時」下方的《聖經》經文記載道：「爲你及你的子女，經由這些話語你們得以在地球上繁衍不絕。」（譯按：此段經文出自《申命記》三二：四七，聖經公會中文版經文如下：「因爲這不是虛空與你們無關的事、乃是你們的生命、在你們過約但河要得爲業的地上、必因這事日子得以長久。」）

03 柯林頓

總統在電視上坦承自己的罪過，但避重就輕未承認自己說謊：「我確曾與李汶絲姬小姐有曖昧關係。」

當時是一九九八年八月十七日，比爾・柯林頓說他誤導了他的妻子及美國民眾。他在一場全國電視演說中灰頭土臉地承認他與二十四歲的白宮女實習生曾有肌膚之親。

柯林頓在演說時，我不時瞄著電視，但注意力則集中在我的電腦，尋找聖經密碼。

幾個月來有些朋友要求我在密碼中尋找莫妮卡・李汶絲姬緋聞案，我拒絕了。感覺上這種事太庸俗，太微不足道了。

不過如今這場緋聞將拖垮一個總統，一個讓拉賓與阿拉法特握手言和的人，一個能為中東謀求和平，遏阻密碼所預言的所有危險的人。

我知道柯林頓密載於《聖經》中，因為我當初在《聖經》中尋找的第一個名字就是比爾・柯林頓。

一九九二年，我首度聽說聖經密碼時，它通過我的第一個考驗——它在柯林頓當選前六個月便預言他會勝選。

「柯林頓」與「總統」交會，密載於有三千年歷史的經文中。

一九九八年八月，當他在全國電視轉播中認錯時，我再度在聖經密碼中尋找「柯林頓」，不過這次是想要看看其中是否預言了他遭到彈劾。

「柯林頓」與「彈劾」密載於同一處，很明顯，而且這種機率很低。

而就在「彈劾」與「柯林頓」同時出現之處，在《聖經》的同一段經文中也預言了莫妮卡・李汶絲姬這場桃花劫：「暗通款曲，侍女的情人。」

這極不尋常。那簡直像是舊約在指明「年輕女實習生」。

待我查出來時，總統已經說完了他那場爲時五分鐘的自白，電視

○ 柯林頓　□ 總統

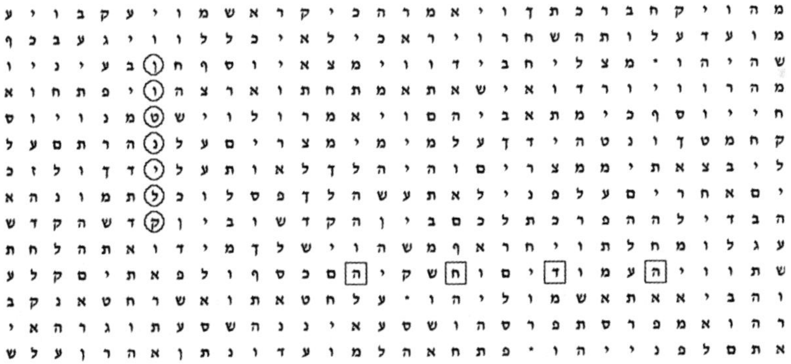

○ 柯林頓　□ 彈劾

評論家此時正在說他或許熬不過這場桃花劫。

我正在尋找聖經密碼時，看到電視上一再播放柯林頓否認兩人有染的影片，他晃動他的食指向全國民眾說：「我和那個女人，李汶絲姬小姐，沒有發生性關係。」然後一再立即重播他剛說完的自白：「我確曾與李汶絲姬小姐有曖昧關係。」

在此之前，在一本警告世人即將面臨空前浩劫的古代經文中尋找這件緋聞的結局，似乎太不倫不類了。

然而事到如今，一個總統的前途岌岌可危，美國將面臨百餘年來第一樁彈劾案，我還是在聖經密碼中尋求答案。

我再深入尋找「柯林頓」的密碼，我領悟到還有第二種層次。就在「彈劾」之前的文字是「反對」。真正的訊息，聖經密碼中與「柯林頓」真正契合的是「民眾、國家反對彈劾」，或者說得更精確一點：「我們將反對彈劾。」

與「民眾、國家反對彈劾」相重疊的讖文記載「他們的意見阻止。」

一九九八年八月十七日，在柯林頓認錯當晚，就當他的總統寶座似乎已朝不保夕之際，聖經密碼預言柯林頓可以逃過這場桃花

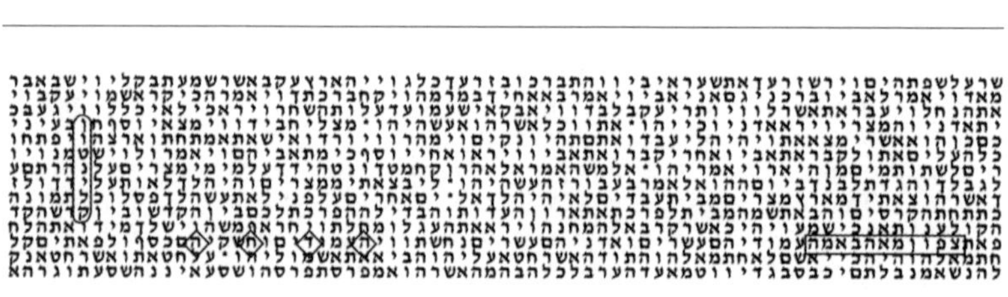

○ 柯林頓　◇ 彈劾　□ 暗通款曲，侍女的情人

劾。

一九九九年二月十二日，美國參議院在歷經一年來令人痛心疾首的緋聞與調查後，豁免了柯林頓總統的兩項彈劾案。

聖經密碼再度證實是信而有徵。

兩年後，西元兩千年十月十六日，我抵達白宮與柯林頓總統的幕僚長約翰・波德斯塔會晤。

我是去告訴他，聖經密碼警告我們已置身於末日中。

大門口的特勤人員緊張兮兮的。中東再現狼煙，恐怖分子的危機四伏。我必須耗上半小時才能通過層層關卡。

我在白宮外頭等候期間，心中思忖著，此人位居一人之下萬人之上，坐在西廂辦公室決定總統要接見

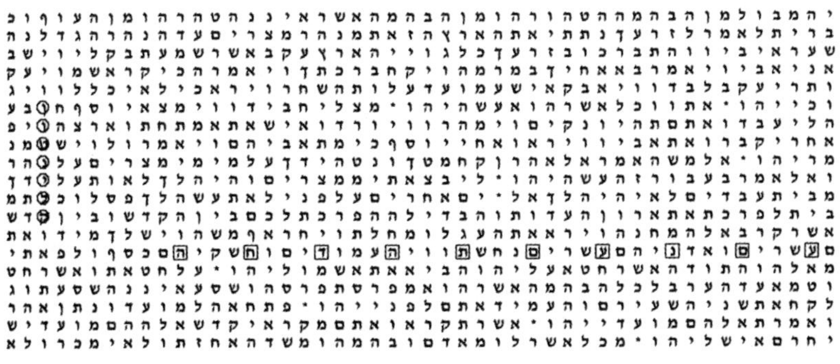

○ 柯林頓　□ 國家反對彈劾

誰、總統要看什麼，因此也左右了總統泰半行止，我該和這麼一個人談些什麼。

波德斯塔早已將我那本《聖經密碼》第一集呈交給柯林頓。他告訴我，總統前往大衛營時就帶著我的拙作，以及我在他宣布以色列總理巴拉克與巴勒斯坦領袖阿拉法特將舉行高峰會當天寫給他的一封信函。

我那封西元兩千年七月五日的信函寫道：

「謹附上拙作《聖經密碼》一本，因爲您今天宣布將與巴拉克及阿拉法特於大衛營舉行高峰會，證實了密碼的預言。

「這套揭露我們未來的密碼暗示您將在決定中東是戰爭或和平扮演關鍵的要角，而且風險比您想像的還要高。

「我對是否該在本函詳加闡述躊躇再三，因爲聽來有如末日浩劫。」

我無法鼓起勇氣告訴美國總統，我們已置身於「末時」中。我無法告訴他，根據聖經密碼，世界或許會在幾年內灰飛煙滅。就連我自己也無法置信。

我也很確定我若這麼說，則總統辦公室中第一個讀到我的信的人，必定會將我當成那些每天在白宮對街公園內舉著「懺悔，末日近了」簡陋標語的人。

故而我的信函反倒繼續寫道：「事實上，我完全不信教，而且我確信這場災禍可以防患於未然。」

我告訴總統，聖經密碼是科學，不是宗教，而且在有三千年歷史的經文中預言了現代的人名、地名及日期。

我回憶一九九二年他當選前的發現，寫道，「『柯林頓』與『總統』密載於同一處，配合得天衣無縫，絕非機緣湊巧。您的當選是我對密碼確有其事的第一項具體實證。

「而今我發現在《聖經》中與您的名字交會處有一段敘述——『他恢復，修復』，這在希伯來文中還有更深層的含意：『重建、匡正、改造世界』。」

「另一個抉擇亦赤裸裸地記載於聖經密碼中，真正的「哈米吉多頓」，一場由中東引爆的核子世界大戰。若密碼屬實，則這場危險距今尚有幾年。

「然而我們如今所採取的行動，您所採取的行動，會決定最後結果。我想聖經密碼亦是因此而存在。及時警告我們改變未來。

「您或許比任何捲涉其中的當局者居於更有利的地位，可以化解阿拉伯人與猶太人數千年來的暴力衝突，」我在致柯林頓函中以此做結論。

「大衛營」與《聖經》經文中的「逃城」（譯按：city of

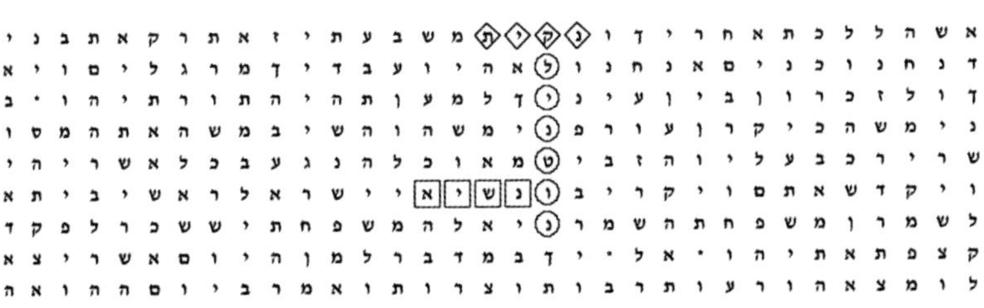

○ 柯林頓　□ 總統　◇ 他恢復，修復

refuge，難民城）密載於一處，「和平」在也同一處出現。

大衛營——總統與世隔絕的渡假處，也是埃及與以色列歷史性和約簽署地點，而今柯林頓讓兩位戰士，巴拉克與阿拉法特在此會晤——密載這個地點的《聖經》經文正好就是設定規則讓謀殺者尋求「贖罪、救贖」之處，這樣的配合也是恰到好處。

然而大衛營的和談宣告失敗。柯林頓與巴拉克都認爲他們可以提出讓阿拉法特無法拒絕的條件。幾乎每個人都相信再過不久，想必可在幾星期內，阿拉法特就會同意接受在約旦河西岸及加薩走廊百分之九十的地區建立巴勒斯坦國，他必定會接受東耶路撒冷的大部分及古城的半數。然而阿拉法特毫無反應。沒有人能瞭解何以致此。沒有人瞭解宗教的約束力。

和談因宗教因素而破滅。聖經密碼已預言此事。「神殿山」（Temple Mount）是預言中的戰場。

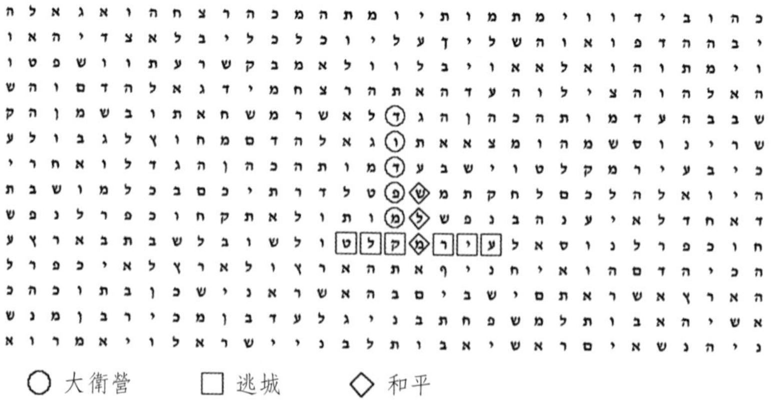

那曾是所羅門建立的猶太教神殿所在地，如今是黃金圓頂形清眞寺所在地，這片位於耶路撒冷的三十五英畝臺地是處聖地，沒有人會棄守。對猶太教徒而言，神殿的遺址，神殿山底部的哭牆（西牆），是最神聖的殿堂。對回教徒而言，他們將山頂上的清眞寺稱爲Haram-Al-Sharif，地位僅次於麥加。幾千年來，神殿山一直是宗教戰的中心，爲了爭奪聖城而兵連禍結的戰爭引爆點，那仍

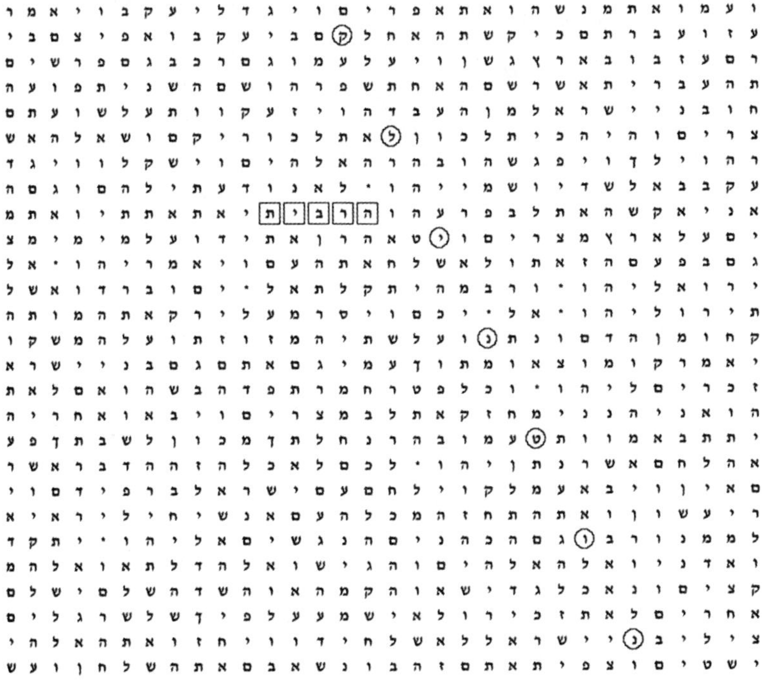

○ 柯林頓　□ 神殿山

是在大衛營無法化解的議題。

「神殿山」與三位參與高峰會的領袖——「柯林頓」、「阿拉法特」、「巴拉克」——全密載於同一處。

「神殿山」未跳躍取碼直接出現在讖文中與「柯林頓」交會處，而大衛營高峰會的年份，希伯來曆「五七六〇年」，西元兩千年，也出現在同一段經文中。

密載「神殿山遭破壞」的經文處也出現「阿拉法特」，未跳躍取碼，這機率也很低。「巴拉克」與「神殿山」在同一段經文中交錯，而《聖經》中那段原始經文就是在對「末時」提出警訊。

三位和談要角全都與令和談破裂的聖地名稱密載於同一處，這很不尋常，而聖經密碼似在暗示，神殿山或許即將遭到攻擊。

和談於七月破裂，經過八月、九月、十月的斡旋都無法恢復，我繼續試圖突破，試著與柯林頓、

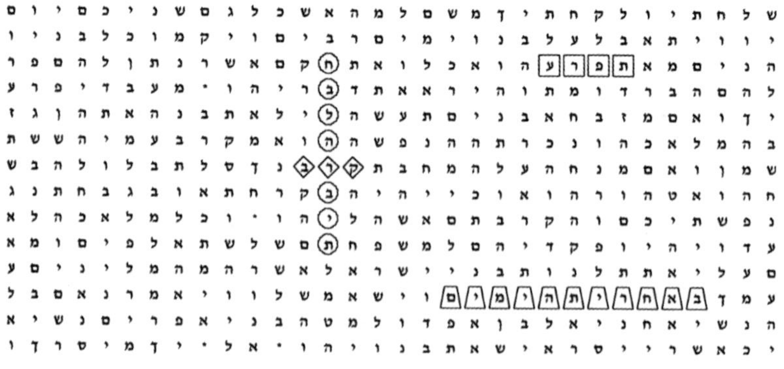

○ 神殿山遭破壞　□ 阿拉法特　◇ 巴拉克　⏢ 在末時

巴拉克、阿拉法特接觸。

我於西元兩千年八月初抵達以色列。大衛營高峰會剛破裂，以色列政府亦瀕臨瓦解。巴拉克總理費盡心思想保住他的職位，而他的內閣部長一個個掛冠求去，以色列人民亦不再奢望他們與巴勒斯坦人的紛爭終能化干戈爲玉帛。

巴拉克這時獨撐大局，孤立無援，不願聆聽聖經密碼中迫在眉睫的警告。

我於一九九八年五月十七日，巴拉克當選前一年，首度設法與他會晤，他當時甚至還不曉得他會參選總理，我致函給他道：

「聖經密碼中發現的新資訊記載，你會在貴國陷入極端危險的時刻成爲總理。我想你會成爲以色列的下一位領導人，希望能與你一晤。」

密碼中甚至預言了年份，「五七五九年」，亦即西元一九九九年。看似不可能，故而我在函中未提起——下一場選舉預計在西元兩千年舉行。

一年之後，一九九九年五月十七日，巴拉克在提前舉行的選舉中出人意表地獲勝，成爲以色列總理。

但我絲毫不覺得自己料事如神。只有一絲不祥的凶兆。聖經密碼中讓我於一年前預測巴拉克會當選的預言，也警告有危險，而且是極爲明確的凶兆。

「巴拉克總理」出現在單一組密碼矩陣中，接著是「危機與死亡」。警訊極爲明確。危機爆發的地點在回教與猶太教皆視爲聖地的耶路撒冷，「神殿山」。

與「巴拉克總理」交錯的讖文指出，「他們將攻打神殿山。」

故而當巴拉克一如預言當選時，我立刻十萬火急致函他的親信，要求他們向巴拉克示警。

我傳眞給以色列國防部的首席科學家以撒・班以色列將軍：「令我憂心的是若密碼對他會勝選的預言應驗了，則對巴拉克將在極端危險的時期成爲以色列領導人的預言或許也確有其事。」

然而巴拉克這時忙得焦頭爛額，連心腹親信都不接見，只說他分身乏術，無暇會晤。

我再度致函總理。信中寫道：「『他們將攻打神殿山』與『巴拉克總理』交錯，就如行刺與『伊茲哈克・拉賓』交錯一樣清楚地密載於《聖經》中。」

巴拉克知道聖經密碼不斷得到印證。拉賓遇刺當天，拉賓最親近的友人，替我向拉賓傳話示警的那個人，也打電話給巴拉克說道：「那個美國記

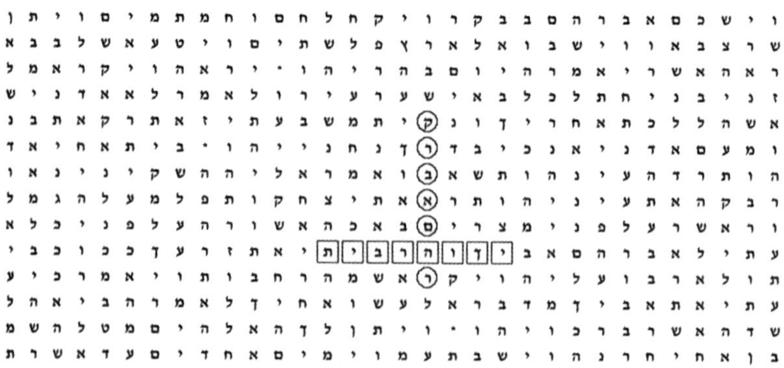

○ 巴拉克總理　□ 他們將攻打神殿山

者，他在一年前就知道了。我告訴過總理。就在《聖經》裡。」

事實上，巴拉克曾親自調查過聖經密碼。班以色列將軍告訴我，在拉賓遇刺後，新任總理席蒙·裴瑞斯曾指派當時擔任內閣閣員的巴拉克調查此事。

「他也查過你的底細，」班以色列說。「他調查過你是否涉入行刺案。」

我很震驚，但那是合理的懷疑。對巴拉克而言，我早在一年前就知道拉賓會遇害是因為我涉入此案，這比已有三千年歷史的聖經密碼會透露天機更容易令他相信。

「你已洗清嫌疑，」班以色列說。

因此巴拉克早已洞悉聖經密碼的來龍去脈。他知道密碼中曾預言拉賓遇刺與他自己會當選，兩者都在事發前一年便已披露。然而他還是不願意接見我。

「別太在意，」班以色列將軍說。「他如今什麼人也不見，連他的心腹、連我都不見。他如今已完全孤立了。」

但我無法對危險袖手旁觀。「神殿山」不僅與「巴拉克總理」交錯，「神殿山遭破壞」亦與「伊胡·巴拉克」及「五七六〇年」，亦即西元兩千年，密載於同一處。

這場危難似乎亦與一個日期密載於同一處——希伯來曆「阿伏月（Av.）九日」。那是傳說中第一座神殿於西元前五八六年遭巴比倫人摧毀的日子，那也是西元七十年第二座神殿遭羅馬人摧毀的日子。

故而在阿伏月九日，亦即西元兩千年的八月十日，我去拜會巴拉克的內閣祕書以撒·何索，他是以色列一位前任總統的公子，他已收到我的信函並將之轉呈給總理。

「巴拉克自己很注重安全，」何索告訴我。「總理個人很清楚這種危險。我們也愛莫能助。」

何索也告訴我，他前一天曾打電話到耶路撒冷警察局長的辦公室，向他警告那預言中的攻擊，他也已經警告所有的安全單位的高層官員在「阿伏月九日」的可能危險。

每個以色列人都知道，對神殿山發動攻擊將爆發一場「聖戰」。以往各個教派的宗教極端分子都曾以它爲目標，希望能引發末日浩劫。西元兩千年被視爲是最危險的年份。事實上，《紐約時報》有篇文章問道：「展望來年，千禧年，有些基督徒期望基督會在這一年回來——是否有人會試圖摧毀『石院』（Dome of the Rock）及附近的清眞寺，以求遏止和談或導致末日，或一石二鳥？」

巴勒斯坦恐怖組織「哈瑪斯」（Hamas）的領導人阿密德・亞辛（Sheik Ahmed Yassin）說：「那將會成爲以色列的末日。」

故而我向巴拉克的親信何索展示，「巴拉克」與「阿拉法特」都出現在聖經密碼中，與「末時」密載於同一處。

「芮普斯博士對此有何感想？」何索問。

「他認爲『阿拉法特』及『巴拉克』會與『末時』的兩種說法都密載於同一處，絕非巧合，」我說。

不過在阿伏月九日安然無事。神殿山沒有遭到攻擊。沒有宗教狂熱分子或恐怖分子在當天發動攻擊。我耽心我造成虛驚，以後沒有人會相信我了。

但我仍再度要求何索替我安排與總理會晤。

「巴拉克什麼人也不見，」他說。「現在不可能。」

故而我將注意力轉而集中在亞瑟・阿拉法特身上。

西元兩千年八月十三日，我與巴勒斯坦國會領袖阿布・阿拉（Abu Ala）會面，他或許是權力僅次於阿拉法特的巴勒斯坦人。他身材矮胖、禿頭，抽著雪茄，看來像是阿拉伯版的坦慕尼協會（譯按：Tammany Hall，美民主黨次團體，腐敗和濫權的代名詞）的分區領導人。不過他位於西岸拉馬拉市的辦公室中高懸著一幅耶路撒冷神殿山上金色圓頂清眞寺的巨型畫作。

我將致阿拉法特函交給阿布・阿拉。我告訴他，那是密載於《聖經》中的警訊，是阿拉法特非看不可的預言。他仔細閱讀，待他讀完，顯然相當震驚。

我原本預期他會存疑，甚至懷著敵意。畢竟，那是以希伯來文密載於其敵人的書中的密碼。但阿布・阿拉慎重其事看待這封信，並脫口說出不知是否該在當天就轉寄給阿拉法特，雖然當時阿拉法特正在中國訪問。

「我們在《可蘭經》中也有類似這種說法，」他說。「阿拉法特很虔誠，所以我想他會愼重看待此事。比拉賓愼重。」

但幾個月過去了，阿布・阿拉不曾替我轉交信函。我無法與阿拉法特接觸。我也無法與巴拉克接觸。故而我再回頭找柯林頓。

九月底，眼見和談遙遙無期，我致函總統幕僚長波德斯塔：「巴拉克與阿拉法特間陷入僵局，無法達成理性的政治性解決方案，這可能會依問題本身的特性而獲得解決之道。

「問題癥結就在宗教。聖經密碼或許是解決之道。」

待我收到白宮的回音時，待波德斯塔同意接見我時，我已飛回以色列，也爲時已晚。

當天巴勒斯坦人再度爆發暴動。

以色列與巴勒斯坦於神殿山公開交戰，就如聖經密碼所預言。在我抵達前一天，九月二十八日，誓言要擊潰阿拉法特的以色列右派領袖艾里爾・夏隆將軍，率領一千名配備重型武器的鎮暴警察及士兵登上神殿山。隔天，西元兩千年九月二十九日，巴勒斯坦人在清眞寺做完星期五的禱告後，再度爆發暴動，四名投擲石塊的年輕人於神殿山遭以色列

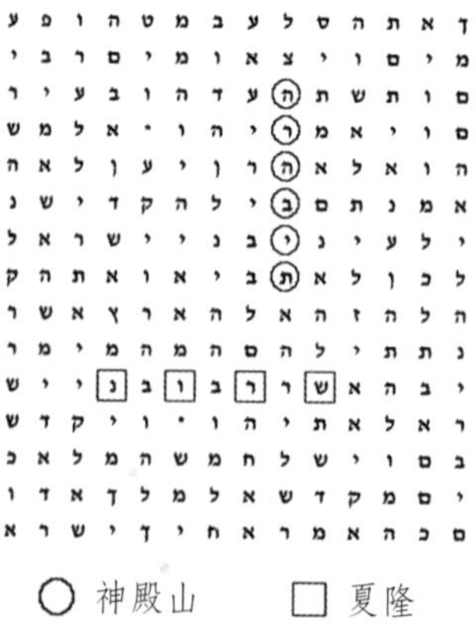

士兵格殺。

結果，攻打神殿山的人不是宗教極端分子或恐怖分子，而是以色列政界的核心人物，此舉也引發了無止盡的暴力糾葛。

「夏隆」也與「神殿山」密載於同一處。

我於兩年多前寄給巴拉克總理的每一則聖經密碼預言，如今都已應驗。

「他們將攻打神殿山」——這句話與「巴拉克總理」交錯——以及「危機與死亡」的警訊，如今全都成爲殘酷的事實。

然而巴拉克仍不願接見我。我去找這位忙於應戰的總理仍然信得過的少數幾個心腹之一，他的姊夫多蘭・柯翰（Doron Cohen），他是特拉維夫的律師。我交給他一封致巴拉克的新函件。但他未及閱讀，就接到總理辦公室來電。

「暫時不便會面，」柯翰掛上電話時說。「兩名以色列士兵剛在拉馬拉遭到凌遲。」

以色列電視台播出的畫面令人怵目驚心。一群憤怒的暴民包圍這座西岸城市的一所巴勒斯坦警察局，揪出兩名迷路誤闖入巴勒斯坦領土的以色列士兵，將他們活活打死，並將屍體千刀萬剮，然後丟出窗外。其中一名凶手高舉起他血淋淋的雙手，底下的暴民一陣歡呼。

以色列採取報復行動，武裝直昇機攻打拉馬拉及加薩的巴勒斯坦官方總部。那是自從阿拉法特與拉賓於一九九三年在白宮草坪上握手言和後最嚴重的暴力衝突。那是宣戰。

我兩天前才剛到過加薩，在以色列轟炸的巴勒斯坦特區與阿拉法特的外交部長納比爾・

夏阿斯（Bill Sha'ath）會晤。我的駕駛在靠以色列的邊界讓我下車，然後我在烈日下走過長約兩個足球場的通道，經過那片三不管地帶到達加薩，當時是暴動發生的第十二天，已有近百人喪生。

聯合國祕書長柯菲・安南先我一步抵達，俄國外交部長塞吉・伊凡諾夫亦已兼程趕來，我與夏阿斯的會晤因而延誤。

「這本討論一大堆希伯來文的書是在談些什麼？」我得以和夏阿斯博士見面時，他拿起我的《聖經密碼》第一集劈頭就問。

我向他展示封面的密碼表列，其中「刺客將行刺」與「伊茲哈克・拉賓」交錯。我告訴他，我是想透過他，警告阿拉法特更大的危險。

「阿拉法特總統相信預言，」夏阿斯說著，不再懷著敵意。「這會影響他。一九九七年曾有一個能未卜先知的人警告他說他會有一場劫數，阿拉法特隨後幾個月都很明顯的膽顫心驚。每個人都以爲他病了。不過不是那麼回事，是那則預言的關係。」

「我會把這轉交給他，但我必須找適當時機，或許待這些紛爭結束。」

「到那時候就爲時已晚了，」我說。「我不認爲這些紛爭很快就會結束。如果密碼屬實，則如今的抉擇不是和平或街頭暴動，而是和平或滅亡。」

夏阿斯告訴我，他認爲和平有望。兩天後，我們會面的那個特區被一枚以色列直昇機發射的飛彈摧毀。

如今，在大衛營高峰會破裂後兩個月，雙方公然交戰已使原本一度似乎確定能臻於和平的期望粉碎，美國總統的幕僚長同意接見我距今僅兩星期，但世局已然改觀，我站在白宮大門，等著警告柯林頓，我們已置身於末日中。

最後，在西元兩千年十月十六日下午兩點半，特勤人員對我搜身清查後，帶我去見總統的幕僚長。

約翰・波德斯塔，沉穩內斂、身材削瘦，他告訴我，他已親自將我的書及我的信呈交給總統，柯林頓刻在埃及殫精竭力試圖安排停戰事宜，待柯林頓在埃及與巴拉克及阿拉法特的另一場高峰會結束返國後，他會立刻就聖經密碼之事向總統做簡報。

「我已經和總統提起過此事，」幕僚長說：「我也會再和他提一次。」

「埃及方面有什麼消息嗎？」我問他。波德斯塔只搖搖頭。「沒什麼，」他喃喃說道。「沒好消息。」

我決定將眞相全盤托出，因爲與幾個月前滿懷希望地宣布大衛營高峰會時相較，如今這場危險看來更爲鑿鑿有據了。

我直言不諱告訴波德斯塔，聖經密碼似乎指出我們面臨了西方三大宗教長久以來所預言的終極危險，末日。

我向他展示我書中的密碼表列，其中《聖經》上對「末時」的兩種說法出現在同一處。然後我將「阿拉法特」與「巴拉克」的名字圈出來，兩人的名字也出現在完全一樣的位置。

波德斯塔仔細研究。他看著兩位領袖的名字完全未跳躍取碼地出現在有三千年歷史的經文中，各自都伴隨著一個末日的警訊。

「那有什麼含意？」他問我。

「我也不很清楚『末時』是什麼意思，但那指的顯然是極度危險的時期，」我告訴他。「《但以理書》中說，『並且有大艱難、從有國以來直到此時、沒有這樣的。』（譯按：十二：一）」

「如果我們談的是以色列，這就誇大其辭了，」波德斯塔說。不過他很清楚《聖經》中的「末時」指的是什麼。「我想知道的是，」他解釋：「那對今日的世界有什麼含意？」

我向他展示超乎尋常之處。「阿拉法特」出現在「在末時」的下方，這位巴勒斯坦領袖的名字出現在一句片語中：「阿拉法特很頑固。」「這點倒是說對了，」波德斯塔說。

然後我向他展示「巴拉克」與「末時」的另一種

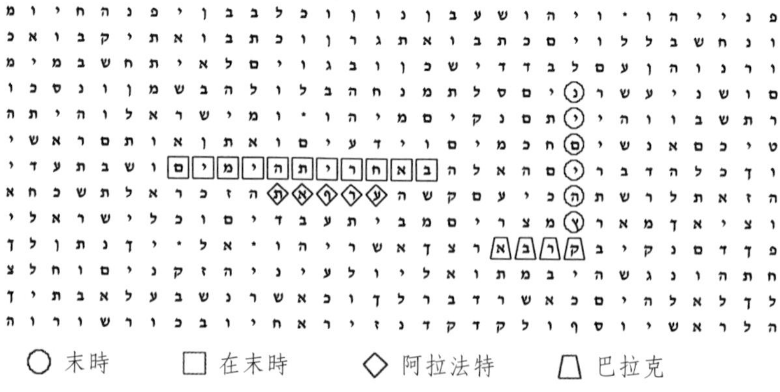

說法交會。他的名字與「在你的國家的一場戰役中」這句讖文重疊。

「什麼地方有好消息？」波德斯塔問。

我向他展示「和平」就密載於「末時」正上方。但隨後我也向他展示與「和平」交錯的是「恐怖」。

「那叫好消息？」波德斯塔問。

「我想那是事實，」我說。「我想我們所能期待的，最好的情況就是在和平與恐怖主義間的戰鬥。即使和平是製造出來的，即使如果柯林頓能展現奇蹟，危險或許也不會消失，事實上或許還會愈演愈烈。

「這其中指出了不容小覷的危險，指的顯然就是此時此刻，因為『阿拉法特』與『巴拉克』及『末日』全部密載於同一處的機會，在數學上是不可能的。

「依照聖經密碼，這是『末日』，」我補道。

「現在？」波德斯塔問。

「如果密碼是對的，則如今所發生的事僅是個開端。終極的危險是一場『原子彈浩劫』，一場可能由

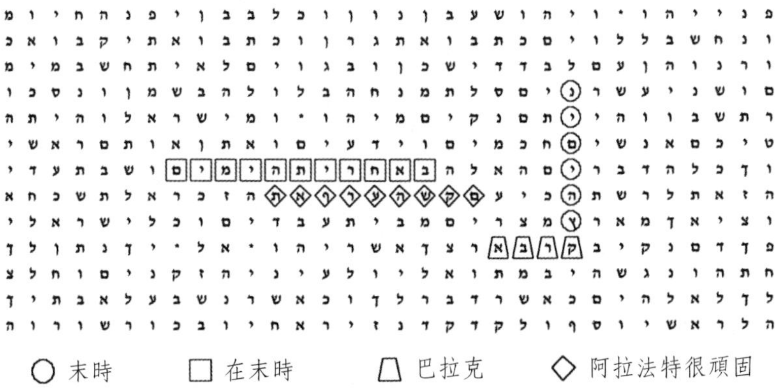

中東引爆的『世界大戰』。」

「什麼時候？」波德斯塔問。「什麼地方？」

「密碼似乎指稱第三次世界大戰可能會由一場恐怖活動引發，」我說。「唯一提到的城市名稱是『耶路撒冷』。」

最後，我告訴幕僚長，這場危難只與一個年份明確地密載於同一處——「世界大戰」與「原子彈浩劫」都與二〇〇六年一起出現。

「五年內？」波德斯塔問。

「我對明天毫無所知，」我告訴他。「不過我確定密碼是確有其事，故而我認爲密碼中的那些警訊很可能也是眞的。」

波德斯塔似乎對這一切很愼重其事。他說的不多，但他仔細聆聽，我與他在白宮會晤那近一個小時期間他也沒有接任何電話。

我告訴他，我剛由中東回來，我在當地所看到的景像令我憂心忡忡。我告訴他，我已經與巴

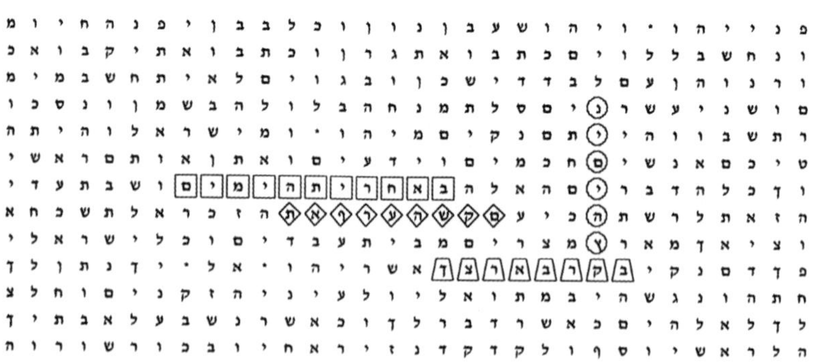

○ 末時　□ 在末時　◇ 阿拉法特很頑固

⏢ 巴拉克／在你的國家的一場戰役中

拉克及阿拉法特的大部分親信見過面，而我也只能看到一個突破的眞正契機。

「我曾在拉馬拉與阿布・阿拉晤談，我也剛在加薩與納比爾・夏阿斯見過面，他們兩人都告訴我同一件事——阿拉法特會愼重看待此事，」我告訴波德斯塔。「阿拉法特相信預言。我想那或許會是個開端。」

波德斯塔對這一點似乎格外專注，或許因爲在白宮人士眼中，阿拉法特是問題的癥結。柯林頓比世界各國領袖花更多時間討好他，在阿拉法特未能於大衛營達成和平協議時大爲詫異。

我告訴波德斯塔，我認爲總統試著將阿拉法特當成巴拉克或拉賓或裴瑞斯來看待，或許犯了一個錯誤。

「我認爲阿拉法特是個聽信怪力亂神的人，」我說。「他相信他自己的命運。他相信他在爲某種更高的靈在效命。故而我認爲或許聖經密碼的

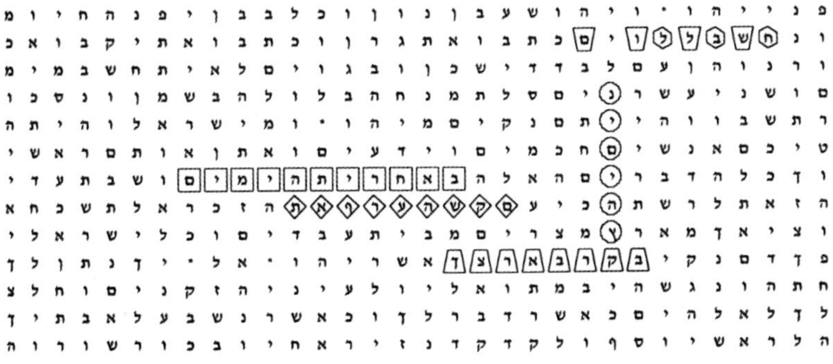

○ 末時　□ 在末時　◇ 阿拉法特很頑固

⏢ 巴拉克／在你的國家的一場戰役中　⏢ 和平　⬡ 恐怖

警訊可以讓他動心。」

「如果你和阿拉法特碰面了，通知我一聲，」波德斯塔說。

晤談結束時，我問波德斯塔信不信教。「是的，」他回答。我問他能否相信聖經密碼眞有其事。「是的，我能，」波德斯塔說。

「那麼說要接受這種事對你而言或許比我還容易多了，」我告訴他。

波德斯塔笑開了。「柯林頓也信教，」他說。「我不知道他是否相信預言，但他確實是虔誠的信徒，《聖經》他也讀得很熟。」

「身爲南方政治人物，非熟不可，」我說道。波德斯塔又笑開了。「他確實信得很虔誠，」他又說了一次。

「你能否替我安排晉見總統？」我問。波德斯塔告訴我可以。

「我會讓你知道什麼時候，」我起身告辭時他說。「我知道在你告訴我這些之後，我這麼說聽起來很荒謬，不過還是得排定行程才行。這段日子他不大好過。他只剩幾個月就要卸任了，還有好多事待辦。」

我離開白宮再經過走道朝鐵門走去時，這重大的一刻，我剛會晤的重要人士，我剛說的那一席話，以及目前世上所發生的事，令我心頭強烈悸動。

或許是這場景——白宮，當今世界的權力樞紐——或許是由於我在以色列目睹兩星期的暴力衝突後甫回國，七年前阿拉法特與拉賓就在這個地點握手言和，如今暴力衝突已使和平夢碎。不過那一刻令我有一股極為特殊的感受，與往昔我所做的一切都截然不同，也令我憂心這一切都是千眞萬確的。

波德斯塔接觸總統的機會或許比任何人都要多，他似乎在我到達之前便已認定聖經密碼確有其事，也表示柯林頓亦相信此事。

我幾乎不敢說出口的話，唯恐他會認為我瘋了——「末日」——似乎並不令他訝異，他對此似也泰然處之。

那令我領悟到我是少數的特異分子。幾乎每個人都信教，或至少信仰上帝。像總統與幕僚長那種人是從小到大閱讀《聖經》中的「末時」，在教堂中聽「末時」也耳熟能詳，因而就對之信以為眞。

這一切令我有絲奇怪的感受。我就在此地，在白宮，告訴總統的首席助手這或許就是長久以來所預言的終極危險，而他似乎也對我所言愼重其事，他還說他已和總統談過此事，並會再向總統提起。

我就這麼步出白宮，剛告訴波德斯塔的一切對我而言忽然變得更加眞實了——三千年前所預見的恐怖時刻，甚至是終結時刻，如今或許幾乎已然臨頭。

04
它存在

大衛營高峰會展開當天，我找到了我所尋找的地點確實就是「密碼鑰匙」所在地的最後一項證據。

「它存在於黎山」與「聖經密碼」並列出現。

但那不僅是證明我找對了地方。在希伯來文中，「黎山」這個半島的名稱也意味著「語言」。故而與「聖經密碼」並列的這組讖語亦說明「它存在於人類的語言中」。

「它存在於人類的語言中」——終於證明了聖經密碼是專爲我們而設的，要由人類來解密。

我打電話給芮普斯。我所找到的一切都是他的程式設計師亞歷山大・羅登堡博士所研發出來的成果。

「聖經密碼」以極短的間隔跳躍取

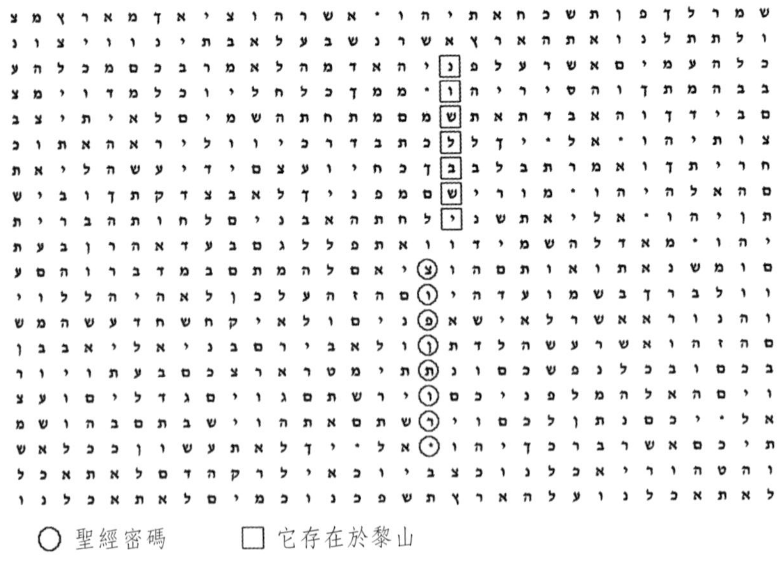

○ 聖經密碼　　□ 它存在於黎山

碼，這種機率極低。對芮普斯而言，那是另一個重要的數學證明。

「這是一個既好又簡單的證據，」芮普斯說：「因爲同樣的長串文字——「聖經密碼」——兩度以極短的跳躍碼出現。這除了在《聖經》中之外，在任何文稿中都不大可能找得到。」

那有特殊含意，因爲「聖經密碼」當然是所有可能的密碼中最基本的一組。

然而芮普斯博士對我的新發現也同樣感到興奮。「這是很精彩的發現，無庸置疑，」他說。「它意謂著聖經密碼是用我們的語言編寫成的，故而這套密碼是

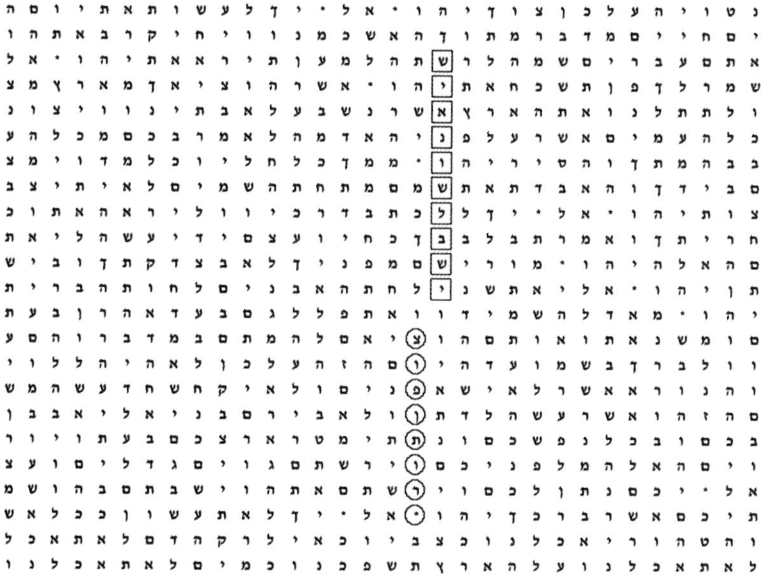

○ 聖經密碼　□ 它存在於人類的語言中

我們可以使用的，不需要超乎人類的知識或能力。」

「聖經密碼」與「它存在於黎山／它存在於人類的語言中」同樣以極短跳躍碼出現在同一個位置的機率，已經微渺至無法計數了。

此刻以色列這個國家的命運，以至於全世界的命運，或許會由巴拉克與阿拉法特在大衛營與柯林頓的高峰會而決定，而「聖經密碼」在此時再獲得此一新佐證，我也在以色列危急存亡之秋開始尋找「密碼鑰匙」，這很令人震驚。

即使我試著將我的焦點由我的考古冒險轉移到《聖經》中所密載的危險——即使我試著警告總統「末時」之事——聖經密碼自己也將我拉回來尋找「密碼鑰匙」。

或許如今找到密碼的最後鐵證比往昔更重要，如此才能將它的警訊全盤瞭解，世人也會遵循。

或許此刻正是讓「存在於黎山」，「存在於人類的語言中」的古代鑰匙出土的時候了。

芮普斯與羅登堡的新發現，及我最近的頓悟到「它存在於黎山／它存在於人類的語言中」與「聖經密碼」並列於一處，是我至今所見過最明確地指明了我們的方向正確。

我提醒芮普斯，我們稍早在與「密碼鑰匙」交錯處曾找到一個類似的說明，就在也密載著「金字碑」的同一處經文中——「交由我們解決」。

這幾乎像是編碼者公然鼓勵我們去探尋。

新找到的密碼表列中還不僅如此。在《聖經》的經文中，「兩塊石版」與「它存在於黎山／它存在於人類的語言中」交錯。

「宮殿／神殿供寫作／寫作者」也與「它存在於黎山」交錯。那意味著我們找到的或許不止是一根金字碑，那些金字碑或許是一座宮殿或神殿的一部分，無論那是蓋來蔽護密碼鑰匙，抑或是供養編碼者。

我突然想到，編碼者是在

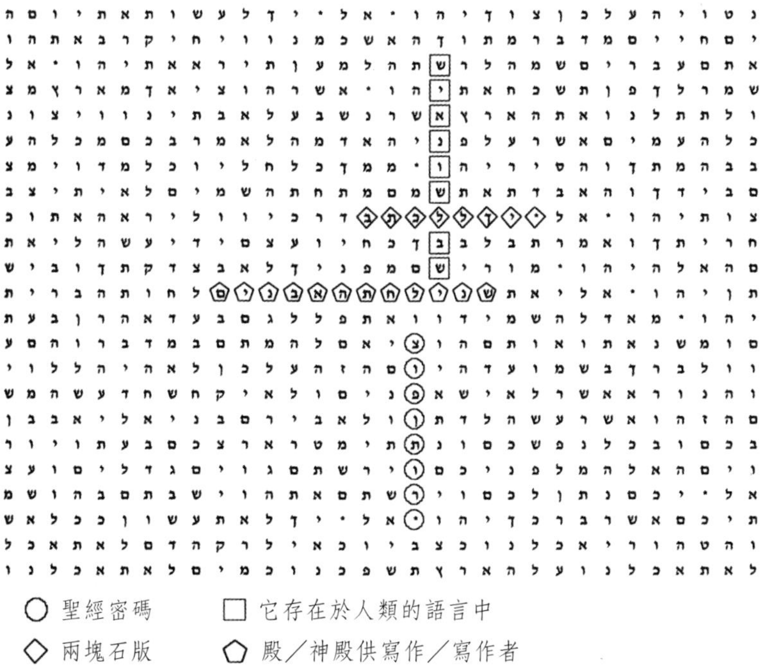

呈現他自己。密碼註明「它存在於人類的語言中」的這個事實，不僅告訴我們可以閱讀密碼，也似乎暗示著它不是出自人類手筆，來自某種想與我們溝通的外星智慧生物。

在同一份表列中，「金字碑」在希伯來文中的另一個含意──「針」──也與「他鏤刻，你將開啓」交錯密載於同一處。

這個非比尋常的矩陣似乎證實了我尋找「密碼鑰匙」的每一項基本元素。它亦暗示著所能找到的將不僅止於密碼鑰匙。

註明地點（「它存在於黎山」），以及我們可以破解這套密碼（「它存在於人類的語言中」）的那些希伯來文字母，還有第三種解讀方式。

在希伯來文中，那些字母亦可譯成「一個人存在於黎山」。這似乎意味著我們在那座延伸入死海的半島所能找到的，或許不僅是原始的聖經密碼，也能找到原始人類，或者至少是現代人的始祖。

我從展開尋覓起，就覺得這個地名亦意味著「語言」絕非偶然，那用在聖經密碼中當然是恰到好處。然而不僅如此，「語言」對人類也攸關重大。人類就因爲擁有這種得天獨厚的能力，才得以成爲萬物之靈。

而第二個地名，「馬茲拉」，半島北端的海灣名稱，亦是在尋寶圖上標示了個「x」的位置，在希伯來文中亦有其獨特意涵：「播種」。「播種」與「語言」兩者湊在一起，似乎可以激盪出另一個更高層次的意涵。

因而與「聖經密碼」這幾個字並列的密碼矩陣的第三種譯法，「一個人存在於黎山」，亦可指出現代人類是何時被「播種」的，及他何時獲得令他成爲萬物之靈的天賦，「語言」。

同一串字母還有第四種詮釋法——「一個人會回到黎山」。這令人難以置信，但似乎在預言我們這趟遠征。

我回到紐約後，又發現一組新密碼，再度證實了黎山就是不容置疑的確切地點，也再度將黎山與語言的源頭及密碼鑰匙的地點相提並論。

「黎山的聖經」，或「黎山的摩西五書」，在希伯來文中亦意味著「語言的文法」，或「語言學」，它與「密載」這兩個字交錯密載於《聖經》中。

而《聖經》中指名半島上確切地點的那段經文，「黎山，海之舌」，竟與「黎山的摩西五書」交錯，著實令人拍案叫絕。

而在同一段經文，《民數記》二六：十五中，

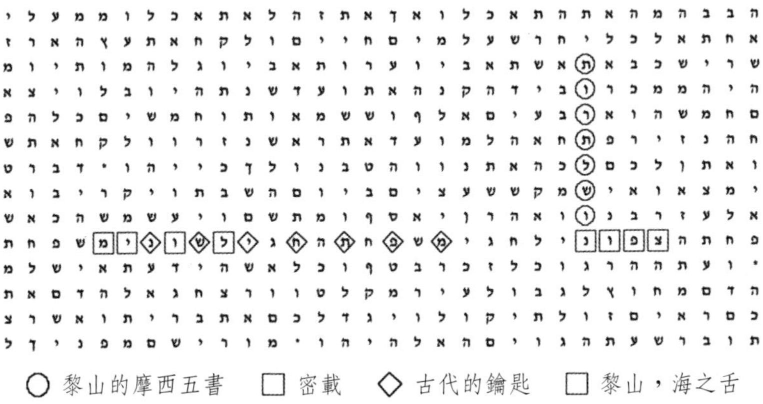

「古代的鑰匙」與「黎山，海之舌」交錯密載於同一處。在希伯來文中，那些字母亦可拼成「偵測圖」。

與「黎山的摩西五書」交錯的「密載」，兩度出現在那段經文中，那在希伯來文中亦意味著「隱藏」與「北方」，那又是在精確描述地點，半島北端延伸入死海的海岬。

這些關鍵字眼的雙重意涵同時出現在同一處，配合得天衣無縫，不可能是機緣湊巧。

「語言的文法」密載於原始的希伯來文《聖經》中，顯然就是「黎山的摩西五書」，那既可揭示語言的發源處，也是聖經密碼的「鑰匙」。

「原始語言」亦有密載，而那在希伯來文中意味著「黎山是發源處」。「密碼」也出現在同一處。

我們已找到聖經密碼的鑰匙之確切地點，如今這一點已是鐵證如山。但不僅如此，如今看來很顯然那也會引領我們找出讓人類成爲萬物之靈的天賦——語言——之發源處。

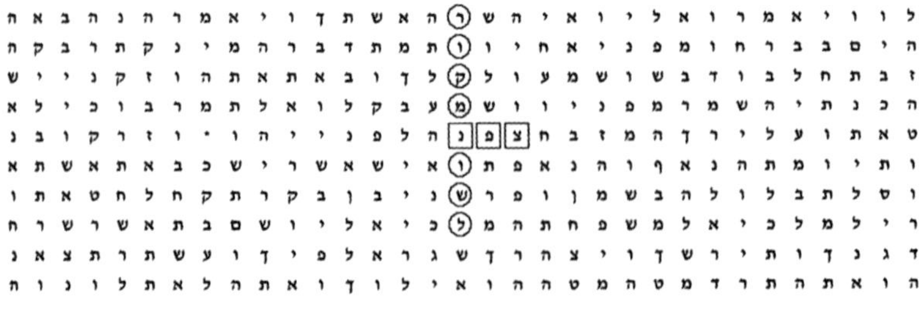

○ 原始語言／黎山是發源處　□ 密碼

就某個層面而言，這一切都與語言有關。半島的名稱，「黎山」，在希伯來文中意指「語言」，這不會是巧合。

我隨後前往以色列時，向芮普斯博士展示「聖經密碼」的讖文與「字典」交錯，而「黎山」亦密載於同一處。

「你看看摩西五書由此處開始的原始經文是什麼內容，」芮普斯說著，指向《聖經》中那段經文，《創世記》十：五，其中「黎山」與「字典」都與「聖經密碼」密載於同一處。

「這些人的後裔、將各國的地土、海島、分開居住、各隨各的方言宗族立國，」那段經文說道，那也述說了世界上最初成立之國家的起源。

那一段希伯來文倒過來唸，則說明：「你將尋找字典，某種被盜走之物，眞相的禮物。」

然後芮普斯又找到另一個極不尋常之處。在《聖經》中有一段與語言有關的經文與「聖經密碼」

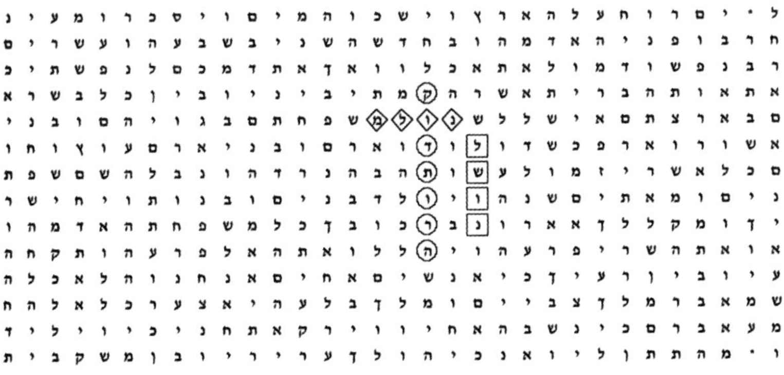

○ 聖經密碼　◇ 字典　□ 黎山

◯ 密碼鑰匙　　□ 字典，它被打開了

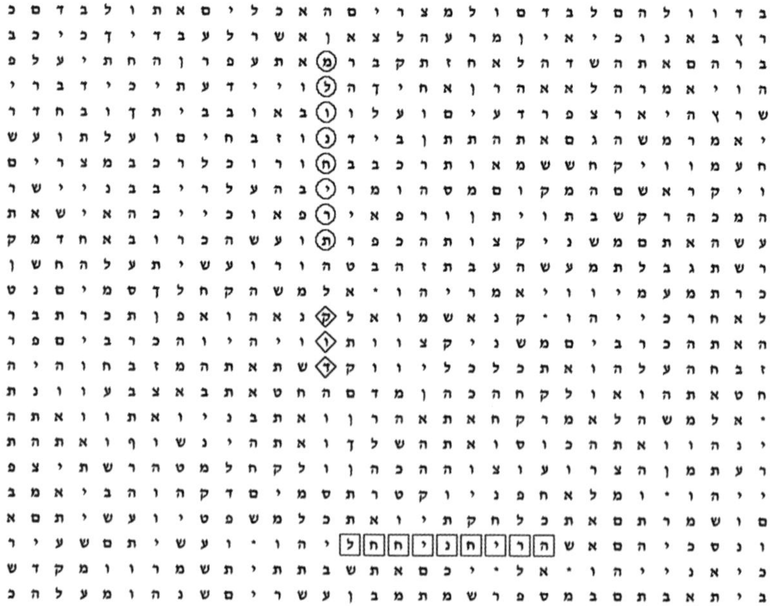

◯ 金字碑的字典　　◇ 密碼　　□ 使金字碑有生命的碑版

交錯，「黎山」也在此處出現，就在「字典」下方。

那段經文就是《創世記》十一：七中著名的「巴別塔」（Tower of Babel）——「我們下去、在那裡變亂他們的口音、使他們的言語、彼此不通。」

《聖經》中與語言最息息相關的兩段經文都與「《聖經》密碼」交錯，也與「字典」交錯，並和意指「語言」的「黎山」密載於同一處。在同一份表列中也出現了「鑰匙」，與「電腦程式」交錯。

我再度尋找密載「密碼鑰匙」的經文。這時我看到「字典」亦與「密碼鑰匙」交錯。而讖文中的衍申意涵亦極不尋常：「字典，它被打開了。」

「金字碑的字典」亦有密載。「使金字碑有生命的碑版」出現在同一處。那意味著我所尋找的不僅是一根鏤刻著文字的柱子，不僅是一部石製字典，而是可以活動的，或許是某種人工智慧，某種電腦。

最後，我發現「編碼者」與「解碼者」在聖經密碼中都各與「字典」交錯。四個最關鍵的字眼——「聖經密碼」、「密碼鑰匙」、「編碼者」、「解碼者」——全都與「字典」交錯。那不會是巧合。

顯然有某種字典可以定義那套密碼，某種「字典」存在於黎山——地名就意指「語言」的那座半島。

它用的是希伯來文？或是某種別的語言？密碼本身只說「它存在於人類的語言中」。那會不會就是尋覓已久的所有人類的原始語言？

或許這部「字典」類似羅塞達石碑（Rosetta Stone），那是兩百年前在尼羅河口發現之古石碑，考古學家藉此破解了古埃及的文字——金字塔與金字碑上那些由法老王時期流傳下來的象形文字。那塊石碑上有象形文字與希臘文對照，揭開象形文字的神祕面紗，使其成爲一種語言。

位於黎山的這部「字典」是否會揭開全人類的原始語言——「人類的語言」——的神祕面紗？

我問芮普斯，那是否意味著「密碼鑰匙」是採用希伯來文之外的別種語言，或許是原始人類共通的那種語言。

「人類的原始語言就是希伯來文，」芮普斯斬釘截鐵地說。

「希伯來文是摩西五書所使用的語言，而摩西五書是在渾沌之初就成書的，」芮普斯不厭其煩地解釋。「亞當與上帝的對話就是使用希伯來文。」

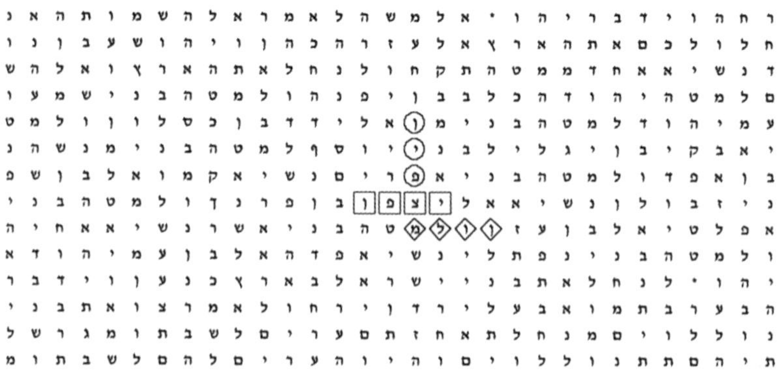

○ 編碼者　◇ 字典　□ 他將編碼

我婉委地提議，亞當與上帝的對話寫成希伯來文，是因爲那是摩西五書所採用的語言，不見得是因爲他們就是用這種語言交談。

芮普斯仍是一口咬定。「不，」他說：「他們的交談絕對是使用希伯來文。」

「但它還有更深的意義，」他繼續說。「那些字母本身，那些文字的根源——它們不僅是符號，每個字母都有各自獨立的意涵，也各自與它們的名稱息息相關。」

芮普斯是援引《猶太法典》（*Talmud*）以及《聖經集注》等注解《聖經》的古籍中之智慧。所有虔誠的猶太教徒都相信，上帝先創造摩西五書之後才創造世界，以及希伯來文不僅是原始語言，希伯來文的每個字都涵蓋了它的名稱所代表的意義之本質，而且希伯來文每一個字母都是上帝創造天地的基石。

「這套語言是整個天地規劃的一部分，」芮普

○ 解碼者　□ 字典

斯說。「這套語言比世界還早就存在，因爲摩西五書比世界還早存在。由於這套密碼與摩西五書是同時創造的，故而這套密碼也比世界還早就存在。」

芮普斯引述的是注解摩西五書最權威的大師——剌許——的觀點，他並向我展示，在《創世記》中記載「那時、天下人的口音言語、都是一樣」（譯按：十一：一）的這段經文中，剌許注疏道「一種語言——聖語（希伯來文）」。

我很佩服芮普斯如此堅決肯定。但我若發現「密碼鑰匙」是用現代世界完全不懂的某種語言寫成，我也不會覺得訝異。

沒有人知道語言是何時或如何萌芽的。

故而聖經密碼中所記載「它存在於人類的語言中」，對我而言是個謎，直到一項驚人的科學新發現公諸於世。

「一組遺傳學家及語言學家聲稱他們已找到與說話及語言有關的基因，」在我尋找期間《紐約時報》如此報導。

這項新發現若證明屬實，將引發一個很耐人尋味的問題——人類這種得天獨厚的天賦是何時出現的？它是演化出來的？或忽然出現的？如何出現？

「語言基因」密載於《聖經》中，與它交錯的讖文似乎也讓答案呼之欲出：「上帝的基因。」

依照這套密碼，「上帝」賜予我們語言。那在基因上似乎是一種提升。《聖經》中很明顯地將「語言」與「密碼」並列一處，彷彿兩者總是要相提並論，相互依存。

「語言基因」與我首先找到「密碼鑰匙」之經文——「金字碑之口」及「密碼之主」交錯。

「語言基因」三度與「金字碑」、「古代的鑰

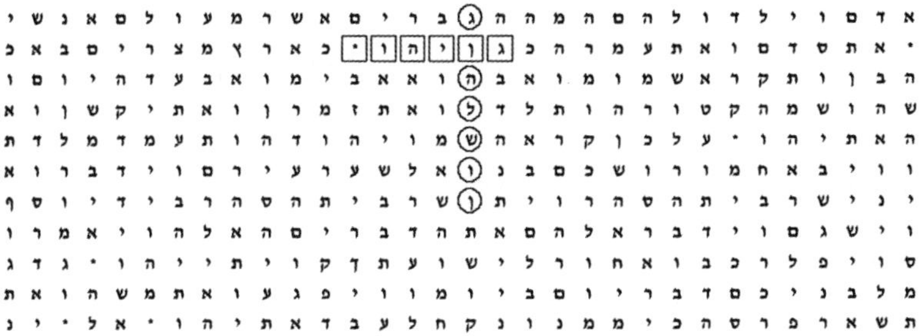

○ 語言基因　□ 上帝的基因

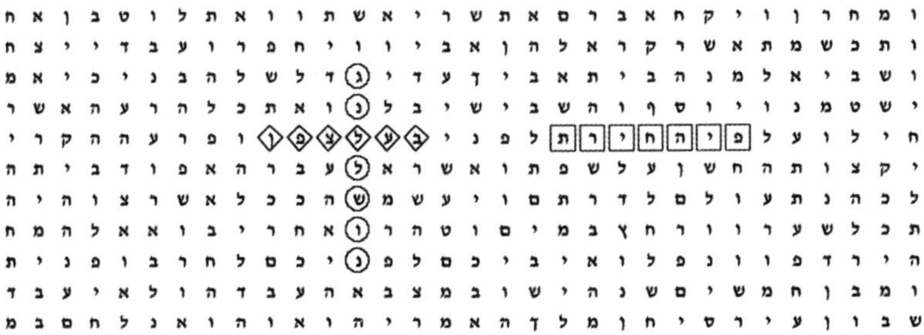

○ 語言基因　◇ 密碼之主　□ 金字碑之口

匙」、「黎山，海之舌」交錯。

地點已無庸置疑。在《聖經》中唯一提及我們考古之行確切地點的《約書亞記》，「語言基因」就與設定邊界的經文交錯——「北界是從黎山，海之舌起。」。

那是對半島北端的海岬

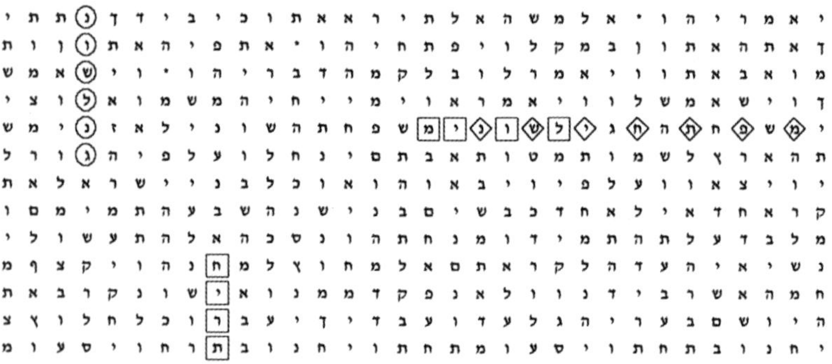

○ 語言基因　□ 金字碑　□ 黎山，海之舌　◇ 古代的鑰匙

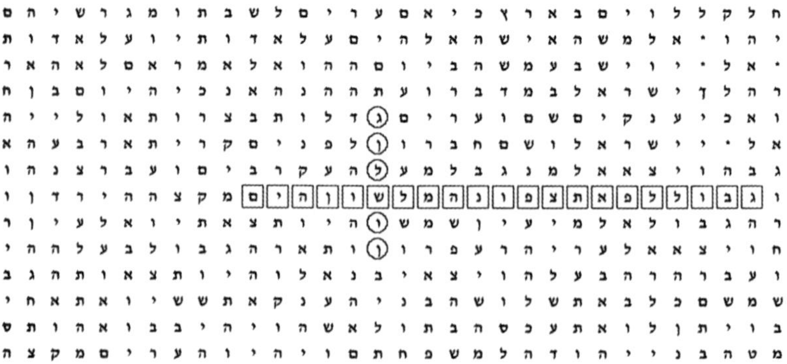

○ 語言基因　□ 北界是從黎山

相當傳神的描述，死海在此形成馬茲拉灣。同一張表列中亦可找到記載著「語言基因」的密碼：「保存完好直到這特定的一天。」

不過「語言基因」最令人玩味的讖文或許出現在《聖經》的另一部經書，《以西結書》。「天才」與「語言基因」交錯，「在人類中」就在「天才」正下方，也與「語言基因」交錯。

然後，在《以西結書》經文中，在同一份表列裡，《聖經》的讖文說：「設計一種基因，上帝給人類。」

聖經密碼顯然在說明人類

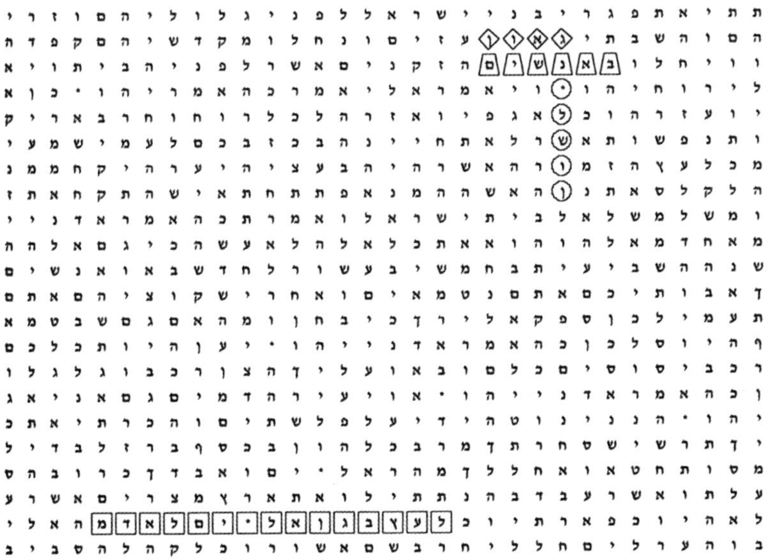

○ 語言基因　◇ 天才　⏢ 在人類中

□ 設計一種基因，上帝給人類

擁有語言這種得天獨厚的能力並非出於意外。那似乎證實了語言學家諾昂・喬姆斯基（Noam Chomsky）在四十年前率先提出的論點，認爲語言是人類與生俱來的能力，我們腦中都有一套獨特的神經系統。那是使人類成爲人類的天賦。

在密碼中，人類說話的獨特能力再度與聖經密碼本身連結在一處，彷彿是表示語言與密碼是合而爲一的。

不僅「密碼之主」與「語言基因」交錯，它也不僅一再與我們所尋找的地點連結在一處。它還有更深層的含意，那再度與希伯來文的本質有關，也與我們最古老的開天闢地故事有關。

在希伯來文中，「語言基因」亦可拼成「黎山園」。密載「黎山園」之處，《聖經》的原始經文記載道「那地在耶和華未滅所多瑪、蛾摩拉以先、如同耶和華的園子。」（譯按：《創世記》十三：十）

密碼中一再地暗示這個如今已寸草不生的半島曾一度是名符其實的伊甸園，或許它在某種層面上也與現代人類的起源有關。

人類的語言是一種基因工程的刻意之舉。那在密碼中記載得歷歷可辨。「我將安置語言基因」密載於《聖經》中，與「我將製造智慧」交錯。

故而「聖經密碼」與「它存在於黎山」密載於同一處，而「它存在於黎山」又說明了「它存在於人類的語言中」，這麼耐人尋味的編碼，不僅是證實了地點，不僅是確認了它是刻意要留給我們的，也不僅是承諾它可以由人類破解。

那也說明了我們得天獨厚的遺傳基因，以及人類升格爲萬物之靈的那個特殊時刻。

「語言誕生的陣痛」密載於《聖經》中一次，記錄下了人類開始說話的那一刻。

「鑰匙」、「金字碑」、「密碼」全都出現於同一處，也再度與說明某種神奇之物的讖文密載在一起——「他的碑版使金字碑有生命」。

「黎山」與「語言誕生的陣痛」交錯密載於同一處，再度證實了這個地點，以及它與「語言」的關連。

那是另一份極不尋常的密碼表列，涵蓋了我的考古之行的所有關鍵元素。這些字眼在希伯來文中至少有三層含意。

就最高一層而言，它或許是創造語言的故事，在某個塵封已久的時代——「語言誕生的陣痛」。

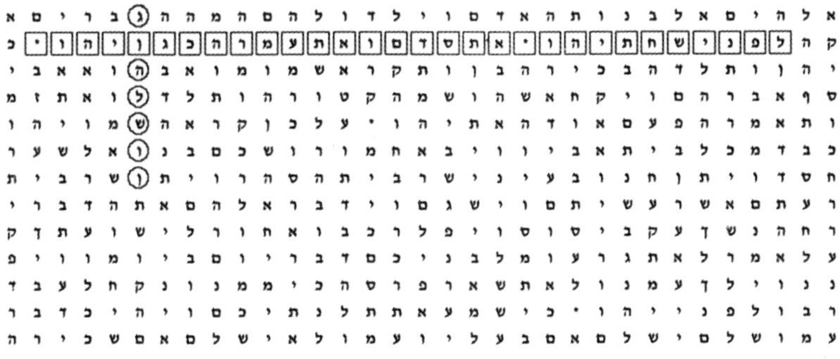

○ 黎山園

□ 那地在耶和華未滅所多瑪、蛾摩拉以先、如同耶和華的園子

或許這個地點，這座半島的最北端，在某方面與語言本身的起源有關。

但這些文字在希伯來文中也是一句片語，意指「學習一種新語言的痛苦」。那再度暗指「密碼鑰匙」或許是希伯來文之外的另一種語言，某種如今已無人通曉的語言。

最後，在最低的層次上，這些希伯來文也有第三層含意：「黎山的測量線。」那已將我的考古隊將採用的方法描述得歷歷如繪，那也是任何測量人員都會採行的第一個步驟：拉出繩索圍成一個座標方格。

與這段有多重含意的文字交錯的讖文似乎證實了它的全部層次：「他的密碼，他會看到它的起源，因爲這是鏤刻字母的地區。」

我打電話給芮普斯博士，他幾乎和我一樣興奮。「就技術上而言，那實在太精彩了，」他說。「這是刻意的，無庸置疑。」

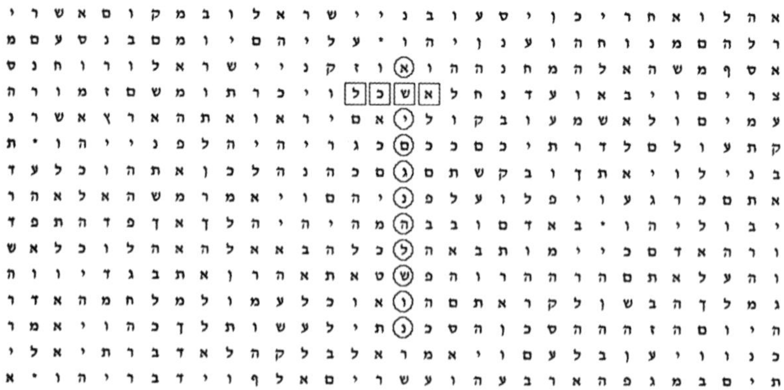

○ 我將安置語言基因　□ 我將製造智慧

「還有，就技術上而言，『密碼』及『金字碑』及『鑰匙』全密載於同一處，而『黎山』與同樣意謂著『黎山』的『語言誕生的陣痛』交錯，實在令人玩味。這絕對是密碼藉此來證實這一切全都是刻意安排的。」

我再次告訴芮普斯，我覺得自己像被引領著去尋寶，線索接二連三出現。

「顯然如此，」他說。

我告訴芮普斯，我無法接受他的結論，我一直認爲充其量我只是誤打誤撞碰上了這件事，雖然如今我確實已經能接受某種智慧生物的確有穿越時間與我們溝通的能力。

「那你爲什麼不能接受這個智慧生物或許有興趣與你溝通？」他問。

我再度告訴芮普斯，雖然我相信《聖

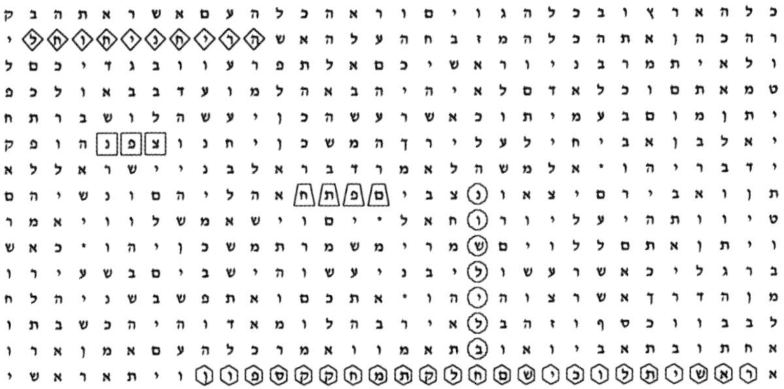

○ 語言誕生的陣痛　⏢ 鑰匙　□ 密碼

◇ 他的碑版使金字碑有生命

⬡ 它的起源，這是鏤刻字母的地區，隱藏著

經》中有一套密碼，但我不信仰上帝。而且即使我相信有一位上帝創造了天地萬物，包括這套密碼，我當然無法相信他會有任何興趣與我溝通。

我也再度重申，每當密碼似乎針對著我說話，「上帝」似乎在對我說話，總會令我渾身不自在。

「你不是第一個對此感到不自在的人，」芮普斯說。「亞當對此也覺得很不自在。」

還有另外一點令我更是渾身不自在。

在約旦，「觀光與古文物部」已經核發書面同意給我的考古遠征隊，卻又忽然拒絕讓我們繼續探勘。沒有任何解釋。

然而同時有一家約旦當地的報紙刊出一則頭版新聞，顯然是由該部走露風聲的，那篇報導中充斥著反猶太人的謾罵及漫天大謊，聲稱以色列和我的「法櫃」這個非營利基金會暗中勾結，有某種陰謀。

「法櫃基金會的工作與黎山地區間的關係之眞相爲何？爲什麼一個猶太人的基金會可以獲准在約旦的領土上挖掘猶太人的古文物？」

我打電話給美國駐約旦大使威廉・邦斯。他告訴我，我們必須審愼看待這則不實的報導，因爲它反映了約旦的眞實情況。「你必須瞭解當地文化，」邦斯說。「這篇文稿有宗教及種族仇恨的醜陋語調，我不認爲美國人應當對此忍氣呑聲，」我告訴他。

「這在約旦是一股強大的勢力，」大使說。「本地有一份與猶太人有往來人士的黑名單，也有激烈反對與以色列和談的運動。現在不是做任何新接觸的時機。」

「沒有任何美國官員可以對這種偏執之舉坐視不顧，」我告訴邦斯。「你可以告訴部長，我確信那絕對不是他的本意。不過倘若那眞的是他的立場，我會在約旦及華府抗爭到底。」

我知道約旦甫上任的年輕國王阿布杜拉二世曾公開表示反對黑名單，他還曾逮捕過若干反對與以色列和談的人士。不過邦斯叮囑我不可貿然與國王聯絡。

「他的立場也很爲難，」大使說。「他的大部分子民都是巴勒斯坦人。」

我實在按捺不住。我體認到我對「密碼鑰匙」的尋覓是刻不容緩的。聖經密碼再三警告，鑰匙、金字碑，或許會揭露某種將要發生的可怖事件，我們所面臨的終極危險，或許可以證實聖經密碼已經揭露的，不過如今已沒有人可以置若罔聞。

而此刻，耶路撒冷已經爆發了公開的戰事。

05 阿拉法特

二〇〇一年四月十二日午夜，巴勒斯坦人的暴動已邁入第七個月，一部沒掛車牌的車子駛至東、西耶路撒冷交界處我下榻的旅館，前來領取一封我寫給亞瑟・阿拉法特的信函。

「我有資訊顯示您的生命或許有危險，」我在這封寫給巴勒斯坦領導人的信函上寫道。「這則警訊來自伊茲哈克・拉賓遇害前一年便預言他會遇刺的同一個來源。

「這來源是《聖經》中一套顯然在預言未來的密碼——但或許也是預先警告我們，讓我們能防患於未然。」

我並不期待阿拉法特會接見我。也不認為巴勒斯坦領袖會想聆聽他敵人的《聖經》中的那套密碼——用希伯來文密載於聖經舊約中的警訊，尤其在這種危急時刻。

以色列與巴勒斯坦已瀕臨開戰。阿拉法特發動的暴動已逾四百五十人喪命，新上任的以色列總理艾里爾・夏隆誓言要弭平這場暴動。

然而阿拉法特相信預言。我曾試了一年想要與他接觸，他的親信都告訴我這一點。

暴動剛爆發時我與他的外交部長納比爾・夏阿斯在加薩見面，隔天以色列的武裝直昇機就將我們會面的那個特區夷為平地。夏阿斯當時說：「阿拉法特會慎重看待此事，他很相信命運。」

我與巴勒斯坦國會領袖阿布・阿拉在大衛營和談破裂後會晤時，他也有同樣的說法。但他似乎是聽天由命，也認為阿拉法特的命運早有定數。

「那麼說，那是神的旨意，」他說。不過他同意替我將信轉交給阿拉法特，並囑咐西岸的安全部門主管提高警覺。

然而夏阿斯與阿布・阿拉都沒有將我的信轉交給阿拉法特。他們都信誓旦旦說會做，月復一月，卻不曾履行諾言。最後，夏阿斯告訴我箇中原委。

「阿拉法特會相信你，」他說。「那會嚇到他。」

如今，時隔一年，那封信終於轉交到阿拉法特手中——已是三更半夜，我正在打包準備隔天一早就要離開以色列。

凌晨一點十五分，我被一通緊急電話吵醒，要求我隔天去見阿拉法特。「總統讀過你的信，他要見你，」他的幕僚長緊張兮兮的說。「你能否留下來？」

隨後那個小時我躺著無法入眠。阿拉法特顯然一讀完我的信就執意要見我。再過幾個小時我就必須當面告訴他，他或許會遇害。我忽然不確定我眞想做這種事。

我是個記者，不是先知。不過阿拉法特不是因爲我是記者，因爲我曾任職於《華盛頓郵報》、《華爾街日報》，而想接見我。他至少有十年未曾接受過美國記者的訪問了。

阿拉法特接見我是因爲在他眼中，我是個先知。

我在致函阿拉法特時，在函中也附上我寫給拉賓的信。我在他的和談夥伴——以色列總理伊茲哈克・拉賓——於一九九五年十一月四日遇害前一年寫給拉賓的信，與寫給阿拉法特的信內容相當類似。

我那封一九九四年九月一日寄給拉賓的信開宗明義就寫道：

「一位以色列數學家在《聖經》中發現了一套密碼，那似乎可揭露《聖經》成書後數千年來發生的事件之細節。

「我告訴您此事的原因，是您的全名——伊茲哈克·拉賓唯一密載於聖經的那段經文中，『刺客將行刺』與您的名字交錯。」

而今，我驅車經過以色列的檢查哨前往約旦河西岸的拉馬拉市與阿拉法特會面，我途經的這條道路偶而會有摩托車騎士遭狙擊手伏襲；我進入的這座城市已有數十名巴勒斯坦人遇害，另有兩名以色列士兵在當地警察局遭暴民凌遲並肢解分屍；我沿途回想著一九九三年九月，拉賓與阿拉法特在白宮草坪上握手言和的那一刻，和平似乎近在咫尺。

而今拉賓如聖經密碼所預言般殞命，若密碼屬實，阿拉法特不久也會遭到謀殺。

二〇〇一年四月十三日，星期五，晚間九點，我抵達阿拉法特戒備森嚴、圍牆高聳的特區。我被匆匆帶過一道大鐵門，經過幾群全神戒備、全副武裝的巴勒斯坦衛兵，進入一間小會客室。我提前半小時抵達，不過阿拉法特幾乎立刻就進來了。他知道我爲什麼來找他。

阿拉法特披戴著他的招牌黑白方格花紋頭巾，穿著他的褐橄欖色軍服，坐在距我一呎遠處。

我再度向他展示我寫給遇刺的以色列總理拉賓的信，以及「刺客將行刺」與「伊茲哈克·拉賓」交錯的密碼表列。

「我每天都爲他哀悼，」阿拉法特用英文直接對著我說。我可以看出他的眼神哀戚，似是眞情流露。

然後我向阿拉法特展示一份聖經密碼表列，他的名字——亞瑟·阿拉法特——也出現在《聖經》中同一處經文，與完全一樣的文字並列：「刺客將行刺。」

阿拉法特凝神端詳著，嘴脣顫動，他的手發抖，但他似乎並不感到意外。

我知道他早

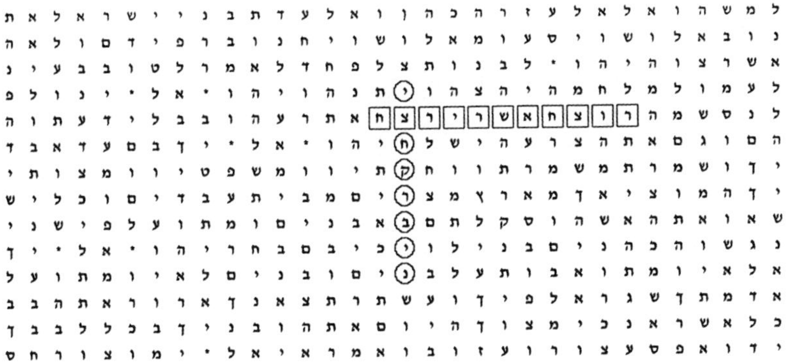

○ 伊茲哈克·拉賓 □ 刺客將行刺

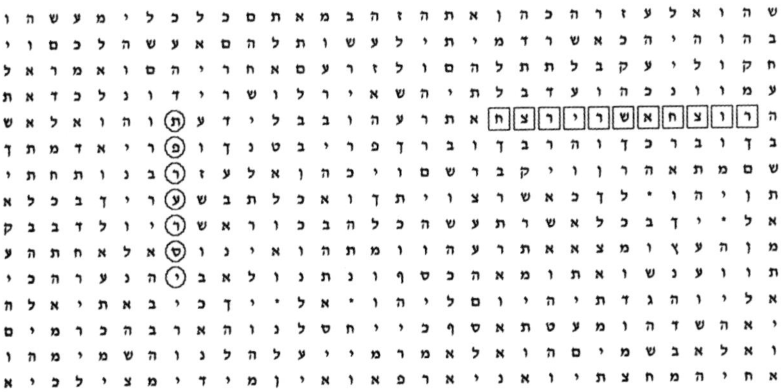

○ 亞瑟·阿拉法特 □ 刺客將行刺

就相信他的性命有危險，事實上他也用這一點當做大衛營談判的策略。柯林頓敦勸他放棄對耶路撒冷的掌控時，阿拉法特問柯林頓：「你想參加我的葬禮嗎？」

然而，要告訴別人他或許會遇害，這並非易事，尤其他就坐在一呎外。而阿拉法特顯然那麼相信我，這一點更令我難以啓齒。

「有三個明顯的警訊與您的名字有關，」我指著密碼表列告訴他，並將希伯來文譯成英文，他的首席和談代表人薩伊布・伊雷卡特（Saeb Erekat），再將英文譯成阿拉伯文。我說話時阿拉法特全神凝視著我的眼睛。

「『刺客將行刺』，」我說著，將密載的文字大聲讀出來，「還有『伏襲者將殺了他』這與『亞瑟・阿拉法特的槍手』交錯。」

伊雷卡特用阿拉伯文將之覆誦。阿拉法特更專注地凝睇著我。他瞪大了眼睛。

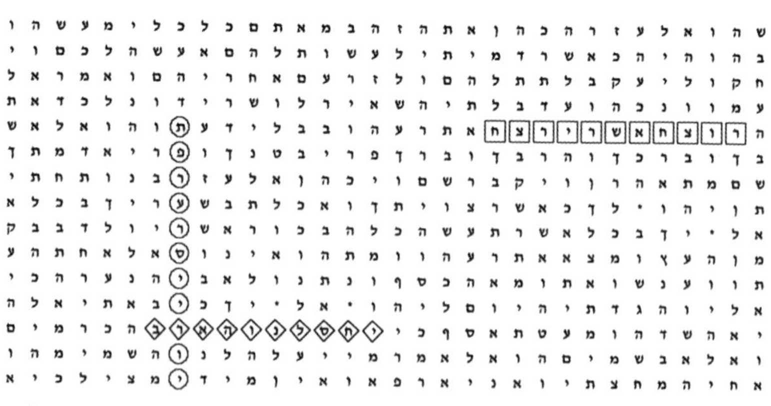

○ 亞瑟・阿拉法特的槍手　□ 刺客將行刺　◇ 伏襲者將殺了他

「這事什麼時候會發生？」他問。

「我不知道，」我說。「我們在密碼中找不到日期，我也只是一個記者。除了密碼所說的之外，我對明天毫無所知。」

阿拉法特緊盯著我的眼眸凝視，彷彿想看穿我是否隱瞞了什麼。他似乎期待我多透露一些，彷彿我自己能預知未來。

「我甚至不知道這危險是否確有其事，」我告訴阿拉法特。「不過我不認爲這則警訊應當置之不理。拉賓就在聖經密碼中預言的時間及地點遇害，而安瓦・沙達特與約翰・甘迺迪的遇刺密載於《聖經》中，鉅細靡遺。

「所以我現在告訴您的，和我當初告訴拉賓的一樣——我認爲您可能有危險，但我也認爲如果能夠充份瞭解這則警訊的細節，可以遏止這場危險。」

「如果都寫成白紙黑字了，我又能怎麼辦？」阿拉法特問。

「我想那是一種警訊，不是預言，」我告訴阿拉法特。「我不認爲那已成定局。」但我知道我這麼做會違反回教的基本教義，他們認爲人的命運早有定數，人的一生甚至在出生前就已注定。

那是我對與阿拉法特聯絡躊躇再三的原因之一。事實上，他的外交部長夏阿斯告訴我，阿拉法特曾多次說過：「眞主會決定祂要怎麼對待我。」「他相信我們的命運是注定的，」夏阿斯告訴我。「我們無法多活一天，或少活一天。」

而今我告訴阿拉法特，這套電腦密碼不一樣，它的存在是讓我們得以改變我們的未來。

「聖經密碼並不只揭露一種未來，而是各種可能的未來，」我說。「我們的所做所爲會決定最後的結局。」

阿拉法特淡然一笑。他沒有答腔。我很想知道他那一笑是意味著同意，或只是堅信他懂得比我多，我還有得學。

我對於與阿拉法特聯絡躊躇再三還有另一個原因，此時我也坦誠向他明講：「我有一些以色列，甚至美國的朋友，倘若他們知道我來此試圖救您的命，他們不會原諒我。」

我是猶太人。對許多猶太人，或許是大多數猶太人而言，阿拉法特終究是恐怖分子，也是凶手。事實上，夏隆總理就曾這麼公開譴責過他。就在當天早晨，我告訴發現了聖經密碼的以色列科學家芮普斯博士我將與阿拉法特會面時，他將阿拉法特與希特勒及海珊相提並論。

我不這麼看待他。我能理解阿拉法特對以色列或許是莫大的威脅，但我也相信他遇害會使和平的最後希望亦宣告破滅。無論如何，我覺得有義務警告他，試著遏止另一場刺殺行動。

「我來此是因爲我是個記者，我也有義務警告您，就像我曾警告拉賓，」我告訴阿拉法特。

「是的，」他說。「記者不能偏袒任何一方。」

「此外，我相信您遇害對以色列及您的人民都同樣是莫大的災禍，」我說。「我也相信有可能防患於未然。」

我向阿拉法特展示同一份密碼表列的第二種版本，其中「恐怖分子」與「哈瑪斯」重疊，並與他的名字交錯——也與「亞瑟·阿拉法特的槍手」交錯。

那顯然是在警告，反對與以色列和談，並聲稱幹下大部分恐怖炸彈攻擊行動的巴勒斯坦極端分子，也可能會試圖謀殺他們自己的領袖，阿拉法特。

「哈瑪斯，」阿拉法特覆誦著，頷首表示同意。

我向阿拉法特展示芮普斯博士當天早上發現的第三組密碼。「他們射殺了阿拉法特」與「以實瑪利人」交錯，以實瑪利人就是《聖經》中對以實瑪利的子孫，亦即阿拉伯人的稱呼。

「是阿拉伯人，不是猶太人，」我說。

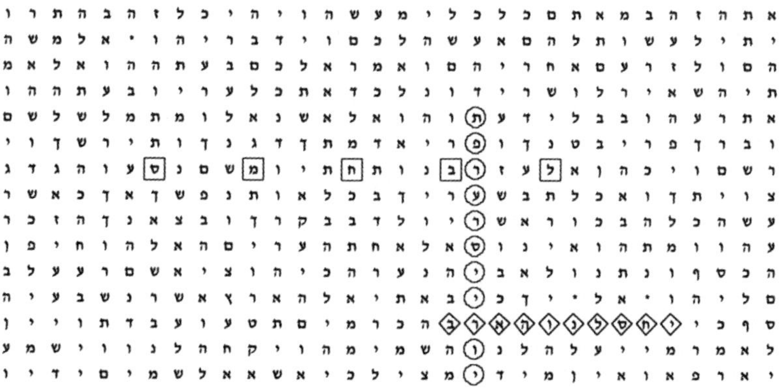

○ 亞瑟·阿拉法特的槍手 ◇ 伏襲者將殺了他 □ 恐怖分子／哈瑪斯

阿拉法特望著我，然後望著他的談判代表伊雷卡特，再望著他的幕僚長阿布·盧坦尼，接著再度頷首表示認同。他們都點頭表示同意。他們全都明白若他有危險，很可能是來自他自己的人民，殺他的兇手將是阿拉伯人，就如殺拉賓的兇手是猶太人。

「何梅尼（Khomeini）曾因爲我與拉賓媾和，而懸賞獵取我的首級，」阿拉法特突然冒出這句話，提起了那位曾下令圍攻美國大使館並將美國人當成人質的伊朗回教領袖。

我耽心阿拉法特會以我的警訊當作拒絕和談的另一個藉口。他當然知道如果他與以色列議和，更有可能遇害。沙達特就因爲與以色列和談而遭埃及人狙殺，拉賓則是因與阿拉法特握手言和而遭以色列人刺殺。

「你如果謀求和平，」我告訴他：「你就會有危險。但是如果你不這麼做，你的所有人民都會有

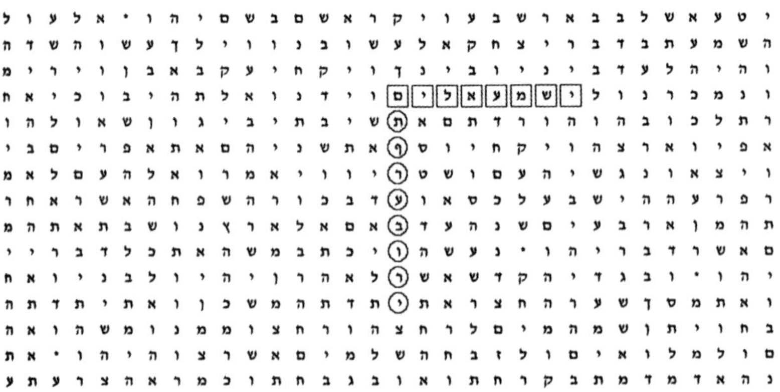

○ 他們射殺了阿拉法特　□ 以實瑪利人／阿拉伯人

危險。」

那是我來找阿拉法特晤談的初衷。不僅是他會遇害，而是更嚴重的後果。我告訴他的，也是我已經告訴柯林頓與巴拉克，及正在試圖告訴夏隆及布希的，亦即聖經密碼中提到全人類皆將遭到空前浩劫的可怖警訊。

「依照聖經密碼，我們此刻正處於極端危險的時期，」我告訴阿拉法特。「或許是有史以來最嚴重的危急存亡之秋，也是西方三大宗教長久以來預言的那個時刻。」

我將我的書打開，翻到《聖經》中註明「末時」的兩種說法密載於同一處的那一頁，向阿拉法特展示那些希伯來文字母的矩陣。

「這些字要怎麼唸？」阿拉法特問我。他不懂希伯來文，想要聽聽看那些字唸出來是什麼音。第一個是《但以理書》中的一個片語，他聽不出來。但是當我讀出摩西五書中的文字時，阿拉法特立刻聽出來了。

「阿拉伯文中也是這麼說，」他訝異地脫口說出，再度用英文直接對著我說話。「完全一樣。」

「審判日，」他的幕僚長盧坦尼說。「終末，」他的談判代表伊雷卡特說。「末時，」阿拉法特說。

那正是我此行最想要告訴他的，我們此刻就置身於末日中，但我不知道自己能否說得出口。我覺得自己不像記者，反倒更像是舊約中的先知，登殿覲謁國王，呈上神的滅亡警訊。

我無庸操心。阿拉法特就是這麼看待這則警訊的。我已碰觸到了他的內心最深處。「我早就相信我們活在危機時期，」阿拉法特說。「穆罕默德說我們能活一千年，而沒說兩千年。」

我瞭解他的言下之意——依回教的曆法，當年是一四二二年，邁入第二個千禧年後又四百餘年，穆罕默德曾說我們無法存活過一千年。

隨後我向阿拉法特展示我上一本書中所未收錄的，四年前《聖經密碼》第一集出版時我尚未得悉的。

我用筆在「在末時」底下圈出幾個希伯來文字母——「阿拉法特」。

阿拉法特立刻辨識出他自己的名字。他顯然在以色列報紙頭條看多了。他指著那一頁，示意伊雷卡特與盧坦尼也過來看。但一開始他似乎並不覺得意外，或震驚。

大部分人看到自己的名字分毫不差地密載於《聖

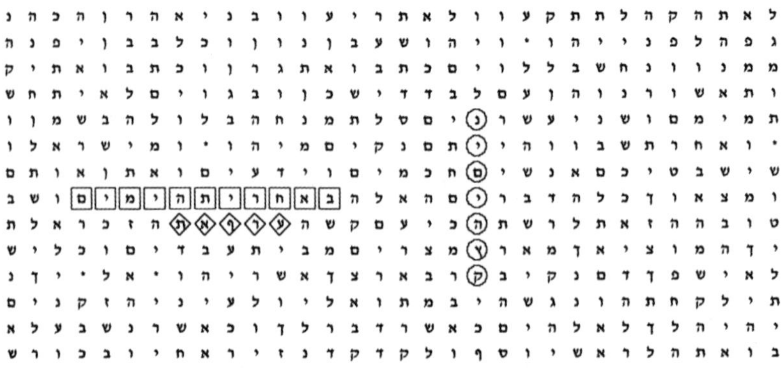

○ 末時　□ 在末時　◇ 阿拉法特

經》中，就在預言末日浩劫的同一處，都會覺得震驚。阿拉法特反倒視為理所當然。

然後我將曾試著與阿拉法特在大衛營和談的前以色列總理「巴拉克」的幾個字母也圈出來。他的名字與「末時」的第二種說法交錯。然後我將新任以色列總理「夏隆」的字母圈出來。接著我圈出「布希」的幾個字母。

阿拉法特聚精會神地端詳著那份表列。這時候他滿臉詫異了。他的嘴唇不自主地顫抖著。他的眼睛瞪得銅鈴般大。他為此而受到的震撼，似乎遠超過他自己會遇刺的警訊。舉座皆能感受到密載的危險之嚴重性，室內靜默了半晌。而阿拉法特、以色列諸領導人、美國總統，全都密載於同一處，就在《聖經》中兩種「末時」說法唯一同時出現之處，這超乎尋常的事實令舉座震懾。

最後，伊雷卡特打破沉默。「好消息在哪裡？」他問。

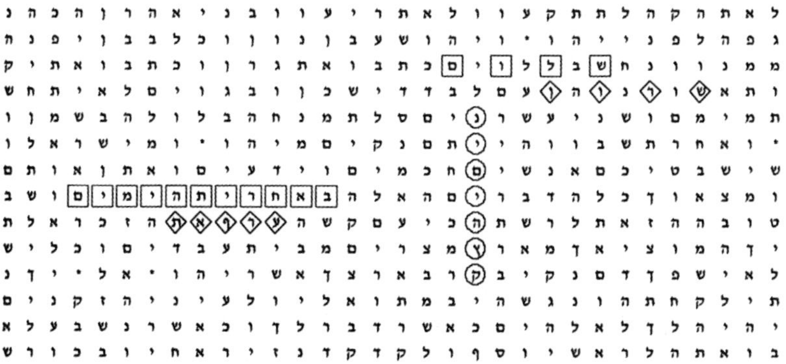

○ 末時　□ 在末時　◇ 阿拉法特　□ 和平　◇ 夏隆

我將「和平」的幾個希伯來文字母圈出來。

「依據聖經密碼，」我告訴阿拉法特，他的眼神這時轉而注視著我：「抉擇不是和平或街頭暴動，甚至不是和平或戰爭，而是和平或滅亡。」

我再向阿拉法特展示兩份密碼表列——「世界大戰」與「原子彈浩劫」全都與「在五七六六年」這個希伯來年份密載於同一處。

「那換算成西元就是二〇〇六年，」我說。「依據這組密碼，我們只有五年。」

室內再度陷入死寂。我告訴阿拉法特，我覈驗過往後百年，唯獨二〇〇六年與「世界大戰」及「原子彈浩劫」並列。我告訴他，這種機率頂多只有十萬分之一。我再告訴他，他的名字，以及以色列與美國領袖的名字，全都與「末時」密載於同一處的機率是百萬分之一。

不過阿拉法特對數目字似乎興趣索然。我設法告訴他，這全都是一位發現了聖經密碼的偉大科學家所計算出來的，但阿拉法特對科學或電腦也毫無興趣。我說的他聽到了，也懂了，但似乎不爲所動。

我剛提出了最後的證據，數學上無從爭辯的鐵證，而阿拉法特，原本似乎深信不疑的，此刻卻毫無反應。我問他，他是否相信聖經密碼是眞的，以及他是否相信那些危險是眞的。

「當然，」他毫不遲疑地說。「我們在《可蘭經》內也有類似這種說法。」

阿拉法特相信聖經密碼的預言是確有其事，不是因爲那是由電腦發現的，或由統計學獲得證實，而是因爲那是預言。

「如果都已寫成白紙黑字了，我們又能怎麼辦？」他再度問我。

我告訴阿拉法特，那就像得悉有一顆彗星即將撞擊地球。如果我們在五年前發現，或許可以改變它的運行軌道，或者將之擊碎，因而得以逃過一劫。不過若我們在幾星期前才發現，則爲時已晚。我們全都難逃一劫。

「一星期前那就像又大又亮的月亮了，」阿拉法特說。「那就太遲了。」

「我認爲聖經密碼存在的原因就是要讓我們提前得到警訊，有足夠的時間拯救自己。」我說。「但我們不能枯等五年然後突然想要採取行動。我們如今的作爲，您如今的作爲，都將決定今後五年將發生什麼事。」

阿拉法特點頭同意。「我們得立刻採取行動，」他說。

然後我將柯林頓任期即將結束前我告訴他的話，也告訴阿拉法特。「我不認爲會有和約，或持續的和平，除非各方都瞭解唯一的抉擇是和平或滅亡，」我說。

「和平必須夠穩固，撐得過下一場自殺炸彈、下一場對清眞寺或猶太教堂的掃射、下一場恐怖行動，」我說。「和平必須夠穩固，即使以色列的部長或巴勒斯坦的領導人再度遇刺也能持續下去。」

「你會將這一番話告訴夏隆嗎？」阿拉法特問。

我告訴他，我希望能與新上任的以色列總理會面，也已經致函夏隆，在函中說的完全一樣——依據聖經密碼，唯一的抉擇是和平或滅亡。

但我也告訴阿拉法特，如果他與夏隆議和，危險不見得就此結束。「我認爲密碼中記載，某個第三方團體或許會採取非傳統武器攻擊，殺害以色列人與巴勒斯坦人，」我說。

「誰？」阿拉法特問。

「待你與夏隆握手言和了，我再回來告訴您，」我回答。

阿拉法特笑開了。「隨時歡迎你以朋友的身分回來，」他說。

我起身告辭時，阿拉法特握住我的手，然後擁抱我，吻我的雙頰。他再度握住我的手，久久不放。即使我三番兩次強調我只是個記者，對密碼記載之外的未來毫無所悉，阿拉法特顯然打從一開始就是將我當成先知看待，此時也仍將我視爲先知。

我去搭電梯時他一路緊握著我的手，然後在電梯門將關上時笑容可掬地揮手告別。

我知道他的底細。我知道他手上沾滿血腥。但我確信阿拉法特相信聖經密碼的警訊，而他也是謀求和平最佳的機會，或許是唯一的機會。

06 鋼櫃

我看到兩根雄偉的柱子，或許是通往神殿或宮殿的入口，或許是某座古代城市的雙塔。

幻象消失了。我獨自佇立於荒涼的黎山半島，死海環繞在四周，我試著想像曾一度聳立在此的「金字碑」。

但我舉目四望，只見四周盡是綿延數哩的潔白石灰、由海岬的石灰泥峭壁可看出古代的海岸線、以及大海留下來的厚鹽層。我走過周遭的礁石地表，此地是地球最低點，世界的底部，此地的海水已枯涸，讓人類文明初露曙光後即已埋藏在死海中達五千年的地表重見天日。

我忖度著，即使「金字碑」眞的曾聳立於此，如今是否仍存在？或許它們已隨物換星移而剝蝕湮滅，遭大海吞噬？它們僅是久已亡佚的世界之幽魂，或者「密碼鑰匙」可於今日重現？

我在《聖經》中尋找「今日的鑰匙」。密載於《創世紀》中，與「聖經密碼」及「金字碑上的密碼」兩組密碼密載於同一處，那也是聖經首度向我透露地點的經文——「西訂谷就是死海」。

「今日的鑰匙」亦與現代地圖上的兩個地點同時出現——一處名爲「馬茲拉」的村落及海灣，位於名爲「黎山」的半島北端。

然而即使我找對了地點，即使我此刻就站在埋藏處的上方的地面，即使就埋在我腳底下數尺處，我仍不知要如何尋找這「鑰匙」。

密碼上說我需要一部偵測器，某種高科技工具，可以探勘地層下方。但是除非我知道「鑰匙」是什麼材質做的，「金字碑」是取材自何種石頭、何種礦物，否則沒有人能告訴我該採用何種工具。

故而我在《但以理書》中尋找，其中的讖文已證實了「黎山如同西訂」，並指名「馬茲拉」就是尋寶圖上的「x」點，那段經文亦述說一根「宮殿中的柱子」，上頭寫著古代世界的「所有智慧」。

「今日的鑰匙」出現在《但以理書》，不過不是和「大理石」或「花崗岩」、或任何形式的石頭一起出現。

「鐵」與「今日的鑰匙」交錯。「他沒猜到的祕密，我會透露」出現在「鐵」與「鑰匙」交錯處的讖文中。

而與「今日的鑰匙」密載於《但以理書》中同一處，採同樣的間隔跳躍取碼的，是「鋼櫃」。

「將智慧賜與智慧人、將知識賜與聰明人，」

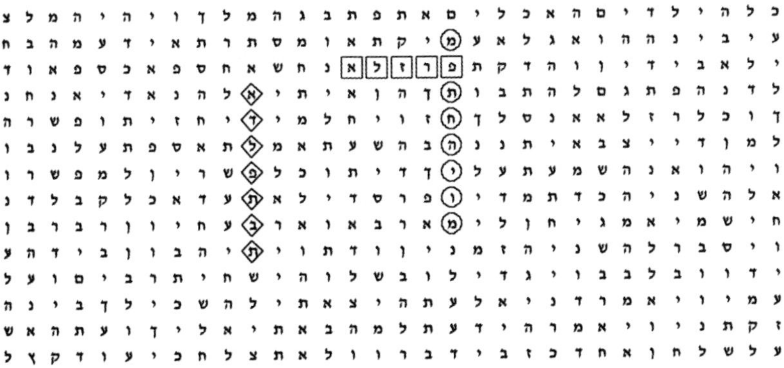

○ 今日的鑰匙　□ 鐵　◇ 鋼櫃

（譯按：《但以理書》二：二一）這位古代先知這一席話與「鐵」上方的「今日的鑰匙」交錯。

「他顯明深奧隱秘的事，」但以理說（譯按：《但以理書》二：二二）。這句話在希伯來文中亦意味著「它的容器很深，那藏匿處。」這句話就在「鋼櫃」上方。

《但以理書》的經文似乎證實了密碼鑰匙的承諾，而其中的讖文則確實透露了我沒猜到的祕密——那是「鐵」製的，或是保存在「鋼櫃」中。

我在《但以理書》中找「密碼鑰匙」。「鋼」再度密載於同一處，與「黎山」交錯。「密碼」兩度出現，與「熔接」交錯。

《但以理書》的那段經文似乎再度證實了密碼的承諾：「現在我將眞事指示你。」（譯按：《但以理書》十一：二）

我在摩西五書中尋找，就是我原先找到「密碼鑰匙」兩度與「金字碑」交錯處。這時我找到

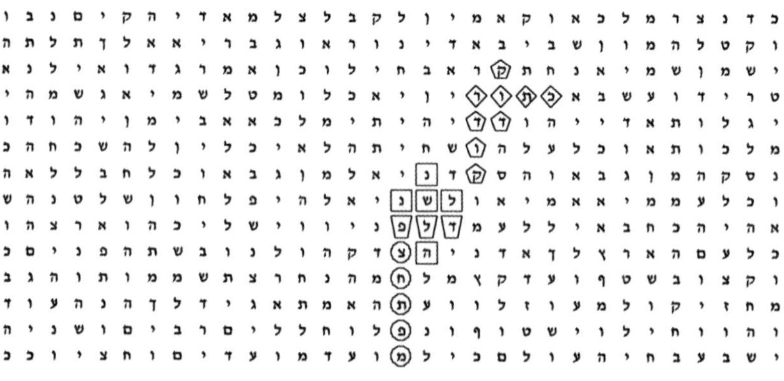

「鋼」兩度密載於此處。

眞難以置信。

那距今僅三千年，大約是上帝在西奈山將《聖經》交給摩西的時期，也是人類文明萌芽的新時代——鐵器時代。

事實上，「鐵爐」就出現在《聖經》的經文中。考古學家已在埃及與小亞細亞發現那個時期的鐵器。但他們找到的都是小物件、刀、飾品，在簡陋的坑洞中使用煤炭加熱冶煉鐵礦而成。

古代亦已知道有鋼。《聖經》亦曾提及：「戰車上的鋼鐵閃爍。」（譯按：《那鴻書》二：三）不過那出現在稍後的經書中，或許是摩西時代之後將近一千年撰寫的。

沒有證據顯示在現代之前可以冶煉出龐大的「鋼櫃」，直到十八世紀開始的工業時代。考古學家相信「鐵」或「鋼」製的龐大物品幾千年前根本不可能存在。

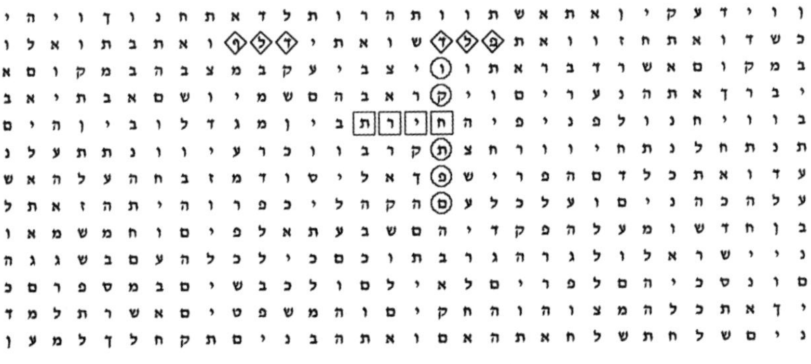

○ 密碼鑰匙　□ 金字碑　◇ 鋼　◇ 鋼

然而「鋼櫃」亦密載於摩西五書中，而「黎山」亦出現在同一處。

這段與「黎山」重疊的經文語氣斬釘截鐵：「這是解決之道。」（譯按：此句的原文是This is the solution，英王欽定版則使用This is the interpretation of it，是約瑟替人解夢時的說法。「約瑟對他說、他所作的夢是這樣解」《創世紀》四十：十二，solution原當作「夢的解法」，在此詮釋爲「解決之道」）。

倘若「密碼鑰匙」——「金字碑」——確實存放在「鋼櫃」中，則那必是解決之道。

鐵製或鋼製的物品有可能找得到。黎山，全球含鹽量最高之處，這個星球上最難用雷達穿透的地方，埋藏在底下的其他物品或許都無從尋覓。

但是鐵製的物品就會有磁性。即使深藏於地底，磁力計亦能偵測出來。它也能穿透黎山的

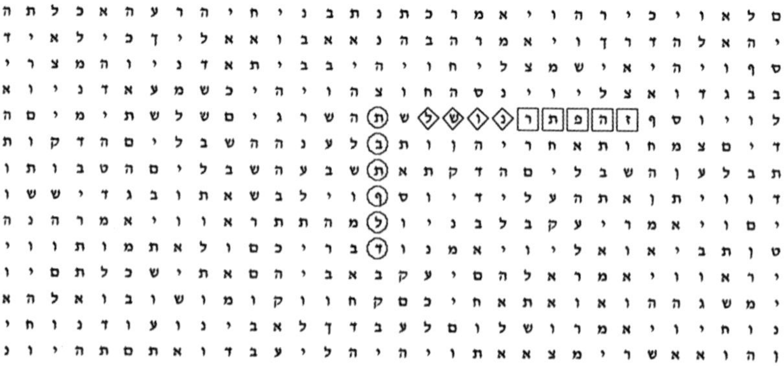

○ 鋼櫃　◇ 黎山　□ 這是解決之道

鹽，或甚至是死海的海水。而且自從聖經時代即已杳無人煙之處，不會有其他的鐵製或鋼製的物品。

然而，如果我們找到數千年歷史的鋼製大型物品，那將造成時代錯亂，難以解釋。即使上頭未鏤刻著聖經密碼的鑰匙，即使它未能顯示比今日更進步的科技，它的存在已足以引發無從回答的問題。

就如同可預言未來的密碼本身，就如同傳說中天國所製的金字碑，一個古代的鋼製物品將意味著其起源不是出自這個世界。

不過只要它存在，就可以找得到。

我去找芮普斯。我告訴他「密碼鑰匙」或許可以在「鋼櫃」中找到。

芮普斯爲了測試這驚人而又令人難以置信的發現，建議我們也找「鐵櫃」。那密載於摩西五書中。然

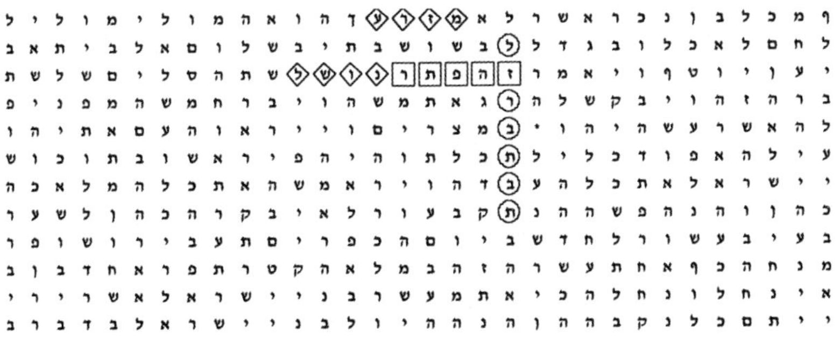

○ 鐵櫃　◇ 黎山　□ 這是解決之道　◇ 馬茲拉

後我們都看出其中非比尋常之處。

就在「鋼櫃」與「鐵櫃」交錯處——半島的地名，「黎山」，與「這是解決之道」重疊。「馬茲拉」就出現在「黎山」上方。無庸置疑聖經密碼指明某種「鐵」或「鋼」質容器就存在於我正在尋找的密碼鑰匙、金字碑的地點。

芮普斯一直對此存疑。但如今他必須承認，《聖經》中同一句經文，同一個地名，與「鐵櫃」及「鋼櫃」同時出現，實在令人訝異。

「這種情況有一個數學的專業術語，」芮普斯說。「這稱為『重組』（recombination）。你將某個詞彙依各種可能重新排列組合，將可找到各個字之間有不尋常的關連性。那是很好的實驗。」

「這很精彩，」芮普斯說。「我無法否認這是刻意的——當然是——不過要如何解釋？這是什麼意思？我不知道。我只能觀察它的一致性，也只能說就數學上而言它絕非巧合。」

「如果沒有寶藏，密碼為何一再如此刻意安排，引領我到這個地步，還在尋寶圖上標示個『x』？」我問。芮普斯一如往昔，連猜都不願猜。

「我無法說我們在密碼中所找到的，能否反映或預言我們在眞實世界所找到的，」他說。「不過無論我們能否找到金字碑，光是編碼的一致性就很耐人尋味，也意義深遠。」

對一個數學家而言或許如此。對一個教徒而言或許如此。但我要具體的證據。而今我覺得距離目標又接近了一步。

「這是解決之道。」這句話就在同時密載著「鋼櫃」與「鐵櫃」之處與「黎山」重疊，我覺得這絕非偶然。

「櫃」（Ark）。在希伯來文中與在英文中一樣，「櫃」指的只是一口箱子，或許可以存放某種聖物，不過依然只是一口箱子。然而最出名的「櫃」，當然就是「挪亞方舟」（Noah's Ark）。而那是一種交通工具。

我在聖經密碼中尋找「鋼製交通工具」。它出現了，就與記載著「他的交通工具祂拋入海中」的經文交錯。

這些字句出現於《出埃及記》著名的經文中，述說上帝如何將紅海分開，然後淹死追趕而來的埃及人，藉此拯救了古代的以色列人。（譯

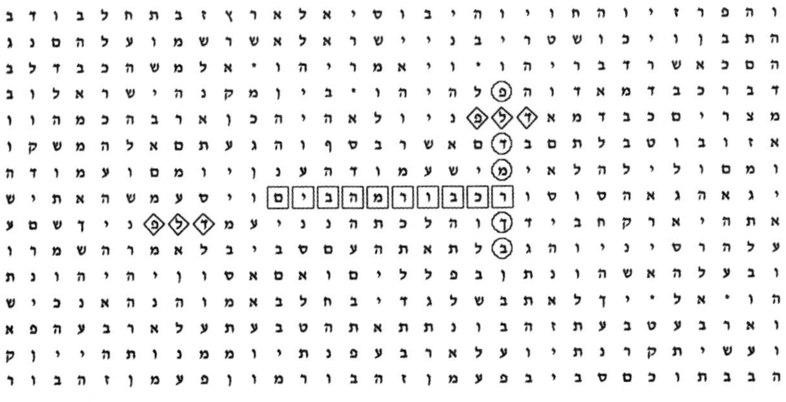

○ 鋼，交通工具　□ 他的交通工具祂拋入海中　◇ 鋼／鋼

按：作者所引的此段經文與英王欽定本用字略有不同，作者用的是vehicle——交通工具，欽定本用的是chariots——兩輪戰車，也未出現steel——「鋼」這個字。聖經公會中譯本的經文爲：「法老的車輛、軍兵、耶和華已拋在海中……」十五：四）。

不曉得那是否也透露了某種如今已埋藏在死海中的古代交通工具，我正在尋找的「鋼櫃」。

「鋼」又出現兩次，與「柱」重疊，也與「鋼製交通工具」交錯。

「鐵製交通工具」亦有密載，而與它交錯的聖經原文似乎又是述說兩種不同的故事。

傳統的英譯本這段經文所敘述的是製造帳幕，那是以色列人在出埃及期間所使用的活動神殿。（譯按：tabernacle，猶太人於沙漠中移徙期間安置法櫃的活動神殿，或譯聖

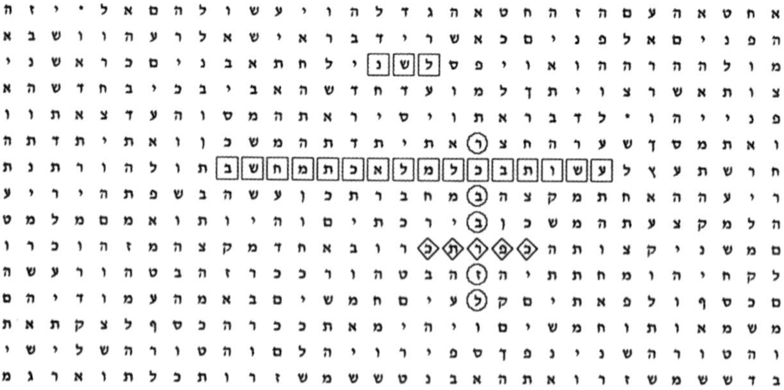

○ 鐵製交通工具　□ 鍛鐵，電腦的全部工作

◇ 海岬、熔接　□ 黎山

幕，此處採用聖經公會中譯本之譯法。《出埃及記》二五：九），

「又以　神的靈充滿了他、使他有智慧、聰明、知識，」《出埃及記》這段經文述說製造帳幕的工匠，「能作各樣的工」（譯按：三五：三一）。

但在這段經文與「鐵製交通工具」交錯處，這些希伯來文字母亦可拼成「鍛鐵，電腦的全部工作。」

「黎山」出現在「鐵製交通工具」上方的讖文中，而「海岬、熔接」與「鐵」交錯。

「鐵製交通工具」亦兩度出現在《約書亞記》的經文中。這段原始經文亦有兩種迥然不同的含意。

「並且住平原的迦南人、就是住伯善和屬伯善的鎮市、並住耶斯列平原的人、都有鐵車，」（譯按：《約書亞記》十七：十六。英王欽定本使用的是chariot of iron，鐵製的兩輪戰車）。傳統譯本的這段經文警告在上帝的應許之地住著一個勢力強大的民族。

以色列人的領導人約書亞向他們保證，「迦南人雖有鐵車、雖是強盛、你也

能把他們趕出去。」（譯按：十七：十八）

不過《約書亞記》中「鐵製交通工具」兩次出現時，皆與「金字碑的遺址」密載於同一處。

「遺址」（tel）是考古學上的遺跡，亦即覆蓋著古代廢墟的土塚。

「他找到了確切的地點，黎山」亦與「鐵製交通工具」密載於同一處。而且出現的地點就在約書亞說明確切地點的經文中，那也是《聖經》中唯一一次出現：「黎山，海之舌。」

我所尋找的鐵製交通工具會不會是一種聖經時代的人造物品？以「兩輪戰車」的大小，似乎不大可能負荷「金字碑」。

若幾千年前眞有某種鐵製或鋼製的交通工具，埋藏在往死海延伸的半島中，則其來源不大可能是出自這個世界。

這「鋼櫃」到底是什麼？來自何處？最重要的是，它是否仍存在？

古代的鐵製或鋼製品歷經數千年仍能倖存嗎？

我再度研究那份證實我所找的是正確地點的密碼表列，表中的「聖經密碼」與「它存在於黎山」密載於同一處。

這次我看到與「聖經密碼」交錯的讖文亦註明「在當地的一部交通工具中，直到今日」。

「鋼」就密載於《聖經》中同一段經文中。若那組密碼屬實，則那部「交通工具」仍埋藏在那舌形的半島上。

但當我與約旦古文物部的一位考古學家重回黎山時，他質疑鐵器仍能倖存，尤其在這片含鹽量高的土地，或周圍的死海中。

我向一位偵測地底鐵器權威的以色列地球物理學家請教，他說即使眞有鐵器殘存，若它已銹蝕，則磁力計亦無用武之地。

我的整個尋覓行動忽然間有徒勞無功的疑慮。若這「鋼櫃」在水

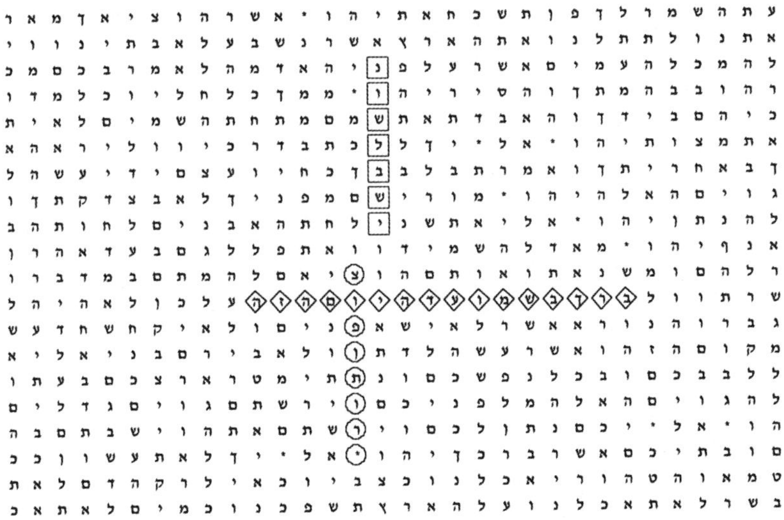

○ 聖經密碼　□ 它存在於黎山

◇ 在當地的一部交通工具中，直到今日

中，顯然會遭銹蝕。若它泡在鹽水中，則銹蝕得更快。即使它是埋在地下，這片含鹽量高的濕地亦早就令其支離破碎了。

而黎山半島又是全世界含鹽量最高之處，整座地形就是深達數哩的圓拱形鹽岩，環繞四周的海域又是含鹽量高至沒有生物可以存活，故而才會名爲死海。

我四處向專家請益。專家們異口同聲告訴我，任何鐵器必定早在一千年前便已銹蝕殆盡化爲塵土。

考古學家、冶金專家、博物館館長的說法全都如出一轍，幾乎所有的古代鐵器在出土時都已完全銹蝕，而且鹽會使銹蝕更爲快速。大部分的鐵器在幾年內便已蕩然無存。沒有任何鐵器能殘存上幾世紀。

我萬念俱灰。我耽心我的尋覓將戛然而止。但我無法放棄。我又打了一通電話。

隆納．拉坦尼玄（Ronald Latanision）是麻省理工學院的銹蝕專家，專研鐵與鋼的銹蝕。我請教他鐵器有沒有可能在海水中殘存上千年。

「那得視海水的含鹽量而定，」拉坦尼玄說。

我不想告訴他是全世界含鹽量最高的死海，但不說又不行。

「那或許還有一線生機，」拉坦尼玄說。

在黎山、死海那種獨特的環境中，所有的規則全都反其道而行。那是我所聽到的所有說法中唯一的例外。

「水會造成銹蝕，這是事實，而且鹽也確實會加速銹蝕過程，」拉坦尼玄說：「不過如果含鹽量很高，則事實上會防止銹蝕。當水中含鹽量達到百分之三十五，則含氧量會迅速下降。沒有氧，就無從銹蝕了。」

我打電話給以色列的大衛·尼夫。我請教這位研究死海權威的地質學家，當地的含鹽量是高或低於百分之三十五。

「高於，」尼夫說。「那很獨特，全世界僅此一處。」

尼夫也證實了麻省理工那位專家的說法。沉在死海深處的鐵器幾乎可以確定會留存，因爲海水會完全隔離氧氣。沒有氧，也就不會有銹蝕。

倘若「鋼櫃」埋在地底下呢？我請教尼夫及拉坦尼玄。

埋在黎山的土或泥中的鐵器或許也可以留存下來，因爲當地的土地幾乎不透氣，尼夫說。拉坦尼玄則說，黎山半島遍地皆是鹽岩，埋在此地的鐵器可以永遠留存。

「鹽穴會吸收濕氣，」這位麻省理工教授說。「沒有濕氣，就不會銹蝕。沒有氧氣，也不會銹蝕。任何不透氣或不透水的洞穴、地窖，或膠囊，都可以保存鐵或鋼器。」

我找的地方正是全世界唯一可以讓「鋼櫃」留存數千載之處。

我在聖經密碼中尋求最後的佐證。「鋼不會銹蝕」在《聖經》中密載一次。「保存」與「偵測、揭露」亦出現在同一處。

密碼鑰匙或許仍在，保存在鋼器中。不過聖經密碼中不斷暗示我或許無須大費周章遠征，派遣一隊配備著磁力計的地球物理學家來尋找金字碑。

「儲藏在鋼器中」亦與這個地點密載於同一處，「海的對岸，在摩押的邊界」（譯按：此段經文中譯本爲「以上是摩西在約但河東對著耶利哥的摩押平原、所分給他們的產業」《約書亞記》十三：三四），那正是《聖經》中對約旦的稱呼。就在這處經文中，讖文中指出「你由當地將可看到它，它的頂端一小點。」

那暗示著密碼鑰匙或許很輕易便可以找到，甚至可能無意間發現，而金字碑亦可能就突出於地表。

「金字碑突出，明顯」亦與「馬茲拉」及「黎山」皆密載於同一處。

「由黎山，它突出」出現在與「鋼櫃」及「鐵

櫃」交錯的《聖經》經文中——「這是解決之道」，與「黎山」重疊。

而半島獨特的地形使這一切似乎全都言之成理。我在已泡在海水中五千年的地方尋找密碼鑰匙。死海如今正處於人類文明

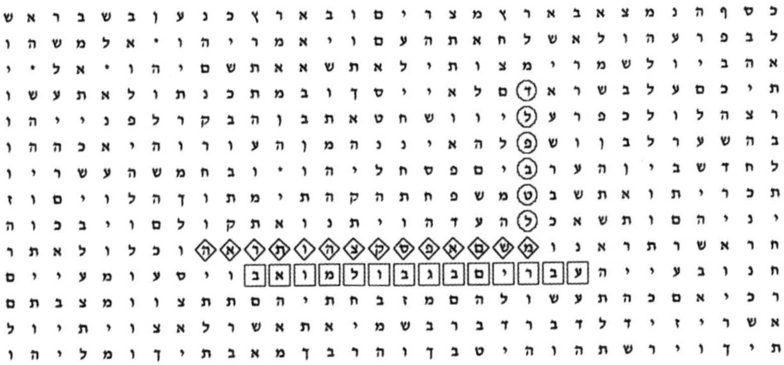

○ 儲藏在鋼器中　□ 海的對岸，在摩押（約旦）的邊界

◇ 你由當地將可看到它，它的頂端一小點

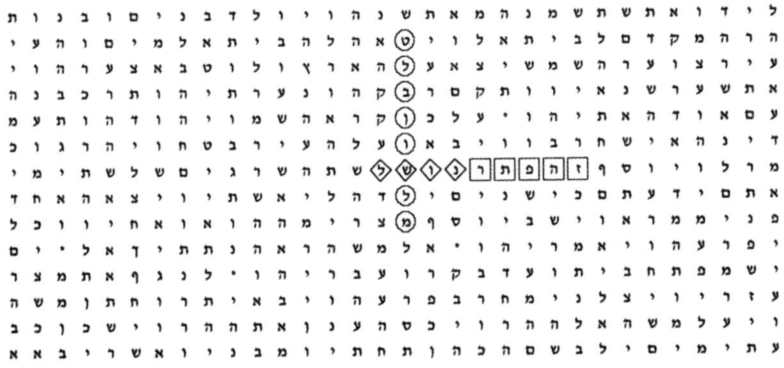

○ 由黎山，它突出　◇ 黎山　□ 這是解決之道

乍現後迄今水位最低的時期，而且仍在快速下降。最近重見天日的新生地亦有地層急遽下陷的情況。事實上，一位以色列地質學家剛發表了一份報告：《全球最低點正在下陷》。

埋藏了數千年的物體極有可能會突然自行冒出地表來。只有一個問題。保存在地下或海中數千年的鐵器或鋼器，一旦出土或拖出水中，會立刻分解。一旦它暴露在空氣中、氧氣中，殘存了上千年的物體亦會在幾天內、甚至幾小時內支離破碎。

忽然間，我的尋覓變得迫在眉睫。

西元兩千年十月五日，我飛到約旦首都安曼與美國大使威廉・邦斯會晤。他已答應要聯絡約旦高級官員、甚至新任國王阿布杜拉二世，催促他們同意讓我們的考古勘察持續進行，不再拖延。

然而當我抵達時，美國大使館正被團團包圍，兩萬名憤怒的示威民眾高喊著反以色列及反美的口號。

在與約旦交界的以色列，已有近百名巴勒斯坦人於一星期前在神殿山爆發的新暴動中喪生。以色列坦克及直昇機正在攻擊約旦河西岸及加薩走廊。大使館外有許多示威者高舉著一個遭以色列士兵槍殺的十二歲巴勒斯坦男童的照片。

暴動蔓延至安曼外圍的難民營、大學校園內，而今正威脅要推翻約旦政府。在美國大使館內，邦斯大使顯然驚恐萬分。他告訴我很難說服約旦人讓我在與以色列僅隔著死海的黎山從事考古勘察。

「現在連開口要求都不是時候，」他說。

三天後我還是和觀光與古文物部部長以及約旦副總理會面了，他們也向我保證遠征隊可以成行。但不是現在。

就在聖經密碼的警訊開始實現之際，正當整個中東地區似乎即將爆炸，引發第三次世界大戰之際，以色列爆發的新戰事忽然令我們有無從尋找「密碼鑰匙」之虞。

07
夏隆

「我與阿拉伯人交涉比和以色列人接觸更有進展，」我告訴以色列總理的兒子歐姆里．夏隆。

歐姆里笑了。我剛與亞瑟．阿拉法特見過面，他無疑地接受了希伯來文《聖經》中的一套密碼，但我卻無法安排與歐姆里的父親，以色列新任總理艾里爾．夏隆會晤。

當時是二〇〇一年四月十七日，星期二。前一天晚上以色列的坦克剛入侵加薩，那是自從一九九三年的奧斯陸和平協議後以色列首度長驅直入巴勒斯坦領土。故而我很訝異歐姆里會在這危機時刻與我碰面。

我立刻認出他來。他的照片剛出現在以色列各家報紙的頭版上，據報載夏隆總理一直在利用他三十六歲的兒子當做與阿拉法特聯絡的密使。左翼人士怒不可遏，因爲夏隆已承諾過他在戰事中絕對不會協商。

但歐姆里是他父親最推心置腹的親信，他最信任的顧問。有些人說他是以色列權力第二高的人。他當然是最稱職的密使。

我們並坐在「大衛王旅館」的陽台，俯瞰著這座古城，聖經時期石牆建築的耶路撒冷，如今是以巴衝突的主戰場。

新爆發的巴勒斯坦暴動已邁入七個月，近五百人喪生，而今夏隆派遣坦克長驅直入加薩，似乎準備要全面宣戰。

事實上，許多人將暴動歸咎於夏隆，他於大衛營和談破裂後率領一千名全副武裝的士兵及鎮暴警察前往神殿山——位於以色列境內，對阿拉伯人及猶太人而言皆是至高無上的聖地。

而今，這位引發流血衝突的右翼軍事將領成爲以色列新任總理。沒有人，包括夏隆本人，會料想到這種可能性。

但聖經密碼中早有此預言。

「甚至在沒有人認爲令尊會成爲候選人時，密碼就預言了他會成爲總理，」我告訴歐姆里，遞給他一份預言二〇〇一年二月六日選舉的密碼表列。

「夏隆」與希伯來曆的「虛伐月（Shevat）十三日」密載於同一處，而「夏隆總理」與希伯來曆的「五七六一年」密載於同一處。那相當於西元二〇〇一年二月六日。

歐姆里滿心狐疑地檢視那份密碼表列。「我不相信這種事，」他說。「不管你想找什麼都可能找得到。」

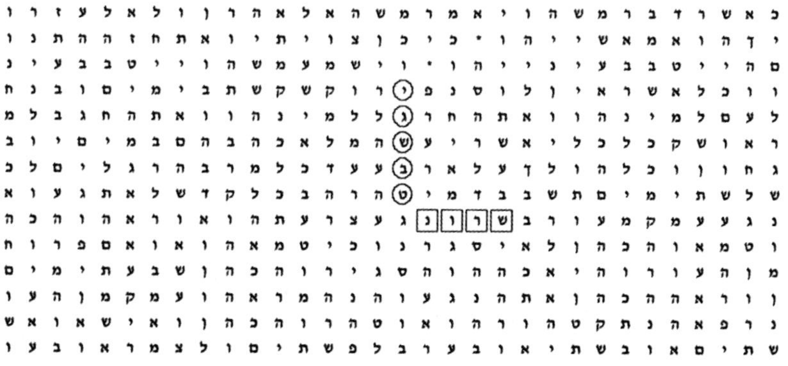

○ 虛伐月十三日／二〇〇一年二月六日　□ 夏隆

「但我們是在事前兩個月找到的，」我告訴歐姆里。「密碼不斷獲得證實。聖經密碼精確地預言了最近三次以色列的選舉結果——而民意調查則沒有一次說中。」

歐姆里仍不爲所動。「我若無法親自證實就不會相信，」他說。「家父也是如此。」

艾里爾・夏隆不僅是實事求是，也眞的是個腳踏實地的人。他生長於農家。他完全不信教。他渾身上下沒有一絲神祕氣息。他不像裴瑞斯那般是個知識份子。他也不像巴拉克般熱中於抽象觀念。他當然也不像阿拉法特般篤信命運。

世人大都不理解，但以色列其實並不是神權治國的國家。以色列人口中至少有半數完全不信教，而且也不曾出過信仰虔誠的總理。

如果夏隆有宗教信仰的話，則他堅定的信念是不擇手段捍衛以色列的家園。他相信阿拉伯人憎恨猶太人，而且永遠不會改變。在夏隆曾想過他會成爲總理前，在沒有人給他這個機會前，他對和平的立場已宣示得很清楚：「你知道我對此的立場。謀求和平有如緣木求魚。」

「阿拉伯人不想讓猶太人待在這裡，」他在選前的訪問中說。「那是整件事的癥結。他們要以武力強佔這片土地。」

「我將捍衛以色列人民的生命，」夏隆說。「我不認爲我有必要進一步闡述。阿拉伯人瞭解我。我也瞭解他們。」

那就是夏隆的宗教。

我知道要向艾里爾・夏隆推銷聖經密碼並非易事。但我也知道歐姆里是接觸總理的最佳祕密管道，他曾反對他父親前往神殿山，他也曾和他同世代的阿拉伯領導人晤談，他想謀求和平。

我交給歐姆里一份伊茲哈克・拉賓總理遇刺前一年我寫給他的信。

「讓我看看這一部分，」他說著，指向我信中告訴拉賓：「您的全名——伊茲哈克・拉賓唯一密載於《聖經》的那段經文中，『刺客將行刺』與您的名字交錯。」

我交給歐姆里一本拙作《聖經密碼》第一集，那份聖經密碼表列就印在書的封面。「你在一九九四年寄這封信給拉賓?」他問。「他遇刺前一年?」

這是歐姆里首度表現得很投入。

「是的，」我告訴他。「這組密碼不僅預言了拉賓將遇刺，還註明他遇害的年份，我們後來在同一段經文中也找到了刺客的名字。拉賓讀過那封信，但他對警訊

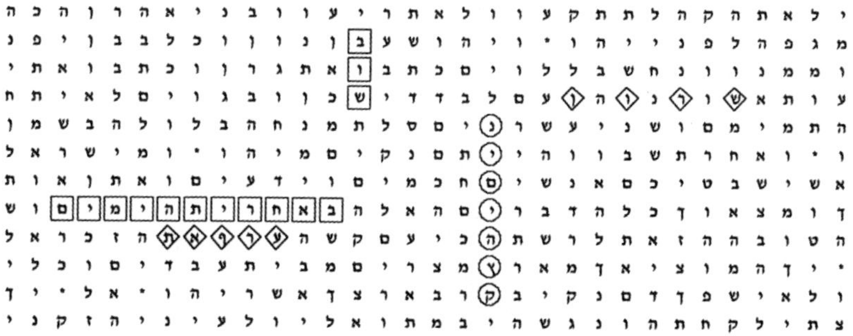

○ 末時　□ 在末時　◇ 阿拉法特　□ 布希　◇ 夏隆

置之不理。」

歐姆里沉默了半晌。他研究那份密碼表列。

「那你來找我有何指教？」他問。

我讓他看我向阿拉法特展示的那份密碼表列，「末時」的兩種說法出現在同一處，而「阿拉法特」與「布希」及「夏隆」亦密載於同一處。

「出現這種情況的機率頂多百萬分之一，」我說。

「那只是統計數字，」歐姆里說。「你可以靠統計數字來解釋任何一件事。」

「即使你不相信《聖經》中有一套可以預言未來的密碼，即使令尊也不信，我與他見面仍有其重要性，因爲阿拉法特對這一套深信不疑，」我告訴歐姆里。

歐姆里知道我在他與阿拉法特祕密會談後幾天亦曾與這位巴勒斯坦領袖見過面。「請恕我冒昧直言，」我說：「我認爲阿拉法特對聖經密碼比對你告訴他的事還要愼重，因爲他相信預言。這已觸及了他的內心深處。」

「我知道如何與阿拉伯人交涉，」歐姆里說。

「他不是西方人，」我說。

「我也不是，」歐姆里說。「我是中東人，我也瞭解阿拉法特在想些什麼。」

「我不認爲巴拉克或柯林頓瞭解，」我評道。

「沒錯，」歐姆里說。

我將寫給總理的信函交給歐姆里，然後說：「令尊或許會對此更開明一些，因爲他對他自己的命運有強烈的感覺。」

「我希望他最好不要這樣，」歐姆里說。「如此他的生活會輕鬆許多。」

他再度詳細地慢慢閱讀我的信函，然後提出一個問題：「我只看到危險。解決之道呢？」

「聖經密碼只提供我們資訊，」我告訴他。「它不告訴我們該怎麼做。不過它似乎是說令尊可以謀求和平。」

我向他展示「夏隆」與「末時」密載在一起的地方，「和平」亦密載於同一處。

我也向他展示「原子彈浩劫」出現處，「夏隆」再度與「和約」密載於同一處。

歐姆里再讀了幾段我的信函，他讀畢後說他會在當天將那封信轉交給他父親。

我在寫給夏隆的信上說道：

「我請令郎歐姆里將本函轉交給您，並安排我們會面，因爲密碼警告，以色列或許會面臨恐怖、甚至終極的危險。

「這場以色列史上最危急的時刻早有預言，無庸置疑。

「『夏隆』、『阿拉法特』、『布希』全都密載於摩西五書中，與《聖經》中表達終極的危險，『末日』的兩種說法密載於同一處。

「儘管對『末日』的詮釋言人人殊，但所有學者皆同意那所暗示之危險的嚴重至少不亞於《但以理書》經文的描述：

「『並且有大艱難、從有國以來直到此時、沒有這樣的』（譯按：十二：一）。」

「如果這指的是以色列，說的就很明白了，」歐姆里說著，起身離去。

我想問題的癥結不在於夏隆不相信聖經密碼，而在於他不想謀求和平。

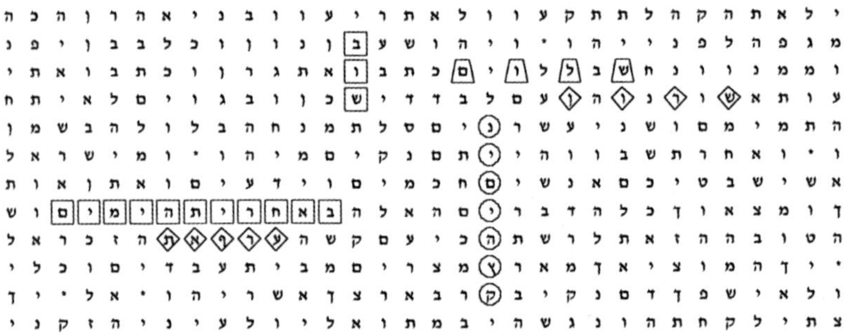

○ 末時　□ 在末時　◇ 阿拉法特　□ 布希　◇ 夏隆　⏢ 和平

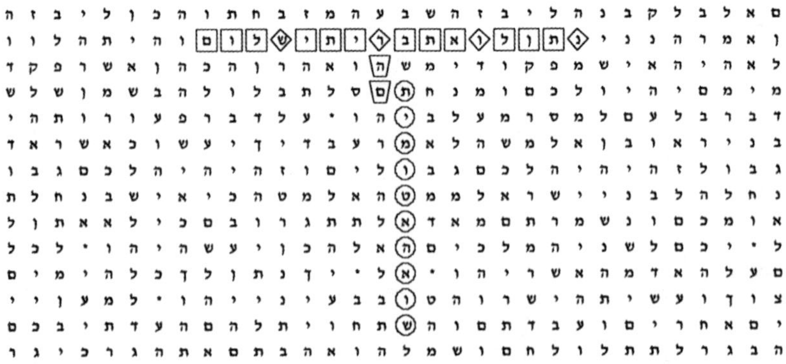

○ 原子彈浩劫　□ 他給他我的和約　▽ 總理　◇ 夏隆

使我深信這一點的不是因爲我與他的兒子見過面，而是我在國防部與首席科學家以撒・班以色列將軍這位老朋友的晤談。

我認識班以色列已經十年了。我在拉賓遇刺前一年警告拉賓時，也曾警告過班以色列，聖經密碼中說拉賓將遇刺。我曾帶芮普斯博士到特拉維夫的軍事總部、到克亞（譯按：Kirya，以色列軍事總部名稱），與他見面。班以色列是物理學家，以色列要製造及購買何種武器悉皆由他裁奪，以色列政府中也唯有他具備足夠的科學背景，能瞭解芮普斯所解釋的那種層次之聖經密碼。

因爲他瞭解，也因爲他曾目睹拉賓的遇刺已經應驗，故而班以色列從不懼於告訴別人我向他透露的警訊。他告訴其他將領，也告訴情報部門的所有主管，他甚至至少曾向一個總理提起過此事。

而今，我們於二〇〇二年四月在特拉維夫碰面，班以色列令我錯愕。我們從不談政治。我想當然耳地認爲他是左翼的，與拉賓、裴瑞斯、巴拉克是同一陣線。

此刻，班以色列將軍似乎反映了夏隆新政府的態度。

我知道他每星期與國防部高級官員會面，有時也包括總理。他的立場變得強硬了。

我讓班以色列看我向歐姆里展示的密碼表列，並希望能向夏隆呈示。我特別強調「夏隆」、「阿拉法特」、「布希」全都與「末時」交錯的那份表列。我將我告訴每個人的說法告訴他，亦即依照聖經密碼，唯一的抉擇似乎是和平或者滅亡。

「阿拉法特能拿我們怎麼樣？」班以色列質疑。「阿拉法特奈何不了我們。」

「你們當然可以在軍事上擊敗他，」我說。「但是這麼一來世人會譴責你們，而且配備飛彈及非傳統武器的回教狂徒也會攻擊你們。」

「我不認為世人會譴責我們，」班以色列說。「若在一場重大的恐怖攻擊之後就不會。」

「何謂重大？」我追問。

「不是三個人罹難，而是三百人，」班以色列說。「我們曾阻止過他們許多次了，他們預謀要炸毀特拉維夫的一座辦公大樓。諸如此類的事。」

「然後以色列要如何因應？」我問。

「某種激烈手段，」班以色列說。

他不想透露詳情。不過顯然他是在覆述軍方及情報單位最高層已研擬妥當的因應計畫。

我知道當時夏隆只是在等一個藉口來對巴勒斯坦人採取斷然的軍事行動。一切早已計畫妥當。

我告訴班以色列，我耽心那將造成以色列的浩劫，那難免會引發聖經密碼所預言的反應——即是密碼中所言五年內以色列將面臨的終極危險。

「我們可以熬得過一場化學武器的攻擊，」班以色列說。「我們早已估算過了。或許會有一萬兩千人罹難。那很悲慘，但不致於亡國。」

我向班以色列展示一份密碼圖表。「阿拉法特」與「瘟疫」交錯，那處聖經經文中說：

「遭瘟疫死的、共有一萬四千七百人。」（譯按：《民數記》十六：四九）

「原子彈的攻擊怎麼辦？」我問。

「那就是嗚呼哀哉了，」班以色列說。

這次會談結束時我受到的震慄遠超過我與其他以色列官員的晤談。而隨後幾天所發生的一切，以色列轟炸位於黎巴嫩的敘利亞雷達站、以色列入侵加薩、顯然全都刻意挑在這時刻以防止約旦向夏隆謀和，這也擺明了這位總理在伺機履踐他的命運——他得以對巴勒斯坦人痛施殺手，畢其功於一役的時刻。

密載於《聖經》中的讖語此刻對我而言顯得格外眞實。單僅阿拉法特似乎接受了密碼的警訊仍不夠。我也必須說動夏隆。我必須像嚇阿拉法特般嚇他才行。

我必須說服夏隆，這眞的就是「末時」。

我與班以色列道別時，我問他誰能替我打通關節聯絡上夏隆。他建議我去找一位退休將領，夏隆總理打算請他復出擔任以色列情報單位「莫薩德」的首長。

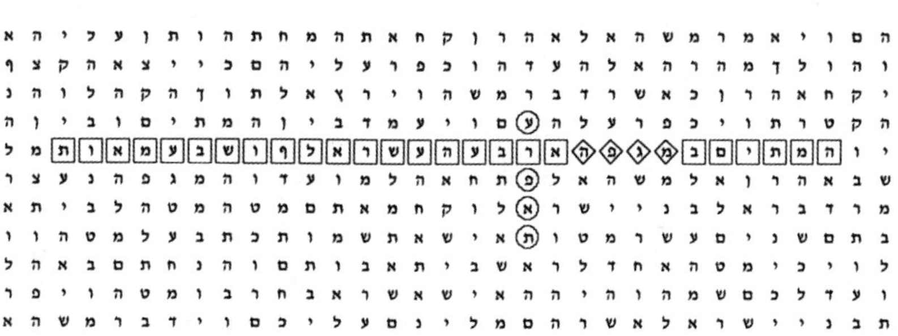

○ 阿拉法特　□ 遭瘟疫死的、共有一萬四千七百人　◇ 瘟疫

「據說您將成為下一任莫薩德的首長，」我與密爾．大干（Meir Dagan）將軍於他位於以色列北部城鎮羅虛平納（Rosh Pina）寓所會面時，我這麼告訴他。

「我也聽過這些小道消息，」大干回答。

我北上拜會這位右翼將領，因為他是僅次於歐姆里，夏隆總理最信任的心腹。夏隆對神殿山大動干戈後，大干在耶路撒冷一場反和平大會擔任主要發言人。「我們必須以戰還戰，」大干告訴群眾。「送亞瑟．阿拉法特回突尼西亞的時候到了，」他口中的這個北非國家是阿拉法特曾遭放逐之處。

我必須說服這個人，以色列別無選擇，唯有化干戈為玉帛，因為唯一的另一個抉擇是同歸於盡。

我讓大干看我曾向歐姆里展示的那些密碼表列，其中「夏隆」與「阿拉法特」和「末時」出現在同一處，也與「原子彈浩劫」及二〇〇六年「世界大戰」的警訊並列於一處。

「這一切是何含意？」大干問。「我們又能怎麼辦？」

「我認為那意味著以色列處於終極的危險中，你們有五年可以找出一線生機，」我說。「但我相信未來可以改變。那也是我來拜會您的原因。」

我知道大干完全不信教。我問他是否真將聖經密碼當成一回事。

「是的，」他說：「因為若危險確有其事，就不容輕忽。」

前一次右翼執政，比比．納坦雅胡擔任總理時，大干負責反恐怖主義。我告訴他我注意到有情報背景的人對聖經密碼的看法都較為開明，即使他們不信教。

「沒錯，」大千說。「我們必須如此。我們不能忽視任何警告。」

不過其實另有隱情，數月後我們再度會面時大千才向我透露。

當時是二〇〇一年十二月。夏隆剛任命大千率領以色列停火談判團與巴勒斯坦人談判，居間斡旋的是美國特使安東尼・金尼（Anthony Zinni）將軍。

夏隆之所以指派大千，就是想確保不會達成和平協議，這是路人皆知的事。然而大千出我意料地願意替我向夏隆總理說項，安排時間與我討論聖經密碼的警訊。

我向他展示預言九一一恐怖攻擊的聖經密碼表列，「雙塔」與「飛機」密載於同一處，我也告訴他，這組密碼似乎在警告，以色列也在不同的層次上面臨了恐怖攻擊。

「我會與總理談，也會與歐姆里談，」大千說：「不過夏隆目前當然無法接見你。」

以色列正處於更嚴重的危機中。三場重大恐怖攻擊活動在過去幾天已奪走了二十五條人命，而今以色列的噴射戰鬥機正在攻擊加薩及約旦河西岸。

「我瞭解這個時機，」我告訴他。「不過目前發生的只是細枝末節。二十五人遇害是悲劇，但若密碼屬實，則眞正的危險還在前頭，死亡人數將成千上萬，最後您的整個國家將面臨亡國之禍。」

大千悶不吭聲。我知道他是個很強悍的戰鬥將領，但我搞不懂我怎麼會把話說得那麼絕。

「我不想說得太殘酷，」我說。「若我們有更多時間，我會說得委婉一些。不過我幾個月來一直設法想透過管道與總理接觸，我希望您能瞭解並轉告他，我們談的是貴國的存亡絕續。」

「我已答應過你會與夏隆談，我也會信守承諾，」大干說。「我不信教，但我確實相信有超自然的力量會影響人間世事。」

我很震驚。我由第一次與大干碰面就知道他對聖經密碼的看法很開明。如今我知道箇中原委了。

「是出於個人體驗？」我問。

「是的，」大干說，但未進一步解釋。

我決定不追根究柢。但我很想知道這位右翼的悍將是經歷了什麼事，才讓他相信超自然的力量，也因而會接受《聖經》中有一套密碼可以透露未來的這種潛在事實。

「我相信類似這種事有可能是眞的，可能確有其事，」大干說。對我而言那已足矣。

我的目標是與艾里爾・夏隆面對面坐下來談，就如我與亞瑟・阿拉法特曾當面促膝長談。

我告訴大干，我或許可以再度與阿拉法特晤談。

「這幾天別去，」他說。

「我不怕，」我回答。

「現在別去，」大干說。

幾天後，在另一場恐怖攻擊後，以色列的戰鬥直昇機攻擊阿拉法特位於約旦河西岸的拉馬拉市特區，以色列的坦克也將阿拉法特的辦公室團團包圍。

這位巴勒斯坦領袖將被困在當地達數個月。

事實上，密爾・大干將於二〇〇二年九月由他的老友，艾里爾・夏隆總理，任命爲莫薩德的首長。

牆壁上的照片有如一個時間膠囊。亞瑟・阿拉法特與伊茲哈克・拉賓在白宮草坪上握手言和，比爾・柯林頓置身兩人之間。席蒙・裴瑞斯站在拉賓身旁。

我剛進入裴瑞斯位於特拉維夫外交部的辦公室。不過他比別人更戮力爭取的和平而今似已成爲遙遠、令人黯然神傷的回憶。

裴瑞斯立刻接見我。

他是我最後的指望，但他看來老邁疲憊又心灰意冷。他似乎比別人更能感受到那股失落，或許因爲他比別人挹注更多心血營造出照片中所捕捉的那一刻。

我上回與裴瑞斯見面時他是總理，那是一九九六年一月底，就在拉賓遇刺後幾個月。如今裴瑞斯是夏隆所領導的聯合政府之左翼平衡勢力。

我將歐姆里與大千看過的那些聖經密碼表列向他展示，其中「末時」與「世界大戰」及「原子彈浩劫」全都與二〇〇六年出現於同一處。

「我首次與你見面時，」裴瑞斯說：「危機尚有十年。如今只剩五年，而且看來不再那麼不可能了。」

在裴瑞斯擔任總理期間我不敢啓齒告訴他的那些事，因爲當時聽來似乎是末日浩劫，而今，在大衛營和談破裂後，在新的巴勒斯坦暴動已爆發將近七個月之後，在夏隆當選後，那已成爲日常的常識。但我告訴裴瑞斯，或許尙有一線生機。

「我剛與阿拉法特見過面，他似乎毫不質疑地接受了聖經密碼中的警訊，」我說。

裴瑞斯要我詳細說清楚。「你告訴他什麼，他有何反應？」他問。

「我告訴他，依據密碼，他的眞正抉擇不是和平或街頭暴動，甚至也不是和平或戰爭，而是和平或滅亡。他似乎完全接受。」

我再度打開我的書，翻到表達「末時」的那張聖經密碼圖，並將「阿拉法特」的希伯來文圈出來。

「他有何反應？」裴瑞斯問。

「他似乎不覺得訝異，」我說。「他告訴我，他早就相信我們生活在危機時代，但當他體認到希伯來文的說法與阿拉伯不謀而合——「末時」在兩種語言中都是同樣的說法，他大感震驚。他將之覆誦給他的所有助手聽，他們似乎也感到駭異。」

「若早已注定，我們又能怎麼辦？」裴瑞斯問。

我們五年前見面，我向他展示「原子彈浩劫」與二〇〇六年密載於同一處時，他問我的就是這個問題。

「阿拉法特也問我同樣的問題，」我說。「只不過他的措詞是：『如果都寫成白紙黑字了，我們又能怎麼辦？』」

「阿拉伯人就是這麼說，」裴瑞斯說道。「『寫成白紙黑字』。他們認爲一切早就注定了。」

「我試著說服他，未來可以改變，密載於《聖經》中的是一種警訊，而不是預言，」我告訴裴瑞斯。「我們的所作所爲、你的所作所爲、他的所作所爲，將決定實際會發生什麼事。」

我也告訴裴瑞斯，我透過夏隆的兒子歐姆里與夏隆接觸，但我不認爲夏隆想謀求和平。

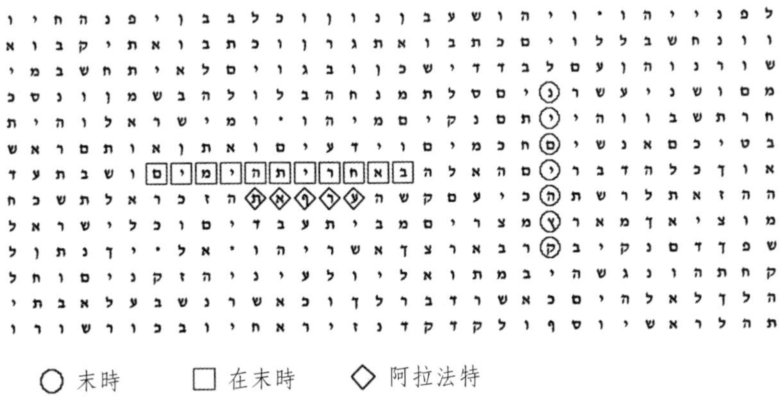

裴瑞斯未置可否。他並未替夏隆辯解。他只說：「我早就相信我們別無選擇，只能議和，你爲什麼要告訴我這些？」

「因爲阿拉法特完全相信聖經密碼，他對其中的警訊完全接受，這或許可以給你一個全新的契機——即使你不完全相信《聖經》中有一套可以預言未來的密碼。」

「他和我是來自不同的世界，」裴瑞斯說。「阿拉法特是一個很原始的人，出身於基本上仍以農爲主的文化。我則來自科學、民主的文化。那是截然不同的。很難以溝通。」

裴瑞斯沉默了片刻。他的悲哀可一目瞭然。

他無疑地是我所見過最機敏的以色列政治家。每個人都斥他爲夢想家，而說夏隆是個實事求是的人。然而我卻有適巧相反的印象。夏隆是個夢想家。他仍相信他可以在戰場上高奏凱歌，憑藉一場坦克大戰將一切迎刃而解。裴瑞斯則是實事求是的人。他知道密碼是對的，阿拉伯人很快就會擁有核武，以色列有五年時間可以找出救亡圖存之道。

08 生命密碼

這個星球上的所有生命都源自一組密碼。那就保存在單一DNA分子中。但沒有人知道那組密碼來自何處。

我在尋找聖經密碼鑰匙的初期，或許也曾歪打正著找到生命密碼的鑰匙。

《創世紀》中透露了基因密碼的奧祕，在那段經文中上帝告訴亞伯拉罕：「我必賜大福給你、論子孫、我必叫你的子孫多起來、如同天上的星、海邊的沙……並且地上萬國都必因你的後裔得福。」（譯按：二二：十七－十八）

這段著名的經文中隱藏著創造人類的眞相。依照聖經密碼，我們的「DNA是由一部交通工具帶來的。」

「你的種」與「DNA是由一部交通工具帶來的」交錯。「在一部交通工具中，你的種，地球上所有的民族，」再度記載於《聖經》的讖文中，上帝在這段經文說：「地上萬國都必因你的後裔得福。」

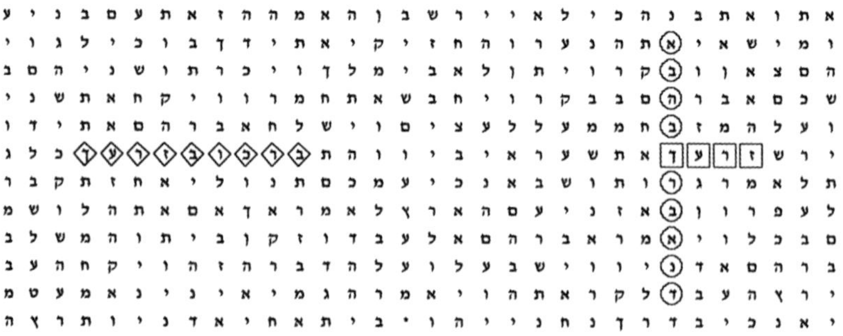

○ DNA是由一部交通工具帶來的　□ 你的種

◇ 在一部交通工具中你的種

當我在《聖經》中找到這段讖文，我眞難以置信。那有如科幻小說。ＤＮＡ，生命的分子，由一部太空船送到地球。

不曉得有沒有任何德高望重的科學家願意考慮這種異想天開的想法。

我打電話給舉世最孚眾望的權威，法蘭西斯・克里克（Francis Crick），這位曾榮獲諾貝爾獎的生物學家發現了ＤＮＡ的雙螺旋結構。那允稱爲有史以來最石破天驚的科學發現之一。誠如克里克在發表他的發現時所云：「我們已發現了生命的奧祕。」

我聯絡上正在加州聖地牙哥沙克研究所（Salk Institute）的克里克。「是否有可能，」我向他請教：「我們的ＤＮＡ來自另一個星球？」

「我早在二十五年前就發表這套理論了，」克里克說。「我稱之爲『有計畫的星際繁殖』（Directed Panspermia）。」

「你認爲那是隨著隕石或彗星而來的？」我問。

「不，」克里克說。「在那種意外的太空旅程中任何生物都無法存活。」

「你是說ＤＮＡ是由一部交通工具送到地球來的？」我問。

「那是唯一的可能性，」克里克說。

克里克已證實了聖經密碼中對地球的生命起源之說法。但我並未向他提起聖經密碼。克里克也完全沒有任何宗教信仰。我轉而請他解釋他的ＤＮＡ起源理論。

克里克說，地球於四十億年前形成，生命於三十八億年前首度出現，兩者間隔太過短暫，而DNA分子太過複雜，無法在這短時內自然演化而成。

「然而，」克里克：「現存的有機體不大可能是像孢子般由另一個星球來到地球，或嵌在隕石中。」

故而，克里克說，只有一種可能性：

「另一個星球的先進文明將一種原始的生命形式安置（plant）在地球上——刻意地。」

這非比尋常。克里克這一席話與聖經密碼所言不謀而合——「DNA是由一部交通工具帶來的。」

克里克說，我們的DNA是由一部「太空船」刻意帶來地球的，而且「地球上的每一種生命皆代表由一種外星生物衍生的複製品。」他於一九七三年發表這套學說時將這一點說得言簡意賅。

這時我問他是否仍相信「有計畫的星際繁殖」。

「我們對生命的起源所知僅及皮毛，」克里克說：「不過所有的科學新發現都支持我的理論，沒有一種駁斥這套學說。」

「在我們這套理論首度發表後，有一項重大改變，」他告訴我。「如今我們知道其他的星系確實也有行星。故而在地球形成前銀河系中的其他天地間當然有可能已有先進的科技文明存在。」

克里克說得比以前更斬釘截鐵。「DNA是由一部交通工具送到地球來的，」他說。

「外星生物送過來的。」

那並不是《創世紀》中所述說的故事。但那清楚地記載於聖經密碼中。

我很想知道發現了聖經密碼的芮普斯對這套我們的眞正起源之學說有何看法。那是否牴觸了他的宗教信仰，及他對《聖經》經文的信念？經文中當然說是上帝創造了人類及地球上的所有其他生命。

一九九八年十一月，當我抵達中東開始尋找金字碑、聖經密碼中暗藏的鑰匙時，我曾向芮普斯展示聖經密碼中對生命密碼的說法——「DNA是由一部交通工具帶來的。」

「那是極不尋常的組合，」芮普斯說。「『DNA在一部交通工具中』與『你的種在一部交通工具中』——搭配得完美無瑕，那可謂是不言而喻。」

我將克里克那一席話及他二十五年前完成的論述告訴芮普斯。

「那與創世紀的說法只有一點差異——就是對那高智慧代理人另外取一個名字，」芮普斯說。「DNA在地球上演化而成的說法不切實際，故而是由外來的代理人帶來的。克里克博士只是有所保留，未對那位英雄指名道姓。」

在芮普斯眼中，科學與宗教永遠不會牴觸，他相信兩者都是在尋求至高無上的眞理，也是殊途而同歸，他因而對這個發現相當興奮。

我也因而受到激勵，向芮普斯展示一份相關的密碼表。「基因密碼」出現在《聖經》中，與「你將遺傳到他的基因」密載於同一處。芮普斯發現「以提升人類」密載於同一處。

「DNA螺旋體」亦密載於《聖經》中，與「在亞當中模型，模子」的讖文交錯。「來自一套密碼」亦出現在同一份表列中。

「這是很好的組合，清楚又簡單的說明了密碼的意義，」芮普斯說。「出現『DNA螺旋體』的機率是三百分之一。」

我問芮普斯，他是否認爲聖經密碼與DNA密碼一樣具有雙螺旋結構，兩者也是互相纏繞的兩道螺旋體——或許就只有一套共通的密碼。

最後，我向他展示兩組密碼——「DNA密碼」與「聖經密碼」——同時出現，這種機率微乎其微，兩者都密載於《聖經》中的同一處。

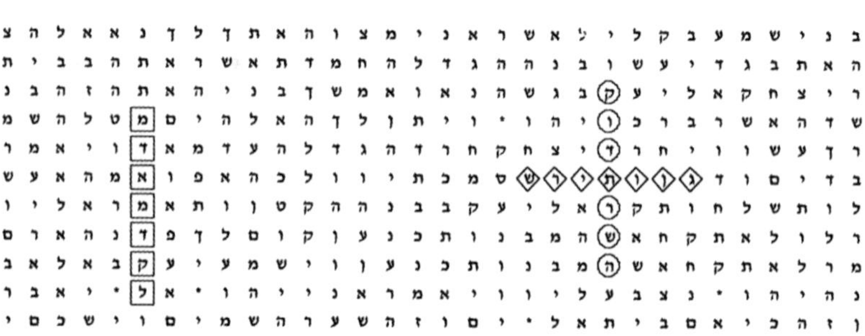

○ 基因密碼　◇ 你將遺傳到他的基因　□ 以提升人類

芮普斯興奮難抑。他鑽進他的書房中老半天，再回來時帶著一份印在透明紙上的聖經密碼表列。上頭顯示「上帝的審判」與「上帝的慈悲」密載於同一處。芮普斯將透明紙的兩端湊在一起，捲成一個圓柱體。

那兩串文字，「審判」與「慈悲」，彼此交纏。

「我們一直在看著一個三度空間的圓柱體，」芮普斯解釋。「只不過我們是將之攤平，在電

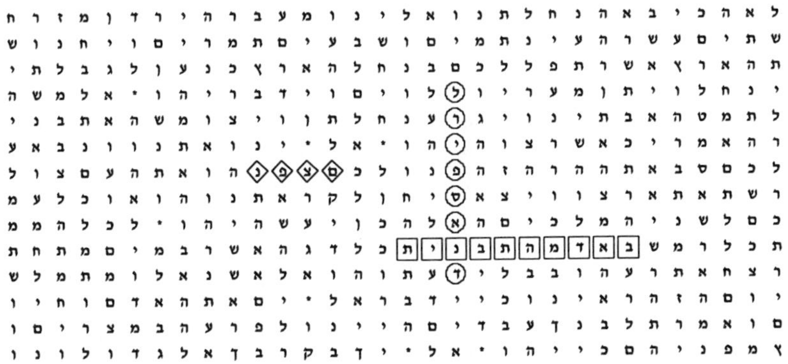

○ DNA螺旋體　□ 在亞當中模型，模子　◇ 來自一套密碼

○ DNA密碼　□ 聖經密碼

腦螢幕上以二度空間來展示密碼，就像將地圖攤平，而不是展示在地球儀上。但是你看當我們再將之還原成圓柱體後會是何種情景。」

「上帝的慈悲」很明顯地與「上帝的審判」交纏，上帝的兩種面貌與DNA的兩股螺旋體的形式如出一轍。

「那是一種雙螺旋體，」芮普斯說。「兩套密碼，生命密碼與摩西五書的密碼，或許具有同樣的結構。而兩者也確實都不是源自於地球。」

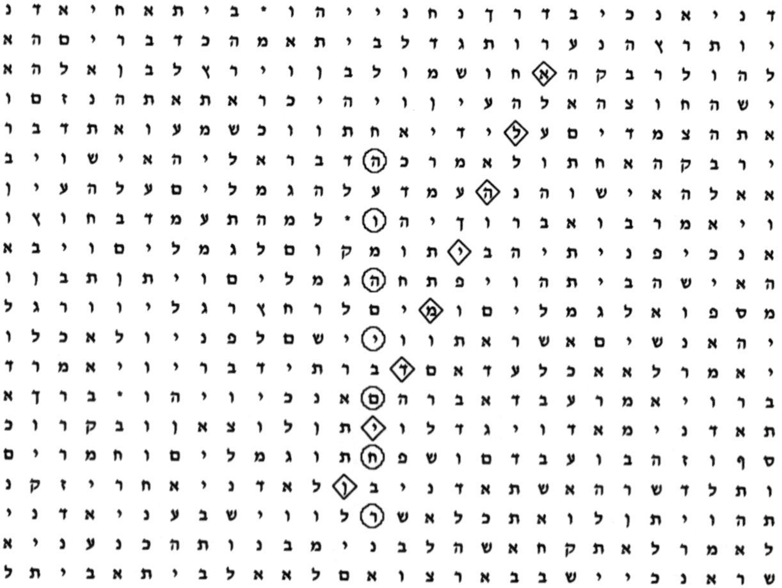

○ 上帝的慈悲　□ 上帝的審判

「我們的生命形式之根源要回溯到宇宙的另一個地方，幾乎可以斷言是另一顆行星，」克里克在闡述他那套「有計畫的星際繁殖」時說道。

「當地球渾沌未開時，它在那個星球上便已臻於高度先進的形式。地球上的生命亦是由先進文明經由某種太空船以微生物運送過來繁衍而成。」

克里克爲了提出佐證，指出兩點：一、「所有生物的基因密碼全都一樣」；二、「渾沌之初的有機體是突然出現的，較其簡單的前驅在地球上亦無跡可循。」

「我們要提出一種假設，即是在某顆遙遠的行星上，約四十億年前已經演化出一種更高級的生物，他們像我們一樣發現了科學與科技，其發展遠非我們所能迄及，」克里克寫道。

「他們想必知道許久之後，他們自己的文明將注定要毀滅。當然，他們或許也有理由相信他們甚至短期內就將無法存活。無疑地，他們會計畫到鄰近的行星殖民。

「一旦對銀河系的規模與本質有所認知，難免想要探究我們是不是其中唯一的居民，」克里克說。「若不去探究或許風險還要更大。」

最後，克里克提出至今仍令我們縈懷的大哉問：「運送者或他們的子孫是否仍健在？或者四十億年的冒險犯難已令他們難以承受？」

DNA是一種語言。它是以四個字母寫成的。

「DNA的絲狀體是資訊，用化學密碼寫成的訊息，每個字母是一種化學物品，」麥特・里德雷（Matt Ridley）在他的著作《二十三對染色體》（*Genome*）中說。這本書述說的是最近才解密的人類基因藍圖的故事。

「簡直是好到讓人難以置信，」里德雷說：「但是這些密碼竟然是以我們所能理解的方式寫成的。基因密碼就像書寫的英語，是一種線性語言，以直線式寫成的。」

那與芮普斯所發現的聖經密碼一樣令人震驚。那是刻意要提供給我們的，用我們所能理解的語言寫成的——就如「密碼鑰匙」出現處的讖語所言，「交由我們解決」。

DNA密碼，就如聖經密碼，「存在於人類的語言中。」

我們在尋找「密碼鑰匙」時，可不可能也會找出某種宇宙共通的密碼、生命密碼、創造天地萬物的密碼？

我在使我展開尋覓行動的那份原始密碼表列中，亦即「金字碑之口」與「密碼鑰匙」交錯處，有另一項極不尋常的發現。密載於同一處的讖文中也有「黎山的家譜」的字語。這些文

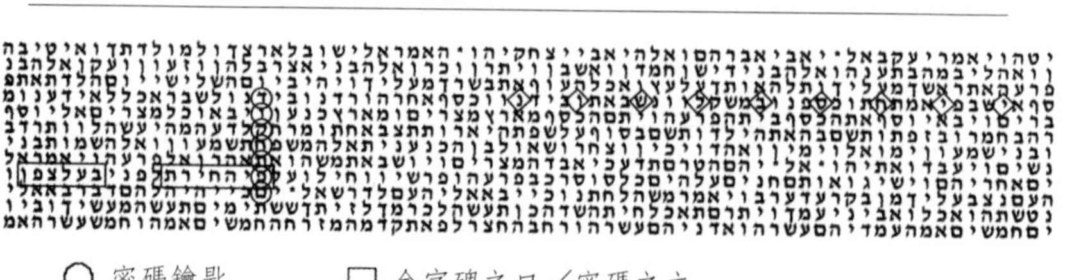

○ 密碼鑰匙　□ 金字碑之口／密碼之主

◇ 黎山的家譜／他會追查黎山的祖先之起源

字亦可譯成「他會追查黎山的祖先之起源」。

那很顯然將聖經密碼與基因密碼相提並論，而且兩者都在同一個地點，那也暗示「密碼之主」不僅是編碼者，也是我們的創造者。

「在黎山的DNA中」亦密載於《聖經》中。黎山在希伯來文中亦指「語

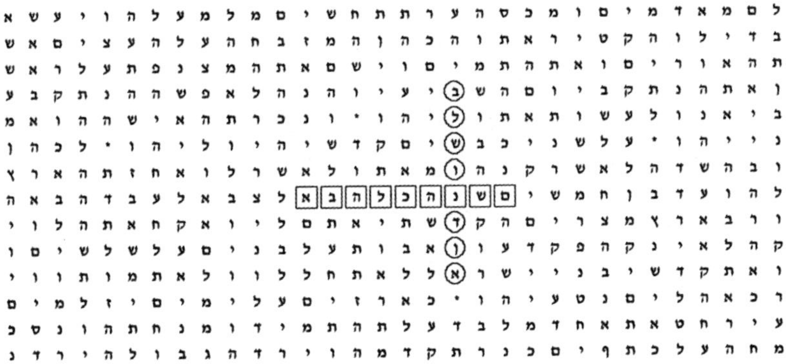

○ 在黎山的DNA中／在DNA的語言中

□ 每種都帶來一份（複製品）

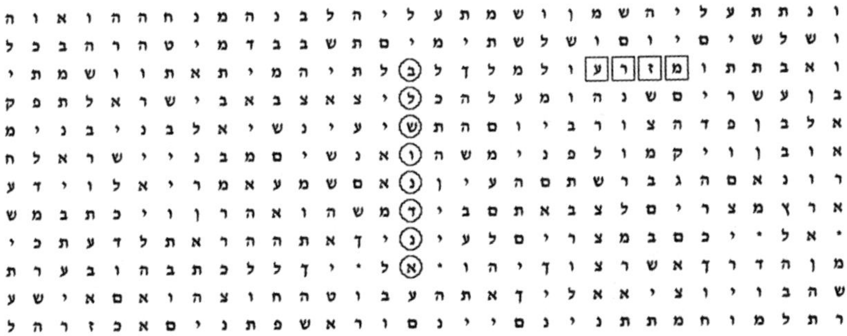

○ 在黎山的DNA中　　□ 馬茲拉／播種

言」，故而那些文字可以譯成「在DNA的語言中」。而那與「每種都帶來一份（複製品）」交錯。

那就像是高科技的「挪亞方舟」，每種生命形式都保存在DNA密碼中。「在黎山的DNA中」又出現了一次，而「馬茲拉」亦出現在同一處。

在希伯來文中，「馬茲拉」亦指「播種」，那也相當貼切地形容了克里克及聖經密碼所言，生命是如何抵達我們這個星球。

在出現「DNA是由一部交通工具帶來的」那段《創世紀》經文中，上帝向亞伯拉罕承諾：「我必叫你的子孫多起來、如同天上的星。」（譯按：二二：十七）

「生命密碼」亦再度與「馬茲拉」、「播種」密載於同一處。

尋寶圖中的「x」，「馬茲拉」與「黎山」，一再與「DNA」同時出現，就如同這兩個地點與和「聖經密碼」有關的一切同時出現。

事實上「DNA螺旋體」就與「馬茲拉」、「黎山」，

○ 生命密碼　　□ 馬茲拉／播種

海之舌」密載於同一處。

　而密碼中亦清楚指出基因密碼也能在「金字碑」上找到。事實上「金字碑上」就與「DNA密碼」交錯。

　「人類的DNA」亦與「金字碑」同時出現，而讖文中說明「柱子上的複製品」。

　「創造人類」密載了兩次，一次與「黎山」密載於同一處，另一次與「馬茲拉」密載於同一處。「這是解決之道」出現在《聖經》的原始經文中，與「黎山」重疊，這個地點與「創造人類」密載於同一處。

　「我將之交給你繼承，我是上帝，」這是與「創造人類」交錯的

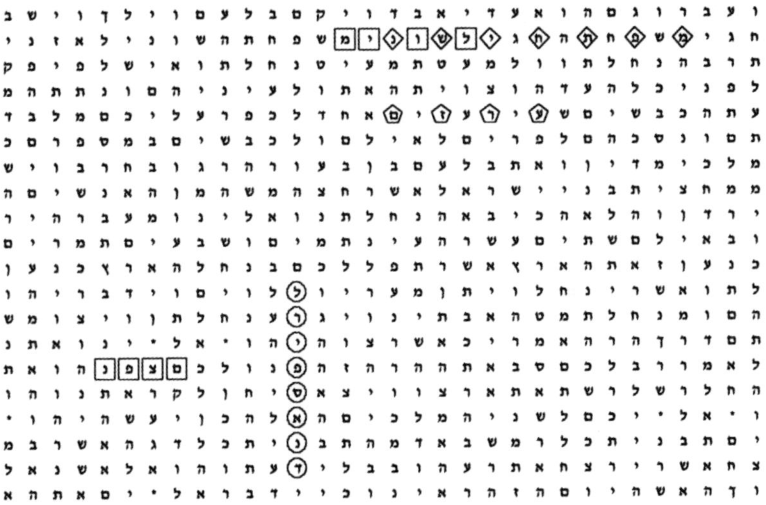

○ DNA螺旋體　□ 由一組密碼　◇ 古代的鑰匙

□ 黎山，海之舌　⬠ 馬茲拉

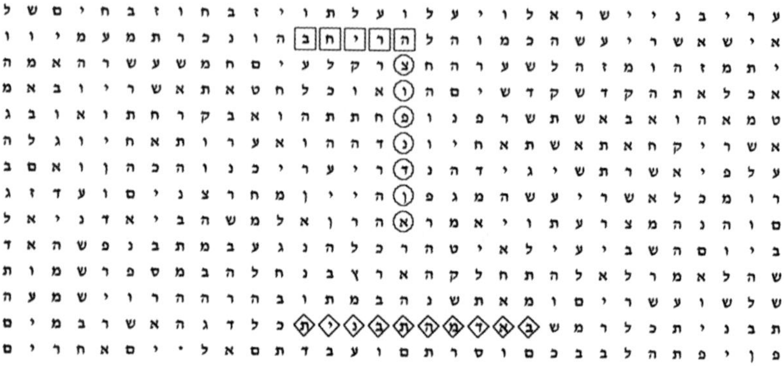

○ DNA密碼　□ 金字碑上　◇ 在亞當中模子，模型

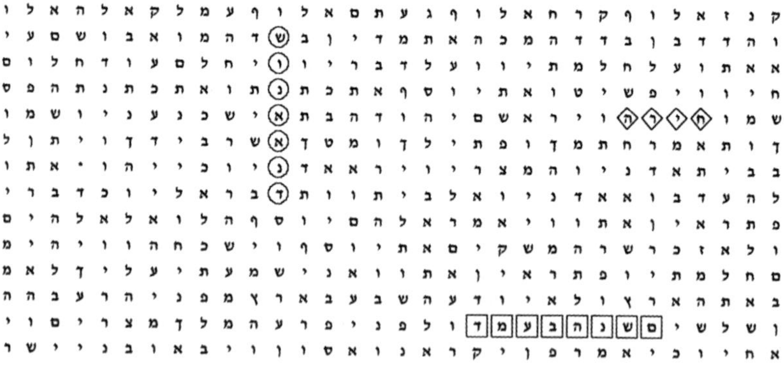

○ 人類DNA　◇ 金字碑　□ 柱子上的複製品

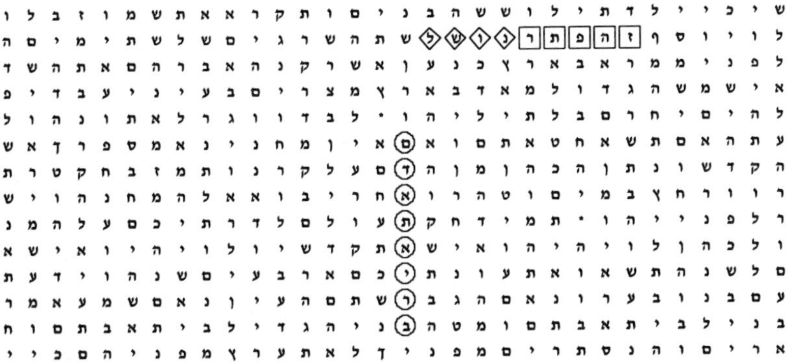

○ 創造人類 ◇ 黎山 □ 這是解決之道

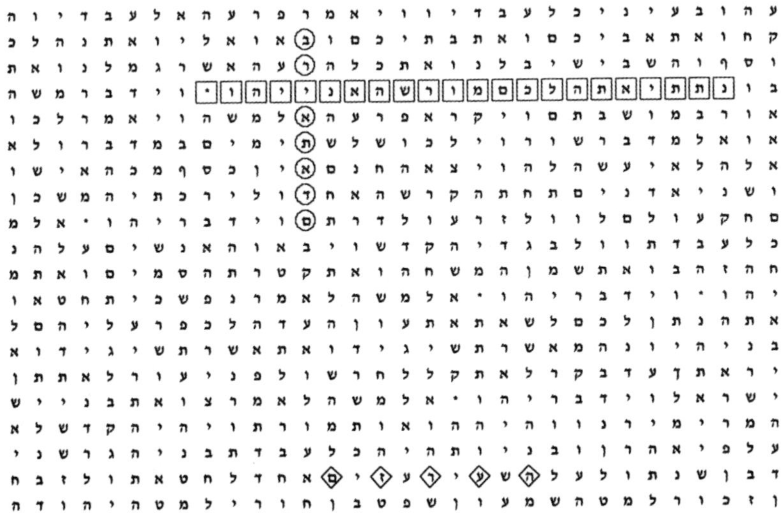

○ 創造人類 ◇ 馬茲拉／播種

□ 我將之交給你繼承，我是上帝

原始經文，「馬茲拉」亦密載於同一處（譯按：中譯本《聖經》中此節經文為「耶和華又對他說、我是耶和華、曾領你出了迦勒底的吾珥、為要將這地賜你為業」《創世紀》十五：七）。

那極清楚地說明生命密碼的鑰匙，就如同聖經密碼的鑰匙一樣，或許就埋藏在地名含意為「語言」的半島中，就位於地名含意為「播種」的海灣中。

那似乎也很清楚地指出，聖經密碼與基因密碼因此必定有共同的來源——同樣的外星生物將兩者帶來地球。

09 入侵

我每次回到中東就益發覺得像是末日。

二〇〇二年三月二十九日，耶穌受難日（復活節前的星期五），復活節及逾越節期間的聖地（耶路撒冷），以色列總理艾里爾・夏隆派遣二十部坦克、兩百部武裝運兵車及兩千名士兵，進入亞瑟・阿拉法特位於拉馬拉的特區，以報復一星期來的自殺炸彈攻擊。

軍方的推土機將這位巴勒斯坦領袖的總部牆壁拆解成斷坦殘壁，以色列部隊只佔據幾個房間，將阿拉法特困在我一年前與他會面之處。

以色列在這場一九六七年的六日戰爭以來最大規模的攻擊行動中，幾乎已佔領了約旦河西岸每一座主要都市。

那早已有預言。聖經密碼中「夏隆正在入侵」與「阿拉法特」交錯。

我在這場攻擊之前將近一年便已找到這個預測，連時間都已預知。「夏隆入侵」再度出現，與「逾越節」交錯。

最不祥的是「夏隆入侵」又與「戰爭」及「在末時」一起出現。

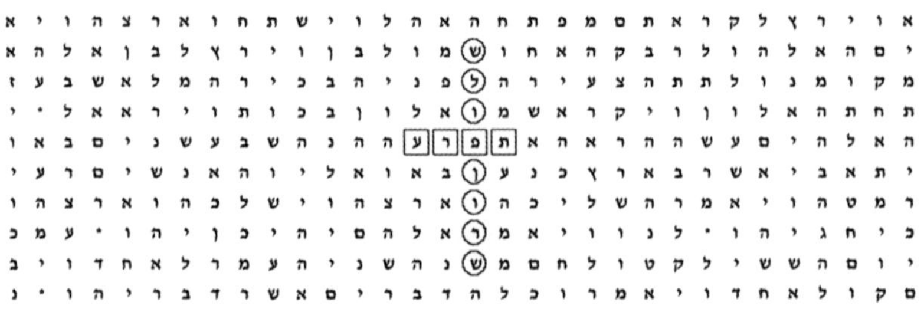

○ 夏隆正在入侵　□ 阿拉法特

如今讖語已然應驗。

阿拉法特與夏隆都在成就對方的宿命。阿拉法特因爲拒絕了巴拉克及柯林頓在大衛營和談所提議的計畫，而使夏隆乘勢掌權。而今夏隆因爲入侵巴勒斯坦並圍困阿拉法特位於拉馬拉的總部，而使阿拉法特成爲烈士，成爲整個阿拉伯世界的英雄。

約旦河西岸烽

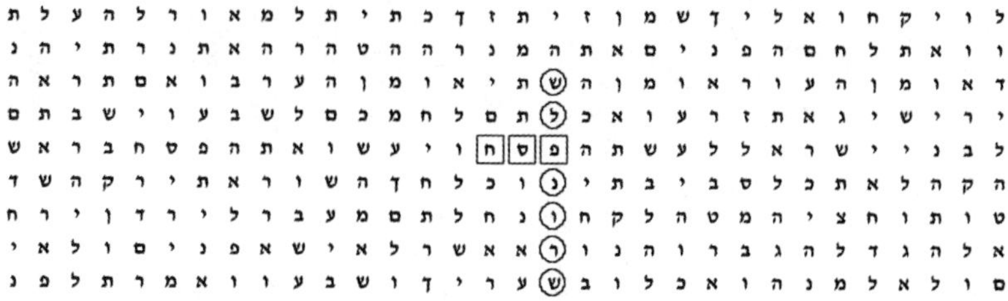

○ 夏隆入侵　□ 逾越節

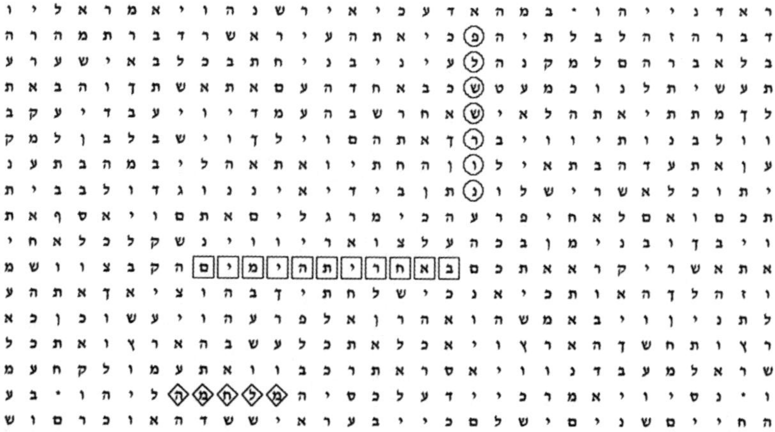

○ 夏隆入侵　□ 在末時　◇ 戰爭

火連天，我與芮普斯則坐在他於耶路撒冷的寓所。我們望著密碼。

芮普斯輸入以色列這場軍事行動的代號，「防禦牆」（Defensive Wall）在聖經密碼中出現一次，與「緘寧」（Jenin）市交錯，這座巴勒斯坦城市此刻正處於腥風雪雨的戰火中，有一座難民營被夷成平地。「卡虛巴」（Casbah）亦出現在它的正下方。那是位於那不勒斯（Nablus）的古城名，當地亦有另一場慘烈的激戰。

與「防禦牆」交錯的經文述及「傾覆諸城」。其上方則密載著「戰鬥」。同一段聖經經文捕捉了那一刻：「他們仇恨，他們無法談和。」（譯按：中譯本《聖經》中此段經文爲：「約瑟的哥哥們見父親愛約瑟過於愛他們、就恨約瑟、不與他說和睦的話」《創世紀》三七：四）

這簡直像CNN的報導一樣詳盡翔實，與《耶路撒冷郵報》及《紐約時報》一樣精確，全都密載

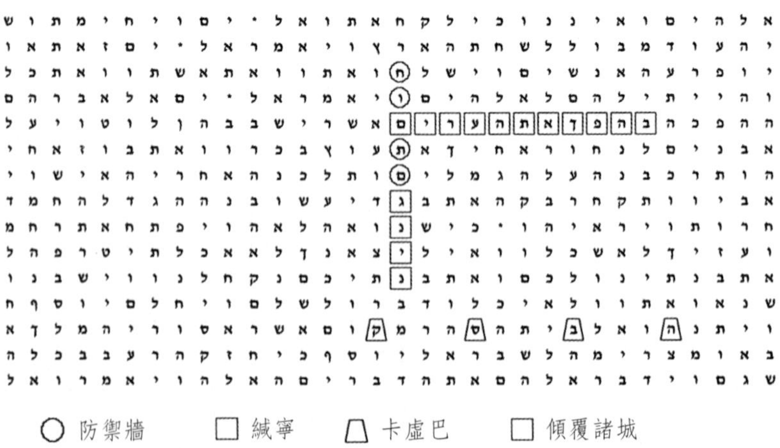

於已有三千年歷史的經文中。

芮普斯估算或然率。光是城市名稱與軍事行動名稱出現在同一處的機率，就僅數十萬分之一，絕非偶然。

「這就是我昨天晚上在電視新聞中看到的報導，」我告訴芮普斯。「你認爲結局會是如何？」

「我認爲以色列會發現自己又落得背水而戰，就像古代的以色列人被困在紅海的岸邊一樣，」這位數學家說。

我瞭解他的言下之意。芮普斯指的是《聖經》中所記載的那一刻，就在三千兩百年前的首次逾越節，逃離埃及的希伯來人發現他們前有紅海的滄波，後有法老的追兵，眼看就要難逃一劫。

「我們將再度需要神的介入，」芮普斯說。

芮普斯知道雖然目前以色列佔了上風，但戰役才剛開始。我耽心他所言會一語成讖，但我無法想像如今還有人能將海水分開。

這時代若還有奇蹟，或許就是我們正在見證的奇蹟，現代事件的細節全密載於古代的經文中，還包括對未來的警訊。

「不過目前發生的這一切只是細枝末節，」我告訴密爾・大干將軍，許多人視他爲是夏隆最親近的心腹，他曾任反情報單位的首長，夏隆總理即將任命他爲莫薩德的新任首長。

我向大干展示目前戰事驚人的精確預測，並告訴他，他必須向夏隆示警，依據密碼，這可謂是「末時」，以色列將面臨滅亡。

「我已經將你的信函轉交給總理了，」大干說：「不過我不知道他是否讀過了。」

「你必須告訴他，密碼一再的應驗，」我說。

「你使我想起了希臘詩人荷馬筆下的一則故事，」大干說。「卡珊卓（Cassandra，希臘神話中的女預言家），她受到詛咒擁有未卜先知的能力，但命中注定永遠沒有人相信她的預言。」

我交給他一封致夏隆的新函。函中重述我已試了一整年想向夏隆總理傳達的警訊。

「以色列史上最危急的這個時刻早已清楚預言了，無庸置疑，」我在信上說道。「『夏隆』、『布希』、『阿拉法特』的名字全都密載於摩西五書中的同一處，與終極的危險——末時——密載於同一處。

我在這封信上增加了一則新警訊：「若密碼屬實，如今所發生的只是細枝末節。眞正的危險還在前頭。首先，一場『瘟疫』，以生化武器攻擊，罹難者將達成千上萬人。最後，一場『原子彈浩劫』。」

大干同意會委請總理的幕僚長尤里・尚尼（Uri Shani），將我的信再度轉交給夏隆。「他是最接近夏隆的人，幾乎每天見面，甚至比歐姆里還親，」大干說著，他指的是總理的兒子，一年前我曾與歐姆里見過面。

幾天內夏隆的幕僚長就同意與我會晤，但必須待總理與美國國務卿柯林・鮑爾（Colin Powell）會談結束後再說，鮑爾甫抵達以色列，居間斡旋以色列與巴勒斯坦的停火事宜。

故而我轉往約旦河西岸尚未遭入侵的一座城市，亦是全世界最古老的城市，耶律哥（Jericho），會晤一位未遭囚禁的巴勒斯坦領袖。

薩伊布・伊雷卡特，巴勒斯坦的主要和談代表，仍記得我們一年前的晤談。我與阿拉法特在如今已滿目瘡痍並被坦克團團包圍的拉馬拉住所會面時，他就擔任口譯。

我交給伊雷卡特一封致阿拉法特的新函，但他未及閱讀，就接到阿拉法特打來的電話。阿拉法特說他會冷，食物、燃料、醫藥匱乏，他也耽心鮑爾會因爲耶路撒冷又出現新的自殺炸彈攻擊而不願與他見面。

然而，伊雷卡特在匆匆與美國大使館以電話交涉過後，便拆閱我的信。我在信上寫道：

「我此刻回到中東，警告您與以色列，這正是西方三大宗教全都預言的時刻——「末時」

——比世上曾面臨的危險更嚴重的時刻。」

「這或許是您議和、避免尚未到來之慘劇的最後機會。以色列與巴勒斯坦的命運將同歸於盡。若您們不議和，您們都將面臨『末時』。現在您必須採取行動。現在正是時候。」

伊雷卡特仔細研讀我的信函，並說他會在他們與鮑爾會晤時，將信轉交給阿拉法特。

「『末時』是何時？」伊雷卡特問。「現在？」

「就是現在，」我說。「已經開始了。」

「以色列人的所作所爲將會造成世界末日？」伊雷卡特問。

「您們互相的所作所爲，」我說。

我讓他看我向大千展示的密碼表列，「夏隆正在入侵」與「阿拉法特」交錯，並再度與「在末時」一起出現。

我也向伊雷卡特展示另一份表列，其中「在末時」與「恐怖主義」，以及阿拉伯文的「自殺炸彈客」——Shahid——全都出現在同一處。

「這上頭也記載著Shahid？」伊雷卡特問，這時專注地看著那些希伯來文字母。

我指出那個字，並將我寫給阿拉法特的內容之一部分向他重述。「我就是因此才要向阿拉法特這麼說：『你必須與夏隆化干戈爲玉帛。恐怖分子才是您們的共同敵人，若任他們藉機坐大，將危害您們兩人，毀滅您們的人民，最後使全人類的文明滅亡。』」

伊雷卡特再度承諾會將我的信函轉交給阿拉法特，並安排我們見面——若鮑爾能說服以色列不再圍城。

我在回程中開車經過以色列的軍方檢查哨，我沿途再度思忖著我是否做得太過火了。伊雷卡特很慎重其事地聽我的說法，阿拉法特也對我絕對信任，而大干則眞的正設法警告夏隆，《聖經》中有一套密碼說末日浩劫已經臨頭。

對我而言這似乎仍虛幻不實。然而我幾年來向世界各國領袖提出聖經密碼中的警訊，這種我自己都難以置信的警訊，如今已成爲常識。

早在自殺炸彈殺害了一百五十名以色列人之前一個月，早在夏隆開始朝巴勒斯坦大動干戈之前，《紐約時報》專欄作家湯姆・福雷曼（Tom Friedman）就提出過幾乎完全一樣的警訊。

福雷曼在《紐約時報》上所言，正是我自從拉賓遇刺後試圖告訴每一任以色列總理的話，也是大衛營後我試圖告訴白宮的話，亦即中東的紛爭「開始感覺像是要引爆一場更大規模的文明之戰。」

他警告，正如我再度試圖警告夏隆，「大規模毀滅性武器」落入恐怖分子或激進的阿拉伯國家手中，或許會「使以色列由地圖上消失」。

核生化武器的擴散、賓拉登竄起、宗教狂熱份子與恐怖分子逐漸掛勾，已使幾年前看似危言聳聽的末日浩劫，而今幾乎已成爲稀鬆平常的常識。世界已步入聖經密碼的預言中。

以前——至少自從我親眼目睹世貿大樓倒塌之後——我不曾像在驅車經過軍方檢查哨離

開耶律哥時那般，萌生如此強烈的感受。

自從伊茲哈克・拉賓遇害後，我就看著它不斷應驗。「刺客將行刺」與「伊茲哈克・拉賓」交錯處，這些文字的正上方就有一則警訊：「他的人民全在打仗。」

與阿拉法特握手言和的以色列總理遇害，不僅對以色列而言是個轉捩點，對全世界亦然。

我於上一趟以色列之行，曾與拉賓的女兒達莉亞（Dalia）會面。「已經開始了，」我們坐在以色列的國會——尼西特（Knesset）——晤談時她說。「我試著阻止這事發生，但每個人都充耳不聞。他現在就在這麼做。」

我聽得滿頭霧水。「夏隆，」她說。「攻擊已經展開。」後來，我看了ＣＮＮ的報導才瞭解她的

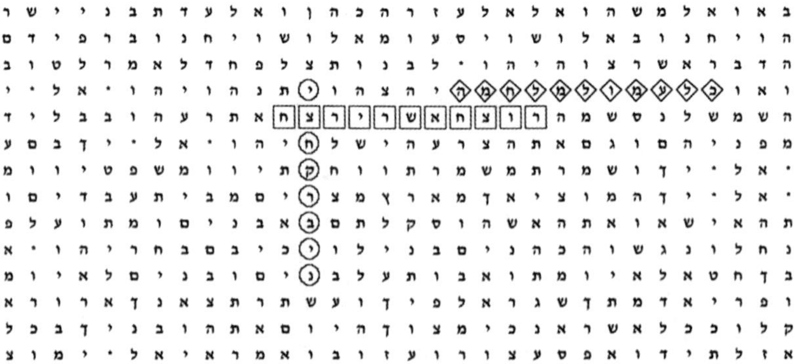

○ 伊茲哈克・拉賓　□ 刺客將行刺　◇ 他的人民全在打仗

言下之意——夏隆已派遣F16戰鬥機、武裝直昇機與坦克前往加薩及約旦河西岸，那是一九九三年拉賓與阿拉法特於奧斯陸協議握手言和之後，以色列對巴勒斯坦領土最大規模的攻擊行動。

達莉亞・拉賓當時便已知道她父親苦心孤詣營造出來的和平已經破滅。她這時擔任國防部副部長，剛開完內閣會議。「我曾試著阻止，」她又說了一次：「但每個人都充耳不聞。」

我將她父親於一九九五年十一月遇刺前一年我寫給他的信交給她，信中警告他聖經密碼預言他將遇刺。她不發一語讀那封信。那顯然令她為之悸動。

那慘痛的一刻之回憶，加上她對當時所發生的事情之驚駭，明顯地流露在她臉上，令我不想再進一步詳談。但她不僅是拉賓的女兒，也是政府的重要官員，我要她瞭解以色列仍面臨著更嚴重的危險。

「若密碼屬實，已經發生及目前正在發生的事只是個開端，」我告訴她。

那是夏隆對約旦河西岸全面入侵之前四個月，我知道《聖經》中預言了這場入侵。但我腦中念茲在茲的是更嚴重的警訊——與二〇〇五年密載於同一處的一場「瘟疫」，以及與二〇〇六年密載於同一處的「世界大戰」及「原子彈浩劫」。

「即使沒有密碼，我也相信那種危險是確有其事，」達莉亞・拉賓說。「我試著勸阻夏隆，我們也已經在防範核生化的攻擊。」

她靜默了半晌。「若已有預言，我們能怎麼辦？」她問。

「裴瑞斯及阿拉法特都問我同樣的問題，」我告訴她。「我不認爲那是預言，而是一種警訊，我們的作爲將決定實際上會發生什麼事。」

她比著我擺在桌上的拙作，封面是預測她父親遇刺的那則密碼，我於一年前寫給這位故總理的信就壓在書下。

「你無法阻止那種事，」她說。

「我認爲我們原本可以，」我告訴她。「令尊已收到警訊，但他不相信。」

她再度沉默了半晌。她看來悲不自勝。「他們正在轟炸加薩，」她說。「我們能怎麼辦？」

「我告訴妳我告訴過阿拉法特也試著告訴夏隆的話——我認爲除非雙方都瞭解另一個抉擇是同歸於盡，否則不會有和平。我認爲阿拉法特相信我，但我無法與夏隆當面談。」

「他不會聽你的，」她說。「他不想聽。或許要待情況已經更加惡化了，才會有人願意聽。」

我在等著看能否接觸夏隆，以及他是否願意讓我與他的囚犯阿拉法特會面期間，先去會見一位在以色列情報單位中位居要津的將軍。

游西・庫柏瓦瑟（Yossi Kuperwasser）負責情報分析。由以色列各情報單位、間諜、衛星、美國、歐洲等所蒐集到的情報，全都會彙集到他的辦公桌上。

二〇〇二年四月十五日，星期一，我與他在「克亞」見面，那是位於特拉維夫核心，戒備森嚴的以色列軍事總部。

「你把鬍子刮掉了，」庫柏瓦瑟將軍在我進他辦公室時說。起初我搞不懂他在說什麼。然後我才明白我們以前曾見過面——十年前我首度前來以色列，當時我來找以色列情報首長談未來的戰事。

庫柏瓦瑟當時仍是那位主其事的將軍的年輕助手。我只知道他叫游西，不曾將他和眼前的將軍聯想在一起。這一切都繞了個大圈。我就是在十年前那場會談結束後出門時，無意間首度得悉聖經密碼的事。

庫柏瓦瑟無需我費唇舌說服。他雖然不信教，但早就很慎重其事地看待聖經密碼。「我多年前在機場時，想找東西讀，結果看到你的大作，」他告訴我。「我們對任何暗藏危機的警訊都會加以注意。」

我們共同的朋友，國防部的首席科學家以撒・班以色列將軍，已向庫柏瓦瑟簡報過聖經密碼的新警訊。

這時我向他展示那些密碼表列。「天花」與「二〇〇五年」密載於同一處，我告訴庫柏瓦瑟將軍。

他望著出現年份的密碼表列，看到與「天花」交錯的聖經經文中寫道：「遭瘟疫死的、共有一萬四千七百人。」（譯按：《民數記》十六：四九）

「這是摩西五書中的原始文字，」庫柏瓦瑟訝異地說。「那與我們自行預估的死亡人數很接近。」

「『耶路撒冷』與『特拉維夫』也都和『天花』密載於同一處，『在末時』也是，」我告訴他，向他展示電腦列印表。

庫柏瓦瑟將軍說他對

○ 天花　□（希伯來曆）五七六五年／（西元）二〇〇五年

◇ 遭瘟疫死的、共有一萬四千七百人

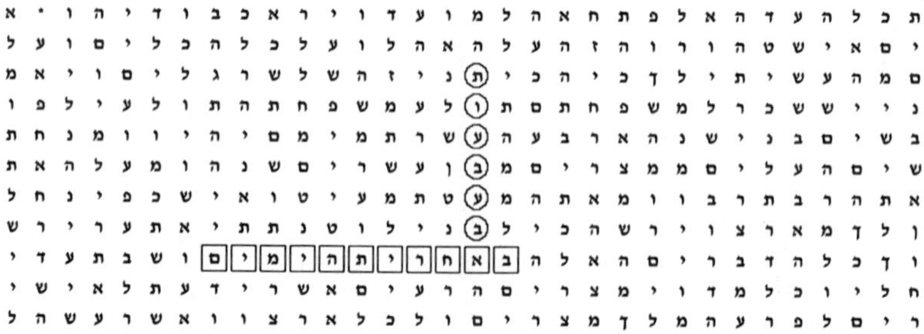

○ 天花　□ 在末時

二〇〇六年會發生「原子彈浩劫」的威脅亦審愼看待。「那與我們自己對我們的一個或多個鄰國何時將可取得核武能力的分析不謀而合，」他說。

「美國一心想對付伊拉克，」他評道。「我們則更專注於伊朗。」

「你或許也應該留意利比亞，」我告訴他。「聖經密碼不斷暗示利比亞將成爲一種武器的來源，即使眞正的攻擊來自恐怖分子。」

幾個月後，二〇〇二年九月四日，夏隆總理在以色列電視上說：「利比亞或許將成爲比我們想像中更危險的國家。利比亞或許會是第一個擁有大規模毀滅性武器的阿拉伯國家。」

我不知道我向庫柏瓦瑟將軍提出的警訊是否終於傳達到總理耳中，不過我向以色列官員提供的聖經密碼警訊後來常會以情報單位回報的名義，在媒體中出現。

我向庫柏瓦瑟展示恐怖分子位於葉門或伊朗的基地之可能地點。那個地名與《聖經》中以色列每一項重大危險全都密載於同一處——包括「天花」、「原子彈浩劫」，和「賓拉登」。但是那個地名有兩個地方，一個在葉門，一個在伊朗，兩處都可能是緝捕恐怖分子的可疑地點。

「班以色列將那些座標交給我了，」庫柏瓦瑟說。「我們查看過了。在葉門，一無所獲。在伊朗，我們看到若干活動，但無具體實證。或許我們太早去查看了。或許我們必須待二〇〇五及二〇〇六年才去查看。我們會再去查看。我們會不斷查看。」

庫柏瓦瑟顯然對聖經密碼相當愼重。我問他能否出面安排我與阿拉法特會面，阿拉法特這時在滿目瘡痍的住所內孤立無援，被以色列坦克團團圍困。

「我在一年前與阿拉法特見過面，」我告訴庫柏瓦瑟將軍。「他相信聖經密碼，事實上我想他相信我是個預言家。我告訴他依照密碼，他唯一的抉擇是和平或滅亡。」

「他可能會相信你，」庫柏瓦瑟說：「但那不代表阿拉法特的看法與你相同。他或許會選擇滅亡。」

我知道庫柏瓦瑟對阿拉法特並不友善。事實上他剛由華盛頓回來，他奉夏隆之命去說服白宮——阿拉法特是個恐怖分子，而且永遠不會改變。

無論如何，庫柏瓦瑟說他愛莫能助，無法讓我穿越以色列的坦克去找阿拉法特。「這種事唯有總理能授權，」他說。

在納粹對猶太人大屠殺的紀念日，我在耶路撒冷與以色列的內閣閣員丹．莫里鐸（Dan Meridor）見面，他負責防範核生化的恐怖攻擊。

我向莫里鐸展示聖經密碼中的兩大警訊。亦即以色列將於希伯來曆五七六五年，西元二〇〇五年，遭到現代「瘟疫」——天花——的攻擊。

然後我向莫里鐸展示最後的警訊，亦即以色列將於隔年，二〇〇六年面臨「原子彈浩劫」。

「我們早就知道有此可能，」莫里鐸說。「我們也早就知道可能就在這些年份——二〇〇五、二〇〇六。」

莫里鐸說得一副理所當然的模樣。他面無表情。他的口氣像個記帳員，剛核算完帳目，並確認沒有加錯。

我們談論的是兩樁攸關存亡絕續的事件，我們就坐在標靶當中，《聖經》中有一套已有三千年歷史的密碼準確說中了兩個年份，但他似乎無動於衷。

不過這位以色列少數幾個清楚知道這些年份的人之一也證實了聖經密碼的警訊。美國中央情報局與以色列情報單位的結論亦不謀而合——核子恐怖攻擊將於二〇〇五至二〇〇七年間達到巔峰。

以色列國防部長班傑明・班伊利哲（Benjamin Ben-Eliezer）剛公開指出「大約二〇〇五年時伊朗將擁有核武能力，足以威脅我們、這個地區，或許殃及全世界。」

在九一一事件後不久，莫里鐸親自召集一個全國安全委員會，向夏隆總理警告以色列所面臨最危險而又非傳統的威脅是天花。

事實上，莫里鐸甫於九月十一日世貿雙塔遭到攻擊的回報首度傳來時，在以色列的全國安全學會（National Security College）就「非傳統恐怖主義」迫在眉睫的威脅發表演說。

「很不幸地，這場攻擊只是個開始，」他評道。

不過儘管聖經密碼中的警訊與以色列情報部門的預估大同小異，這位內閣閣員如今也證實了這一點，但他的口氣似乎要對這預言置之不理。

「這種事我們早就知道了，」他再度說。「我們不需要《聖經》中的密碼。」

「或許，」我回答：「不過密碼在你們的情報人員獲得這結論前，便已預測到在同樣的年份會有同樣的危險。而它是出現在已有三千年歷史的經文中。」

「我是個理性的人，」莫里鐸說。「我不信這一套。」

「它一再的應驗，」我告訴莫里鐸。

「席蒙・裴瑞斯會告訴你，當我於一九九六年拉賓遇刺後與他見面時，他當時擔任總理，我警告他於二〇〇六年將有『原子彈浩劫』，」我說。「當然，我也於拉賓遇刺前一年警告過他，他將會遇刺。」

我將我寄給拉賓的函件複本交給莫里鐸。他不耐煩地閱讀。

「就算我相信你，」莫里鐸說。「我們又能怎麼辦？」

那正是夏隆總理的兒子歐姆里上次與我晤談時告訴我的話。那也可以算是每個人告訴我的話，無論他們信不信聖經密碼。而我也沒有答案。

「慎重看待這些年份，」我說。

「我早就這麼做了，」莫里鐸說。

除此之外，我也沒有眞正的解決之道，除了已向阿拉法特提出、也試著向夏隆提出的警訊，已向柯林頓提出、也試著向布希提出的警訊——亦即眞正的抉擇不是和平或戰爭，而是和平或滅亡，除非每個人都能體會這一點，否則即使能營造出和平，亦無法長治久安。

我必須與夏隆見面。事實上，我在前往以色列前已經在筆記中叮囑過自己：「夏隆是關鍵。你必須像嚇阿拉法特般嚇他。」若要謀求和平，這些宿敵必須相信不是和平就是滅亡，別無選擇。

三位以色列高級將領，庫柏瓦瑟、班以色列、大干，全都有深厚的情報背景，他們都愼重其事地看待聖經密碼。情報分析的首長、科學分析的首長、前任反情報首長、下任莫薩德首長，全都相信一套有三千年歷史的密碼或許能夠預言未來。

但我無法說服以色列的政治領袖。我無法接觸可以左右以色列最後命運的那個人。艾里爾・夏隆總理不願接見我。他的幕僚長在我們約好要會面那天辭職，我求助無門，每個人我都試過了。

我離開以色列前回頭去找芮普斯。我們再度看著幾年前在拉賓遇刺後，我們發現的那些密載於《聖經》中的字句——「以色列的浩劫」。

這時我向芮普斯指出，「夏隆」亦密載於同一處。

「兼併」兩度出現在同一份表列中。那是明顯的警訊，以色列的軍事勝利、它的佔領阿拉伯土地，可能導致新的浩劫。

我回想起艾里爾・夏隆年輕時，於一九六七年揮軍進擊高奏凱歌，替以色列贏得約旦河西岸與加薩後，當年的以色列總理李維・伊虛科爾（Levi Eshkol）對這位年輕將領的一席話。

「軍事上的勝利無法解決任何問題，」伊虛科爾告訴夏隆。「阿拉伯人還是會在此地。」

然而三十五年後，二〇〇二年六月，夏隆再度入侵整個西岸，也再度將阿拉法特圍困在他自己的總部內。這一次，夏隆說以色列佔領巴勒斯坦或許會持續數年。

二〇〇一年夏天，以色列坦克再度佔領巴勒斯坦，密載於《聖經》中的「浩劫」之威脅顯得確鑿有據。

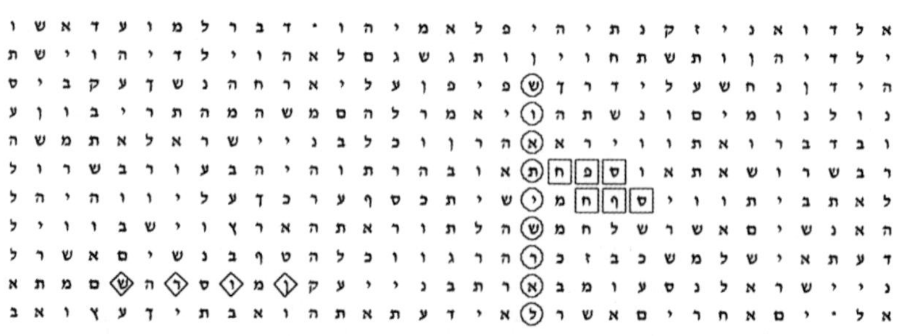

○ 以色列的浩劫　◇ 夏隆　□ 兼併　□ 兼併

10 外星生物

在我們的想像中，一部太空船降落在地球上，一個外星生物出現。

但尋找智慧生物的科學家認爲外星生物降落在地球上是最不可能出現的接觸形式。星際之旅所需的浩瀚距離——數百、數千，或數百萬光年——使其幾乎成爲天方夜譚。

故而「尋找外星智慧生物」（Search for Extraterrestrial Intelligence，簡稱SETI）十年來持續聆聽地球附近五百顆類似太陽的星球之無線電訊號。一排龐大的碟狀衛星天線、二十七部呈Y型的天線綿延達二十二哩，由新墨西哥沙漠中的一座古代湖泊指向蒼穹。至目前爲止，一片沉寂。

正當我準備展開前往黎山的考古遠征時——我的尋找「密碼鑰匙」及「金字碑」之行——美國國家航空暨太空總署（NASA）宣布將發射新一代的無人太空船，尋找宇宙中的外星生命。

不過即使是我們這個星系，銀河系，就有數十億顆星體，而宇宙間有數十億座星系。

然而還有另一種抉擇。

那是科學家認爲最有可能的接觸——在地球上或地球附近發現一部外星飛行器。

倘若期盼許久與外星智慧生物的接觸早就出現過了呢？倘若聖經密碼事實上就是那種接觸呢？

由我開始尋找之初，我就知道聖經密碼非地球所有。人類無法在三千年前預知，並將當今世界的細節密載於《聖經》中。

事實上，一部古老的密碼鑰匙存在，將意味著數千年前地球上有人擁有比我們今日更先進的科學。

澳洲物理學家保爾・戴維斯（Paul Davies）在他的著作《我們可是星際孤旅？》（*Are We Alone?*）中，想像一部外星生物留下的飛行器——「規劃來等待地球的文明跨越特定的先進門檻時才會作自我揭示。這種裝置——事實上，是一種外星的時間膠囊——可以爲我們儲存大量的重要資訊。」

那段文字用來描述密碼鑰匙亦相當貼切。

天文學家卡爾・沙崗（Carl Sagan）曾云，若宇宙間有其他智慧生物，其中若干必進化得遠比我們早，也會有數千、或數十萬、或數百萬、或數億年來發展先進科技，我們則尚在起步。

「對我們而言在科技上有困難或不可能的，」沙崗寫道：「我們視爲奇蹟的，對他們而言或許易如反掌折枝。」

倘若某種神奇的密碼鑰匙眞的存在呢？倘若金字碑就被某個未知的先進文明埋藏在地球上呢？倘若他們眞的就是來自外太空呢？

倘若最古老的《聖經》注疏屬實：「它們不是人類製造的，而是天國所爲」？

那將成爲「我們不是星際孤旅」的第一手證據。我忍不住要想像那石柱出土的那一刻，顯然不是世人所爲，卻出現在地球上。人類自渾沌之初便不斷提出的大哉問將獲得解答：宇宙間有其他生命，它曾造訪地球。

但我仍然存疑。可能的發現越令人敬畏，我就越難以置信。

即使聖經密碼一再指稱那些金字碑雖然已有數千年歷史，仍保存在一部「鋼櫃」中，意味著它們是來自更先進的文明，這個事實仍無法令我完全信服。

不過當諾貝爾獎得主法蘭西斯・克里克證實密碼所言——我們的「DNA是由一部交通工具帶來的」——生命的密碼是由一艘「太空船」送來地球的，我終於在聖經密碼中尋找我一直迴避的字眼——「外星生物」。

「黎山的外星生物」密載於《約書亞記》中，那是《聖經》的原始經文中唯一描述我們

○ 黎山的外星生物　□（往北方）位於黎山的海灣，由約旦邊界

○ 黎山的外星生物　□ 在摩押地，山頂上

所尋找之確切地點的一部。

事實上，《約書亞記》的那段經文與「黎山的外星生物」交錯。它明確標示出半島延伸向死海的那處尖端，形成一座小海灣——「往北方位於黎山的海灣」。

「黎山的外星生物」亦密載於摩西五書中，與《聖經》中稱呼約旦的地名之經文交錯：「在摩押地，山頂上。」

那很明顯地指出了黎山的一個地點，半島北端海岬的斷崖。事實上，「海岬」亦密載於同一處。

就在此下方的聖經原始經文寫道：「他爲你將天國中所有形體各製作一座雕像。」

密碼中還有更多地方似乎在證實密碼鑰匙確實是來自另一顆星球。

「外星密碼」與「馬茲拉」出現在《聖經》中同一處。「偵測器」亦在同一處。「金字碑」與「鑰匙」皆密載於同一份表列中。

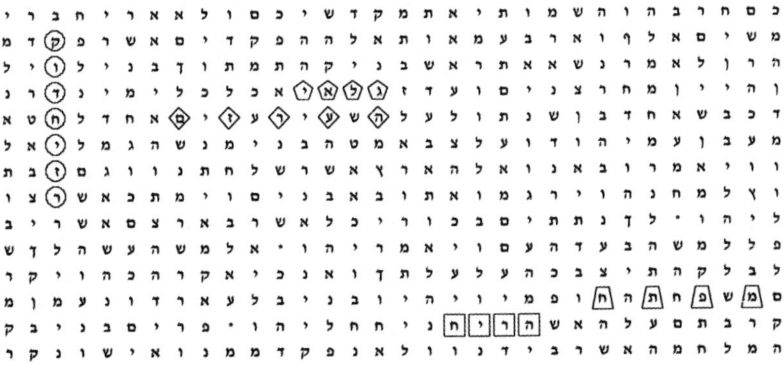

○ 外星密碼　◇ 馬茲拉　⬠ 偵測器　⏢ 鑰匙　□ 金字碑

「來自外星的密碼」與「鐵爐」密載於同一處，「來自黎山」亦出現在同一處。

「黎山的外星生物」，這在希伯來文中亦指「外國（外星）語言」，亦與「馬茲拉」交錯，密載於同一處。

「馬茲拉」在希伯來文中原意為「播種之處」，「DNA」就密載於其上方，意味著生命密碼及聖經密碼皆是一種「外國（外星）語言」。

克里克是否說對了？基因密碼與聖經密碼都是搭著一部「交通工具」抵達地球

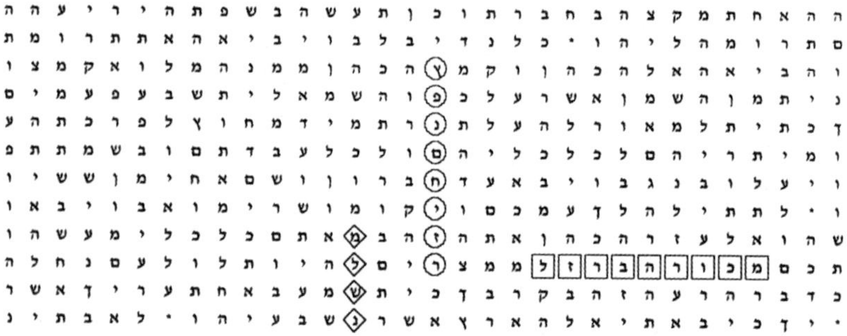

○ 來自外星的密碼　□ 來自鐵爐　◇ 來自黎山

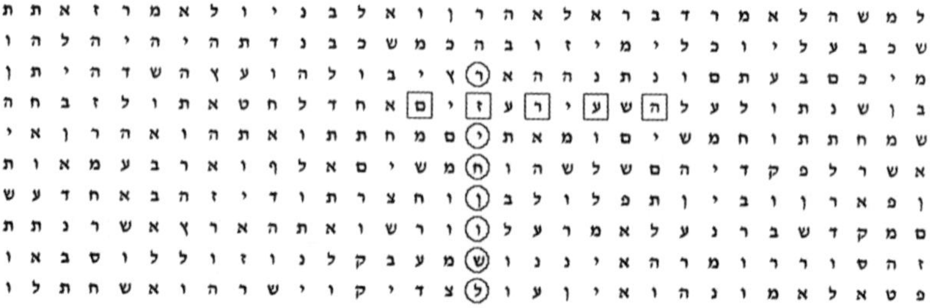

○ 黎山的外星生物／外國（外星）語言　□ 馬茲拉／播種

的？

我再度檢視「鋼製交通工具」與「馬茲拉」及「黎山」一起出現的那份密碼表列。這時我看到「鋼製交通工具」正上方的讖文寫著「迫降、遭攔截」。

在希伯來文中，這只有一種意義，即是飛行器遭攔截。

這眞的是科幻小說了。那不可能是眞的。古代可能會有太空船？顯然，除非它來是外太空。

「地球上的外星生物」在《聖經》中密載了一次，又是與「馬茲拉」密載於同一處。其中也再度暗指到達地球不是刻意的：「出於錯誤，出錯」與「地球上的外星生物」交錯。

《聖經》中目擊太空船描述得最清楚的是《以西結書》的原始經文。文中稱之爲「兩輪戰車的異

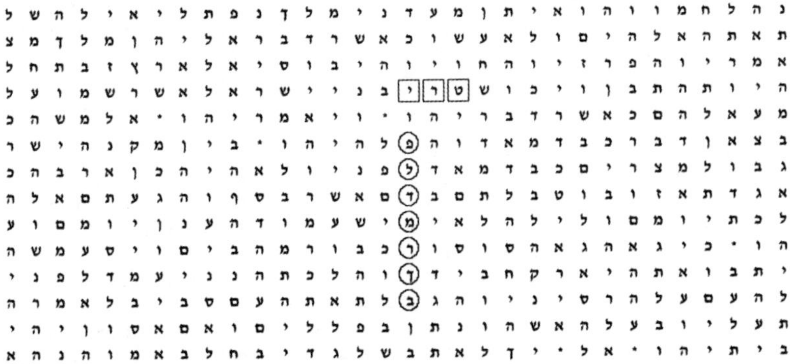

○ 鋼製交通工具　□ 迫降、遭攔截

象」：「我觀看、見狂風從北方颳來、隨著有一朵包括閃爍火的大雲、周圍有光輝、從其中的火內發出好像光耀的精金。又從其中、顯出四個活物的形像來、他們的形狀是這樣、有人的形像。」（一：四—五）

密載於

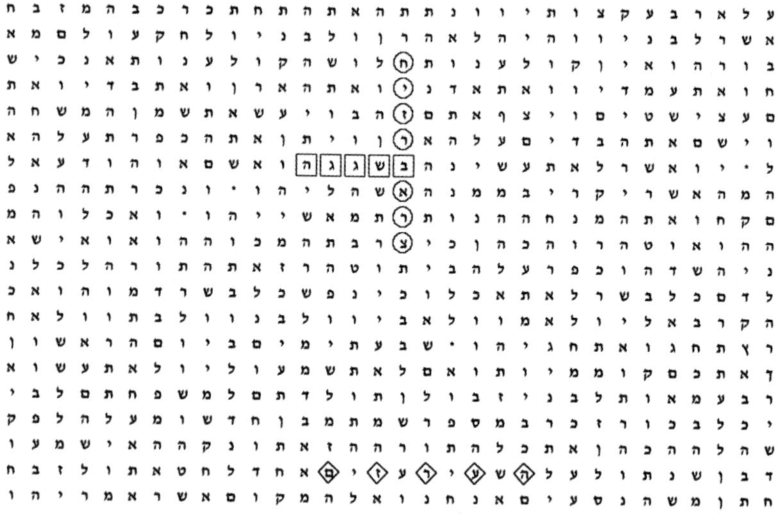

○ 地球上的外星生物　◇ 馬茲拉　□ 出於錯誤，出錯

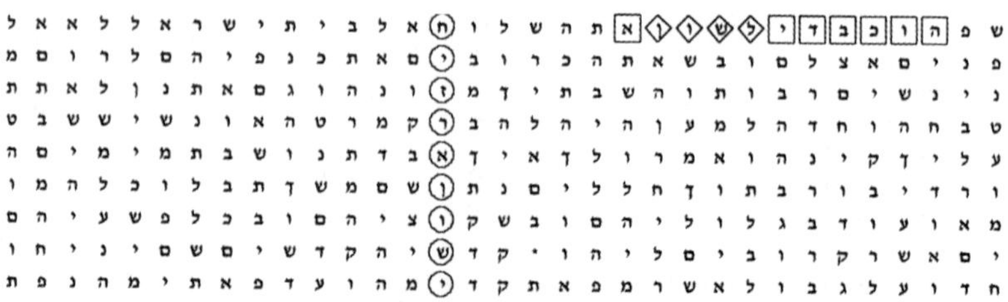

○ 人形外星生物　□ 附近一座地窖中的人類　◇ 黎山

《以西結書》同一處的是「人形外星生物」。

「黎山」未跳躍取碼出現在同一處，與其重疊的經文倒過來拼，這段讖文寫道：「附近一座地窖中的人類。」

摩西五書中亦有另一處密碼，似乎證實了有一種人形的生物許久之前曾造訪地球，將聖經密碼留下來給我們。

「外星生物是一個人」在《聖經》中出現一次。

在同一處的《聖經》原始經文出現了兩個原本與「密碼鑰匙」一起出現的片語——「金字碑之口」及「密碼之主」。

那顯然在暗示編碼者是人類，但不是我們地球上的人類。同一處的密碼再度指出：「他遭攔截、迫降。」

有什麼，或是何人能夠攔截這個古代的太空人，使其迫降？密碼中沒有線索。

但是這一切似乎很明顯是在說明密碼鑰匙是由太空船運抵地球的。

「鋼櫃」莫非就是古代的「船」？

密碼的證據越確鑿，我就越懷疑。

○ 外星生物是一個人　□ 密碼之主　◇ 金字碑之口

我可以相信聖經密碼的鑰匙就鏤刻在一根金字碑上，而那根金字碑就埋在自從聖經時代起就杳無人煙的荒涼半島中。但我無法相信它是由太空船運抵地球的。

然而發現了DNA結構的克里克說，我們的DNA是由外星生物用太空船送到地球來的。若基因密碼如此，聖經密碼爲何不能亦是如此？

《聖經》中有一套可以預言未來的密碼存在，這足以證明我們不是星際孤旅。由於我們都無法預卜未來，某種外星智慧生物必曾造訪這個世界，至少在《聖經》初成書的那個時代。

事實上，那是所有的宗教共通的信念。《聖經》在表面上是與一個外星生物近距離接觸的故事。他未讓人看到，但他經常讓人聽到。

在每一種古代神話中，在所有宗教中，都有交通工具及生物由天上降臨的故事，有靈界恐怖的訪客，有「天國之船」。連上帝降臨西奈山都伴隨著煙與火。

但我不相信有上帝。雖然幾乎所有科學家如今都已同意，宇宙間幾乎可以肯定會有其他智慧生物存在，我仍不會眞的相信有小綠人存在，除非他們降落在地球上。

我是個記者。我要的是確鑿的證據。

我在聖靈降臨節，亦即慶祝上帝於西奈山將《聖經》交給摩西的節日，我在聖經密碼中找到最後的證據，證明我在尋找的密碼鑰匙確實是在柱子上，密封於鋼器中。

在同一處密碼中，我找到了「上帝」。

「在鋼製，金字碑中」密載於《聖經》中，與《創世紀》一段述說創造人類的經文交錯。

「神就照著自己的形像造人、乃是照著他的形像造男造女。」（譯按：一：二七）

那不僅能證明「金字碑」確實是某種「鋼櫃」。《創世紀》中這段經文似乎也證實了目前所知唯一對「金字碑」的注解——《聖經集注》中說明它們是人形的，事實上它們是「男性與女性」。

不僅如此，那似乎也將金字碑與創造人類、我們的造物者相提並論：

「這本書是上帝依上帝的形像創造人類的時代之人類史。」

ד ם ב ד מ ו ת א ל · י ם ע ש ה א ת ו ז כ ר ו נ ק ב ה ב ר א ם ו י
ד ב נ י ם ו ב נ ו ת ו י ח י נ ח ו ר ת ש ע ו ע ש ר י ם ש נ ה ו י
א ל נ א י ח ר ל א ד נ י ו א ד ב ר ה א ו ל י י מ צ א ו ן ש ם ש ל
ל ב ן מ ל כ ה א ש ת נ ח ו ר א ח י א ב ר ה ם ו כ ד ה ע ל ש כ מ ה
ד י ם ע ד א ש ר ת ש ו ב ח מ ת א ח י ך ע ד ש ו ב א ף א ח י ך מ מ
ל י ש ו ר ו ח מ ו ר צ א ן ו ע ב ד ו ש פ ח ה ו א ש ל ח ה ל ה ג י
א מ ר י ם נ ל כ ה ד ת י נ ה ו י ל ד י ו ס ף א ח ר א ח י ו ו י מ
ה ר ע ב ב א ר ץ כ נ ע ן ו י ו ס ף ה ו א ה ש ל י ט ע ל ה א ר ץ ה
נ י ם כ ל ה נ פ ש ל ב י ת י ע ק ב ה ב א ה מ צ ר י מ ה ש ב ע י ם
ד ו י א מ ר מ י ש מ ך ל א י ש ש ר ו ש פ ט ע ל י נ ו ה ל ה ר ג נ
א מ ר א ל א ה ר ן נ ט ה א ת י ד ך ב מ ט ך ע ל ה נ ה ר ת ע ל ה י
א ו מ מ צ ר י ם ע ג ת מ צ ו ת כ י ל א ח מ ץ כ י ג ר ש ו מ מ צ ר

○ 在鋼製，金字碑中

□ 神就照著自己的形像造人、乃是照著他的形像造男造女

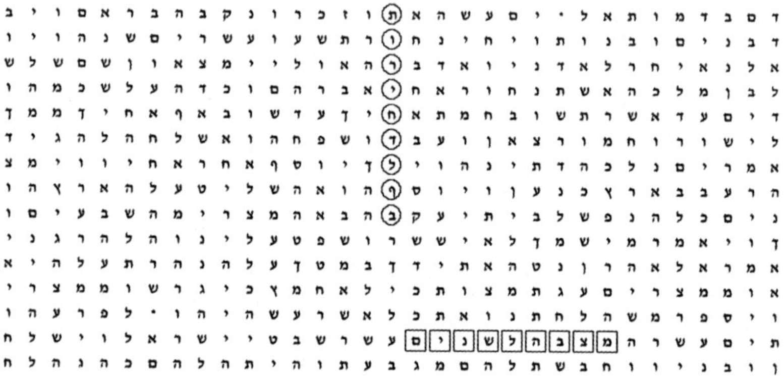

○ 在鋼製，金字碑中　□ 黎山柱，海之舌

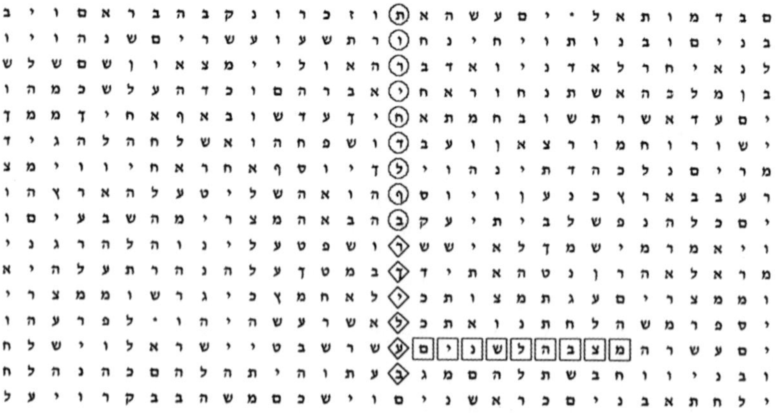

○ 在鋼製，金字碑中　□ 黎山柱，海之舌

◇ 主、所有者，將可在鋼製、金字碑中辨識出來

與「在鋼製，金字碑中」交錯的《創世記》五：一整節經文似乎證實了金字碑就是密碼鑰匙，它們可以揭露我們隱藏的過去及全部的未來。（譯按：該節經文如下：「亞當的後代、記在下面。當　神造人的日子、是照著自己的樣式造的。」）

其言下之意是我們的未來在創造人類時即已洞悉，全人類的歷史在發生之前便已撰寫成書——故而若我們此時能閱讀這部歷史，則不僅是已經發生的一切盡收眼底，人類將會發生的一切亦可一覽無遺。

同一份密碼表列再度證實了「金字碑」的地點。「黎山柱，海之舌」就出現在同一處。我們不僅可以由「在鋼製」中找到「金字碑」，亦能找到我們眞正的起源。這份完整的密碼矩陣說明：「主、所有者，將可在鋼製、金字碑中辨識出來。」

那似乎在暗示金字碑是依它們的創造者的形像而製造，他也是我們的創造者。

就當我準備前往黎山展開搜尋時，我在日記上寫道：「我不得不做出結論，我除了尋找『密碼鑰匙』的『金字碑』外，也在尋找創造它，或者至少是將它帶來地球的『外星生物』，以及他所搭乘的『交通工具』。」

11 布希

二〇〇一年八月三日，我致函喬治・布希總統，告訴他「聖經密碼警告道這世界或許會面臨其終極危險——一場核子世界大戰，由中東爆發——在您任內。」

我的信函於布希正要前往他位於德州克勞福（Crawford）的農場渡假一個月時，送到白宮他的幕僚長安德魯・卡德（Andrew Card）手中。卡德將之轉給總統的國家安全顧問康多麗查・萊絲（Condoleezza Rice）。但我的信一直未能轉呈給總統。

九月十日，布希渡完假回到華府，我打電話到白宮催卡德將我的信轉交給總統，並安排我與他會面。

「卡德先生已將您的大函轉交給萊絲博士，」他的助理長告訴我。「該函已由本處兩位最高階人士閱讀過。但他們決定不要將之轉呈總統。」

隔天，二〇〇一年九月十一日，阿拉伯恐怖分子攻擊紐約與華府，將世貿雙塔夷爲平地，也撞毀了五角大廈。第四部遭劫持的飛機乘客在飛抵華府前就將之迫降，白宮才得以僥倖逃過一劫。

我於九一一事件前一個多月寫給布希的信，並不是唯一遭忽視的警訊。後來發現，於八月六日，大約在我的信送抵白宮時，美國的中央情報局告訴正在渡假的總統，賓拉登的凱達組織（Al Qaeda）黨羽或許會劫持民航機。一份未能送到布希手中的美國聯邦調查局報告亦警告道，賓拉登或許正在派地下工作人員到美國的飛行學校受訓，準備從事恐怖攻擊。

事實上，八月中旬時其中一人，如今懷疑是那第二十名劫機者，遭到逮捕。但聯邦調查局未能由他的膝上型電腦中找出關鍵的線索——一個人名，或許能由此追查出九一一攻擊事件的首腦，穆罕默德・阿塔。

二〇〇一年九月十日，國家安全局截獲一則阿拉伯文的訊息：「明天是零時（譯按：攻擊發起日）。」但這則關鍵的訊息直到九月十二日才譯出來。

我知道在九一一事件後那幾個星期大家都忙得焦頭爛額，想要與總統接觸也只是徒勞。但在十月一日，我寫了另一封信給布希，請他的幕僚長卡德及國家安全顧問萊絲轉呈給總統。

我告訴他們兩人同樣的事：「若您們能由九一一事件的觀點來重讀我的信函，您們就會將之轉呈總統了。若他讀過我的信函，我想他會想要與我見面。

「您們可以告訴總統，我親眼目睹的紐約攻擊事件，三千年前就密載於《聖經》中。」

我那封十月一日致總統函中說明：「我不信教，故而我無法解釋如何能預知未來，或爲何未來會密載於《聖經》中。

「然而『雙塔』與『飛機』密載於同一處，而『它會造成它們塌坍』亦出現在同一處。『五角大廈』與『毀壞』密載於同一處。『賓拉登』與『城和塔』密載於同一處。」

我告訴總統，危險尚未結束：「聖經密碼用現代語彙明顯指出終極的危險——『原子彈浩劫』及「世界大戰」皆密載於《聖經》中。兩者都與二〇〇六年密載於同一處。」

我以道歉來結束致布希的信函：「很抱歉未能在恐怖分子攻擊紐約及華府之前警告您。

這兩處的攻擊事件在三千年前都已密載於《聖經》中。但我們直到九月十一日才恍然大悟。

「若聖經密碼屬實，這不是危險的結束，而是開始。我們無法預知每一場危險，但我們可以將我們能預知的防患於未然。

「我們應當見面，這或許很重要，因爲終極的危險很可能是確有其事──我們或許眞的在五年內就會面臨一場核子世界大戰。」

「布希總統」密載於《聖經》中，與「二世」密載於同一處，那是我們在西元兩千年十一月的選舉之前幾個月就找到了。

已有三千年歷史的聖經密碼精確地預測了一場勢均力敵的選舉，雙方得票數差距微乎其微，難分高下，鹿死誰手遲遲不見分曉，最後必須由最高法院於

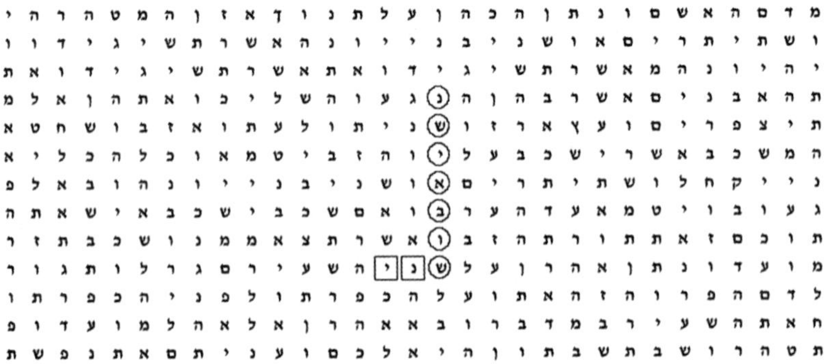

○ 布希總統　□ 二世

一個多月後才以裁決來宣告布希勝選。

事實上，布希與他的民主黨對手高爾這整場扣人心弦的競選亦密載於《聖經》中。我在兩位候選人獲得提名之前，便已在聖經密碼中追蹤這場選舉。

在這場美國有史以來最勢均力敵的選舉之前十個月，我到田納西州的納虛維爾（Nashville）找芮普斯博士，他在當地的梵達比大學（Vanderbilt University）擔任客座教授。芮普斯告訴我，他在當地的猶太教會以聖經密碼爲主題做了場演講，在回覆聽眾的一個問題時，他尋找當地的一位英雄人物，柯林頓的副總統，高爾。

芮普斯向我展示那份密碼表列。「高爾」密載於《創世記》中，與「總統」密載於同一處，此種機率極低。

我告訴芮普斯，依我看高爾不大可能會當選總統。各種民調都顯示布希遙遙領先。事實上，

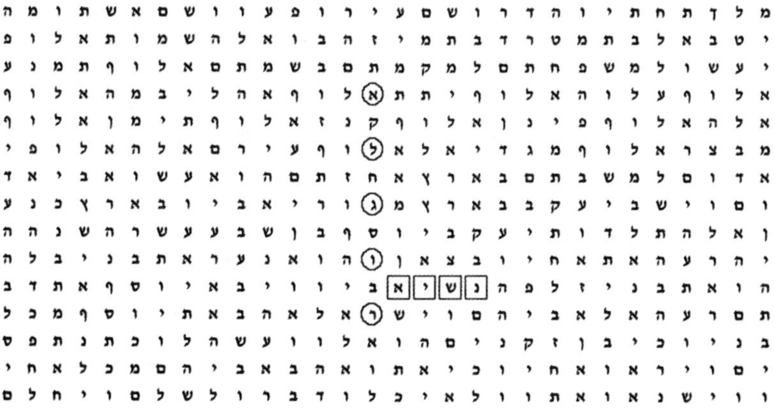

○ 高爾　□ 總統

當時高爾能否成爲民主黨的候選人都仍是八字沒一撇。

故而我們尋找「布希總統」，那密載於《聖經》中，而且與「總統」密載於同一處並交錯。

「這意義不夠明確，」芮普斯說：「因爲你們已經有一位布希總統了。」

隨後我向芮普斯展示「布希總統」亦與「二世」密載於同一處。

「你覺得那代表什麼含意？」我問芮普斯。「我不知道，」他回答。「或許是高爾與布希都有可能，兩人都有機會成爲總統。」

隨後十個月，芮普斯博士與我看著布希與高爾分獲提名，然後眼看著這場原本實力懸殊的選戰的戰況越來越激烈。最後，投票後我們再度晤談。

那眞是個驚心動魄的夜晚。先是高爾致電布希承認落敗。隨後高爾再度致電布希，收回他的認輸之舉。最後，選舉結果將由佛羅里達州的數百票來決

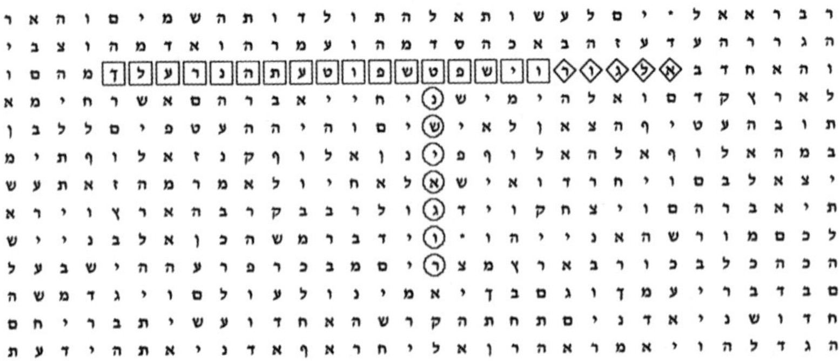

○ 高爾總統　◇ 高爾　□ 一個法官會裁決，將會對你不利

定。

「這下子總算知道密碼爲什麼將高爾及布希都列爲可能人選了，」芮普斯說。

接下來重新計票及法院角力拖了五個星期，我再度於聖經密碼中尋找最後結果的線索。這時我看到「高爾」與「高爾總統」密載於同一處，緊接著他的名字之後的希伯來文說明了截然不同的結果。「一個法官會裁決，將會對你不利。」

西元兩千年十二月十二日午夜前兩小時，美國最高法院使高爾的總統夢破滅，他藉著申請中止佛羅里達州的重新計票，贏得了民眾的票選。喬治・布希則是在五位保守派共和黨法官的鼎力支持下，經由裁決當選爲新任美國總統。

當晚，我再度望向那份早已預測布希勝選的密碼表列。「出於錯誤，出錯」出現在「布希總統」上方的經文中。

但最重要的密碼預言了這位新任總統將面臨舉

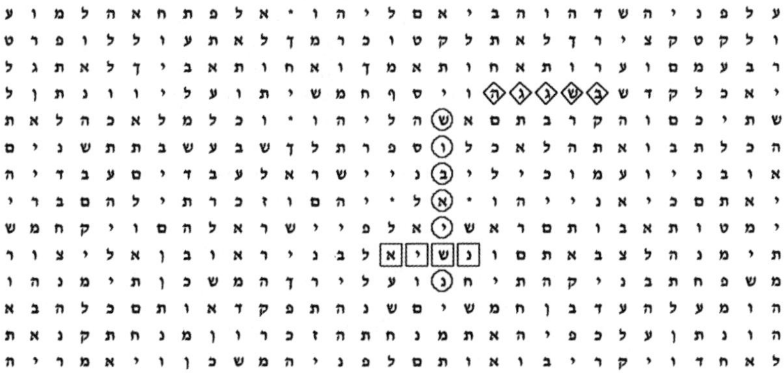

○ 布希總統　□ 總統　◇ 出於錯誤，出錯

世有史以來最關鍵的時刻。

「喬治・布希」與「總統」密載於同一處，而那段經文記載著「在末時」。

我在九一一之前許久便已知道聖經密碼中有關於賓拉登的警訊。一九九八年春，當我赴以色列拜訪芮普斯博士時，他向我展示一份密碼表列，他相信那顯露了上帝的眞正本質——「上帝的審判」與「上帝的慈悲」交纏在一起。

「依照《聖經集注》的說法，」芮普斯說：「這世界是分兩次創造的——第一次是依是非分明的審判，對與錯，來規劃的。後來上帝發現如此一來這個世界根本無法存在，人類的不完美將無從遁逃於天

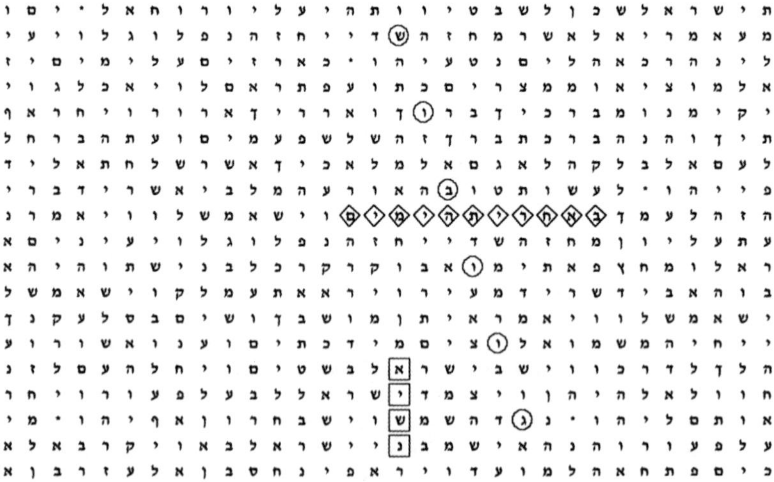

○ 喬治・布希　□ 總統　◇ 在末時

地間，故而他又加上了慈悲。

「但那可不像熱水加冷水變成溫水，而是像火與雪混合在一起，各自保存自己的特性。那或許就是聖經密碼中的兩組字串。」

然而，就在芮普斯向我展示那組密碼表列時，我看出了其他玄機。「賓拉登」未跳躍取碼出現，拼寫得絲毫不差，與「上帝的審判」交錯。

我未向芮普斯透露。我不知道他會有何反應。但我深受震撼。對我而言，依《聖經》的觀點而言，那彷彿是說賓拉登乃替天行道要毀滅這個現代世界，就如聖經時代的其他敵人乃上帝選來宣洩怒火之工具。

我直到九一一後才向芮普斯展示幾年前的發現。他的詮釋截然不同。「那很顯然是說明上帝會審判賓拉登，」芮普斯說。他告訴我以色列有位友人找到了另一組類似的密碼：「賓拉登受詛咒，復仇屬彌賽亞。」

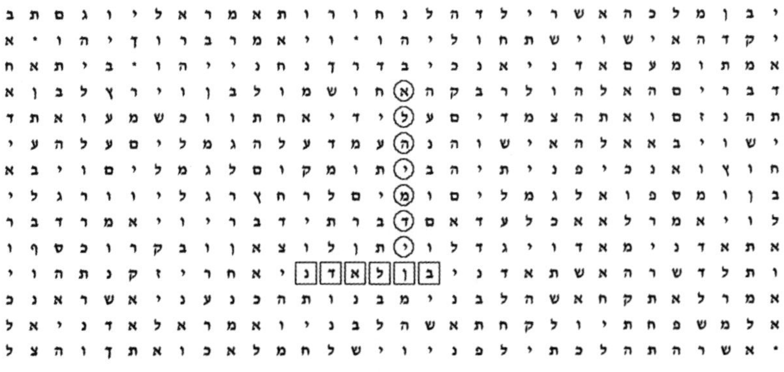

○ 上帝的審判　□ 賓拉登

我告訴芮普斯，無論賓拉登在死後的世界中會面對何種終極的懲罰，我相信賓拉登應該由我們，現實世界中有血有肉的人類，來應付。

但是芮普斯仍執著於宗教觀點，我覺得那倒也合情合理，因爲恐怖主義已儼然成爲一種宗教，而賓拉登則是其大祭司。

芮普斯向我展示他在密碼表列上找到的新發現，九一一攻擊事件的領導人亦列名其中。「恐怖分子阿塔」與《聖經》經文「他的靈魂由我面前斬除，我是主」交錯。

「那與阿塔及賓拉登的信念正好背道而馳，他們認爲死後將因他們的所作所爲而獲得獎賞，」芮普斯說。「聖經上所言顯然正好相反——那意味著他將在死後受到懲罰。」

芮普斯是與恐怖分子採取同樣層次，採用同樣的語彙，來因應這場危險。他與恐怖分子一樣，主要是——甚至是只有——依宗教觀點來審視此事。九一一事件後美國聯邦調查局找到阿塔留下的大批日記原稿，其中明確說道他相信自己是在替天行道。

但對我而言，聖經密碼只是資訊，一種早期預警系統，一切全都視我們如何運用它來防止其中所預測之最嚴重的危險而定。

當務之急是找到賓拉登。

美國於二〇〇一年十月七日在阿富汗對賓拉登及其塔立班組織（譯按：Taliban，或譯神學士）支持者發動攻擊，美國中央情報局告訴國會，有「百分之百」可能會再度發生重大的恐怖攻擊，這時我在聖經密碼中尋找「賓拉登」。

密碼中說，「賓拉登」將成爲亡命之徒，「由總部到總部」四處逃竄。

「避難之城」（city of refuge）兩度出現在《聖經》的經文中，就在同一處，這些經文述說古代的「避難之城」，「凶手」可以逃到當地躲避懲罰，並指出他唯有離開避難所才會遭殺害。或許那就是賓拉登最後被逮的方式。

事實上「被逮」就與「賓拉登」並列密載於同一處，意味著他終將被找到。

事實上，在「賓拉登」與「下一位恐

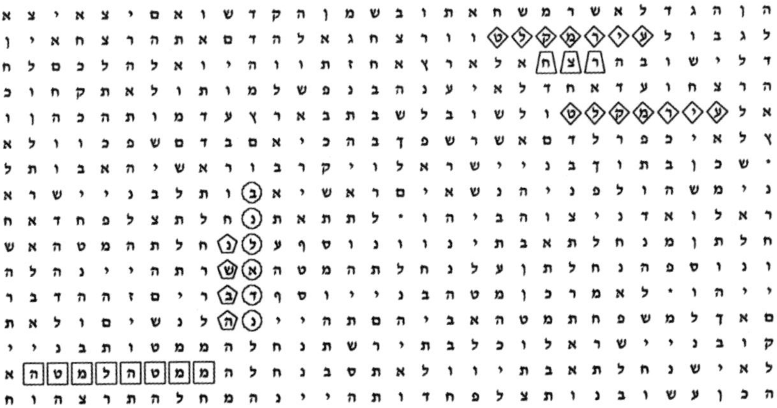

○ 賓拉登　□ 由總部到總部　◇ 避難之城

凶手　⬠ 被逮

怖分子」密載於同一處的讖文中指出：「他流竄，他遭殺害。」

不過由聖經密碼看來，賓拉登不會在阿富汗被逮捕或遭格殺。密碼似乎指出，他會躲過美國對他的訓練營及洞穴的攻擊，並在中東其他地方另起爐灶，重建他的恐怖網路。

聖經密碼指明了一個確切地點。那與「賓拉登」的兩種希伯來文拼法都交錯，也清楚地將那地點稱爲他的「陸軍總部」。同一處地點亦明顯與每一種終極的危險連結，包括「原子武器」、「原子彈浩劫」，及「化武攻擊」與「下一場戰爭」。

那一處任何情報中都不曾提

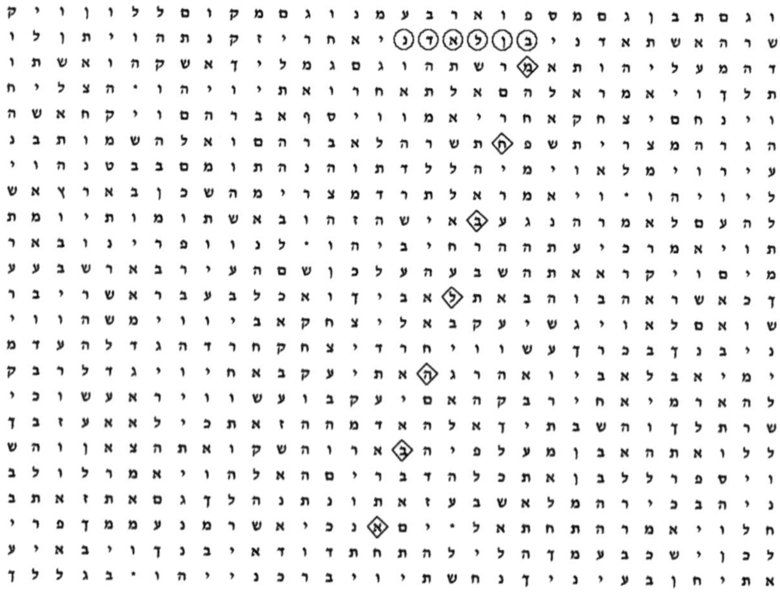

○ 賓拉登　　□ 下一個恐怖分子

及的沙漠地點亦與兩個最可能的目標——「紐約」及「耶路撒冷」——密載於同一處，這種機率微乎其微。

我將這資訊提供給美國及以色列軍事情報單位的高層官員。我告訴他們，「那或許與賓拉登或他的凱達組織殘存徒眾有關連。」我也告訴他們，那「或許是非傳統武器的存放地點，或許是對以色列及美國之終極危險的源頭。」

我說得很明白，並沒有確鑿的證據可以支持聖經所密載的種種，也沒有明確的時間，沒有任何明確的年份密載於其中。由於聖經密碼是預言未來，我不知道那是賓拉登曾藏匿處，或者他與／或他的恐怖網路日後會在當地東山再起。

「我不知道那處基地此刻是否在運作，」我說。「不過此時或許是前往查明的適當時刻，而且太早去查看當然比太晚去來得好。」

我告訴美國與以色列當局另一件事——每次這處恐怖分子基地出現在聖經密碼中，它都與「利比亞武器」交錯。那似乎意味著利比亞將獲得某種會被恐怖分子用來攻擊西方世界的終極武器。

幾個月後，以下新聞報導在以色列刊出：「利比亞處心積慮想獲取核子武器，這令以色列及美國官員漸感憂心。兩國於上星期在華府展開戰略會談時，曾就利比亞的威脅提出討論。」

《哈拉茲報》（*Ha'aretz*）中指出：「儘管美國總統喬治・布希今年稍早所謂的『邪惡軸

心』國原本並不包括利比亞，然而美國官員仍認爲它是一個正致力於發展大規模毀滅性武器的『門檻』國（"threshold" state）。」

那正是五年前席蒙・裴瑞斯擔任以色列總理時我提供給他的警訊——「利比亞」與「原子彈浩劫」密載於同一處，但眞正的危險在於有核武能力的恐怖主義。

幾天後，裴瑞斯於耶路撒冷公開演講時指出了這則警訊，但未提及聖經密碼。裴瑞斯說，世界所面臨的最大危險，在於核子武器將「落入不負責任的國家手中，扛在狂熱分子肩上。」

如今密碼提供我們狂熱分子的名字了，歐薩瑪・賓拉登及他的恐怖分子網路凱達組織。我也期望密碼能揭露找到他們的確切地點。

二〇〇一年五月，中東的暴力衝突已如野火燎原，我捎信至美國國務卿柯林・鮑爾的維吉尼亞州寓所。

我對經由鮑爾的住處聯絡他有點躊躇，但我希望在他前往歐洲從事外交之旅前及時連繫上他，當時傳言他將首度與巴勒斯坦領袖亞瑟・阿拉法特晤談。

以色列爲了報復一場自殺炸彈攻擊，已派遣Ｆ１６戰機展開自從一九六七年的六日戰爭以來對約旦河西岸及加薩地區的首次攻擊。我的直覺告訴我，即將發生慘劇，我與鮑爾接觸的最佳時機是現在，在此危急存亡之秋，就在我與阿拉法特及裴瑞斯會晤過之後。

我在五月十九日致函鮑爾時寫道：「我甫由中東回來，我在當地曾會晤亞瑟・阿拉法特與席蒙・裴瑞斯。我希望能會見夏隆總理。

「或許有機會獲致突破，找出使他們聚會和談的新途徑。故而我捎函至您府上。通常我會透過官方管道，但我今天在《紐約時報》讀到一篇報導提及您曾說『如果有任何我能想到的解決之道，任何會議或會談能立刻召開，我都會義無反顧投入。』或許有這麼一種解決之道，至少是一個新契機。

「阿拉法特相信預言。我花了一個多小時與他討論《聖經》中所發現的預言。最後他似乎深信他唯有的兩個抉擇是和平或滅亡。

「以前不曾有人試過採取這種層次與他接觸，那或許是關鍵。」

我告訴鮑爾《聖經》中似乎有可以預言未來的密碼。我希望那封信可以送到他手中，因為我在他的自傳中曾讀到他是個虔誠的教徒，他曾教過主日學，他也信仰「古代的宗教」。

故而我將我已告訴布希的話告訴鮑爾：「聖經密碼警告我們，我們或許會面臨一場核子世界大戰，由中東爆發。

「即使您無法相信《聖經》中有一套可以預言未來的密碼，」我在致鮑爾函中寫道：「我們見個面或許仍有其重要性，因為阿拉法特顯然深信不疑。

「待夏隆亦能接受唯一的抉擇是和平或滅亡，則和平或許會有一線生機，」我繼續寫道。「但無論夏隆是因情報或預言而相信這一點皆無所謂——只要他能瞭解眞正面臨危急關頭的是存亡絕續的問題。」

結果，鮑爾未與阿拉法特會晤便無功而返，也不曾回覆我的信函。但一個月內，布希派他再回去設法與阿拉法特及夏隆研擬出一套停火協議。

這原已徒勞無功的努力注定會持續一年以上卻仍是枉費心機。

但聖經密碼中似乎有一線生機。「鮑爾」與「高峰會領袖」密載於同一處，意味著這位美國國務卿或許能讓雙方聚會。

但在密載著「鮑爾」處，亦明顯記載著危險，就是與「喬治・布希」交錯的那

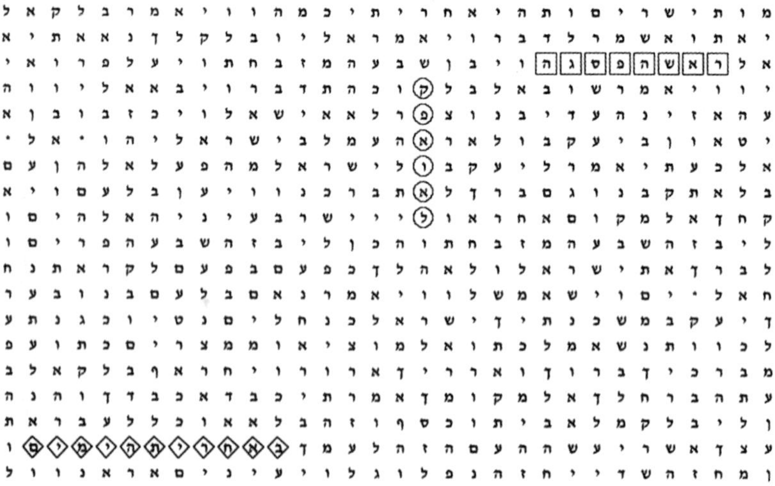

○ 柯林・鮑爾　□ 高峰會領袖　◇ 在末時

此字眼——「在末時」。

隨著二〇〇六年的倒數計時持續逼近，我耽心我無法與總統接觸，雖然他將他對抗恐怖主義的戰爭視爲一場宗教的十字軍聖戰。

聖經密碼似乎在警告，布希所發動的這場對抗恐怖主義的戰爭，這場已在阿富汗開打但如今似乎打得無精打采的戰爭，隨著賓拉登仍逍遙法外，或許會造成恐怖的結果。

「布希之戰」密載於《聖經》中，與終極的警訊——「在末時禍害將降臨你身上」——密載於同一處。

與「布希之戰」交錯的經文清楚說明這場危險是全球性的：「天下各國。」

「下一個恐怖分子」與如今人人聞之色變

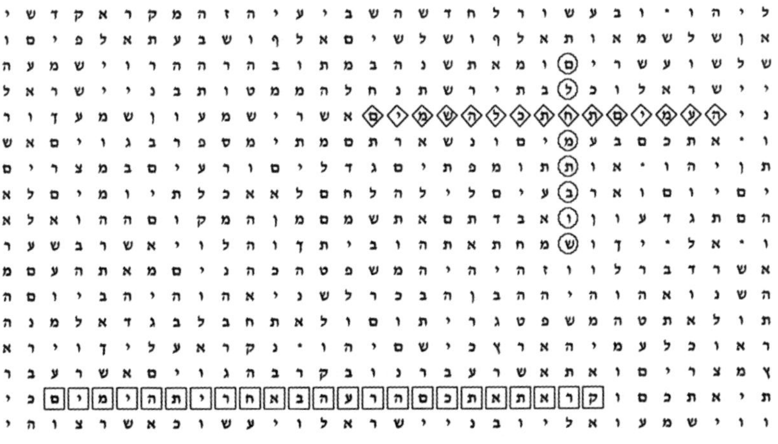

○ 布希之戰　□ 在末時禍害將降臨你身上　◇ 天下各國

的危險密載於同一處：「原子彈」。

「下一場恐怖攻擊」與「賓拉登」密載於同一處，也與全世界唯一和「原子彈浩劫」及「世界大戰」同時出現的城市──「耶路撒冷」──密載於同一處。

但聖經密碼警告，這場衝擊將是全球性的。「世界大戰」與「恐怖主義」及阿拉伯文中意指「自殺炸彈客」的Shahid全都密載於同一處。

我耽心聖經密碼中這一切警訊的總和將如下──往後五年世界將會戰亂不斷，不是傳統的戰爭，而是層出不

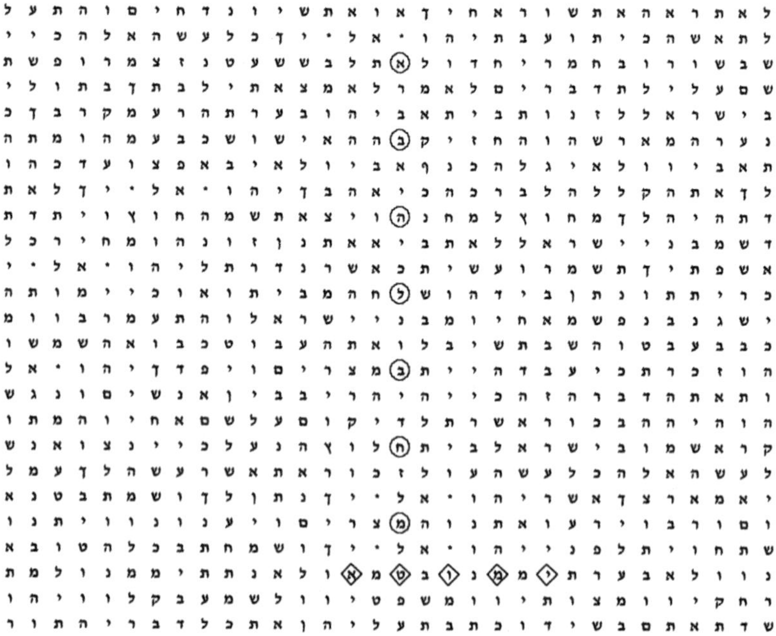

○ 下一個恐怖分子　◇ 原子彈

窮、日漸猖獗、動用大規模毀滅性武器的恐怖攻擊，以及西方世界的反擊。

那將是沒有人想承認的戰爭，一場我們與窮兵黷武的回教國家之戰

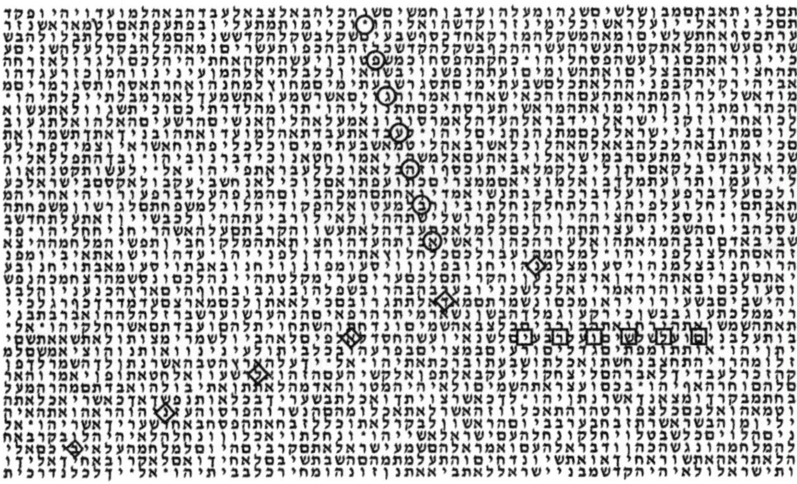

○ 下一場恐怖戰爭 ◇ 賓拉登 □ 耶路撒冷

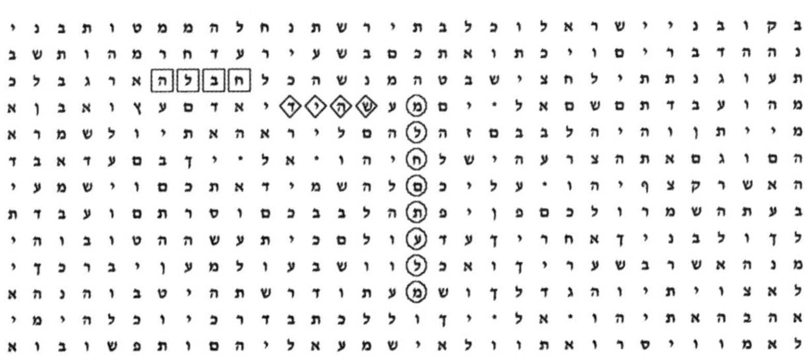

○ 世界大戰 □ 恐怖主義 ◇ 自殺炸彈客

爭，一場西方文明與欲將此文明除之而後快的宗教狂熱分子間的戰爭。

狼煙已瀰漫四處。我一直試圖警告的一切，我所看到密載於《聖經》中的一切，即將成爲我們的現實。而我不確定應何去何從。

我五年前將聖經密碼公諸於世時，即使在我於九一一事件前一個月首度與布希總統聯絡時，那些當時看似末日浩劫的警訊，如今已成爲常識，眾所公認的現實，甚至成爲我們當今的領袖們耽心他們已無力回天的注定劫數。

布希的所有內閣高層閣員及總統本人都說，一場新的恐怖攻擊，甚至是核子的恐怖攻擊，幾乎已成定局。

「對美國展開另一場恐怖攻擊的可能性非常、非常肯定，」美國副總統狄克・錢尼（Dick Cheney）說。「不是會不會的問題，而是何時。」

國防部長唐諾・倫斯裴（Donald Rumsfeld）告訴參議院的一個委員會，恐怖分子將獲得大規模毀滅性武器：「他們擁有化學武器、生物武器、有些不久就將擁有核子武器。」

「他們難免會圖謀這些武器，他們也會毫不遲疑地立刻將之派上用場，」倫斯裴說。

「我們確實面臨日益高漲的恐怖攻擊之威脅，」他補上。「問題不是會不會，而是何時、何地、如何。」

「那是在所難免的，」美國聯邦調查局局長勞伯・慕勒（Robert Mueller）說。「會有另一場攻擊。我們無法防範。我希望我可以更樂觀一點。」

以前的問題總是在於必須說服世界各國領袖，密載於《聖經》中的終極危險或許是確有其事。而今問題在於說服他們，若能遵循密碼的警訊，這些終極的危險或許可防患於未然。

12 英雄之旅

有時我一早醒來，就看到新的恐怖威脅之新聞，令我的尋找密碼鑰匙之舉恍然若夢。面臨賓拉登的威脅，九一一事件的慘痛回憶仍縈繞我心頭，加以無論對紐約或全世界而言都可以確定那不是最後一場恐怖攻擊，這一切令我的沙漠冒險之旅似乎無關宏旨。

但我有一個直覺，那是解決之道，或許是唯一的解決之道。面對規模如神話般恐怖的危險，我們需要一場奇蹟來因應。

或許那也需要一樁神話般的豐功偉業：「一個英雄由日常世界冒險進入超自然的奇幻天地間：在其間遭逢非凡的神力，也贏得決定性的勝利：這位英雄由這場神祕的冒險之旅回來，身具神威，澤被萬民。」

那是典型的「英雄之旅」。所有的古文化中都有同樣的冒險事蹟。由於它在各文化中皆屢見不鮮，約瑟夫・坎貝爾（Joseph Campbell）稱之爲「千面英雄」。

那是普羅米修斯（Prometheus）登上天界向諸神盜取火種嘉惠人類的故事。那是傑生（Jason）率隊出航贏得金羊毛（Golden Fleece）的故事。它最古老的型式是傳說中蘇美國王吉格米虛（Gilgamesh）的故事，他在六千年前奮不顧身躍入圍繞著世界的大海，深潛至海底摘取長生樹。

然而一旦這位英雄回到凡間，由另一個天地間贏得的那股神力，便無可避免地喪失了。神力被竊走了，面目全非了，或者就此化爲烏有。

而這類故事的道德寓意則一成不變——眞正的報酬不在於所追求的獎賞，而在這趟旅程本身。誠如坎貝爾所言：「歷經千辛萬苦、冒險犯難贏得的神力，到頭來才發現原來一直都存在於英雄的內心中。」

這趟旅程，此等冒險犯難，只是他發現早已具備的潛能之途徑。有時候，當我在尋找「密碼鑰匙」、「金字碑」、來自另一個天地可以揭露我們已湮沒的過往及全部未來的法寶時，我想像我就在從事我自己的英雄之旅。

但我不是英雄。我也不是神話人物。我充其量只是個凡夫俗子，一個憤世嫉俗的記者，誤打誤撞闖入了現代世界中的一則亙古之謎。

或許就如坎貝爾所言，我們所需要的一切，所有終極之謎的答案，都早在我們內心，我們只需發掘出它們即可。

《聖經》的說法與此大同小異。摩西臨終前對古代以色列人的遺言，對此說得很清楚：「（我今日所吩咐你的誡命、）不是你難行的、也不是離你遠的。不是在天上、使你說、誰替我們上天取下來、使我們聽見可以遵行呢？也不是在海外、使你說、誰替我們過海取了來、使我們聽見可以遵行呢？這話卻離你甚近、就在你口中、在你心裡、使你可以遵行。」（譯按：《申命記》三十：十一—十四）

或許。或許這趟旅程，這場尋覓，只是解開內心祕密的一種途徑。但我在讀這段著名的《聖經》經文時，它令我滿懷信心我們有朝一日將能找到「密碼鑰匙」，讓「金字碑」出土，因爲它們就在地球上，近在咫尺，不假外求。

在《聖經》中，在摩西交待遺言的那段經文中——「不是在天上、使你說、誰替我們上天取下來？」——「在黎山」與「馬茲拉」密載於同一處。

這並不是用形而上的辭令說明這場尋覓是解開內心祕密的一種途徑，而是平鋪直敘地說明有一個具體的物體就埋在這個地點。

無論我找到寶藏的機會看來多麼渺茫，我總相信聖經密碼說的非常明白。「黎山」與「馬茲拉」是確有其地的地點，也是尋寶圖上的「x」記。

芮普斯博士同意「黎山」與「馬茲拉」不斷出現，絕非巧合，「金字碑」與「密碼鑰匙」兩度交錯

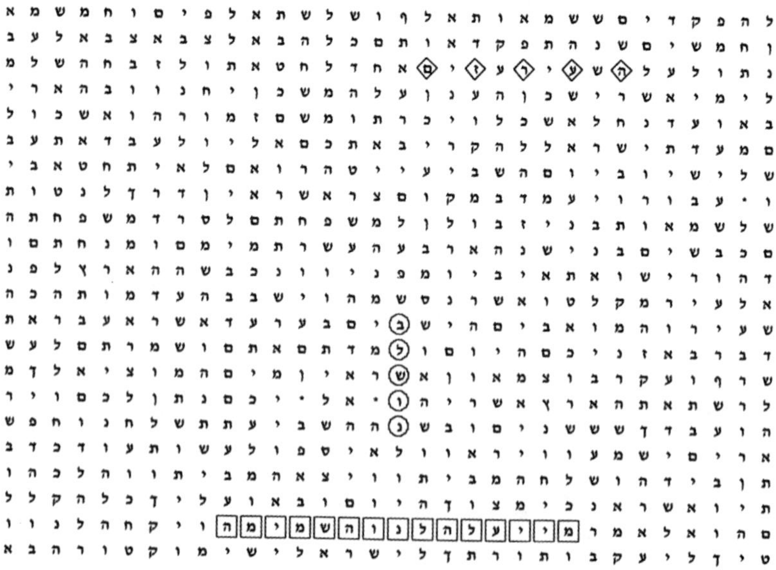

○ 在黎山　◇ 馬茲拉　□ 誰替我們上天取下來？

也絕非偶然。然而他仍是不改本色，不願揣測那在現實世界中有何含意。

「光靠聖經密碼就能按圖索驥找到遺跡、古文物，沒有什麼比這更令人興奮了，」芮普斯說。「但我只能觀察到其一致性，我只能說在數學上那絕非巧合。我無法說那意味著金字碑眞的存在。」

然而，一個笨拙的記者竟會誤打誤撞揭發了某椿天大的祕密，無論這看來是否宛如天方夜譚，我都相信將可發現某樣非比尋常的東西——不是出自這個世界，卻存在於這個世界——就埋藏在那荒瘠的半島上。

那甚至可能會遏止「哈米吉多頓」（末日決戰）的倒數計時。

《聖經》密碼中的證據似乎很明確，無庸置疑。那是出自《聖經》中最著名的預言家約瑟的口中。他說得斬釘截鐵：「這是解決之道。」

那證實了在某個湮沒已久的古代，某種具有魔力的物體降臨地球，就在我正在尋覓之處，它仍在當地，就等著我們今日去找出來。

約瑟的故事中暗藏著密碼鑰匙存在及其祕密地點的確鑿鐵證。

約瑟被嫉妒他的哥哥們賣爲奴隸，後來力爭上游，並藉著替法老王預卜未來而成爲埃及掌握實權的統治者。他預言將有一場荒年而使全埃及免於饑饉。法老任命約瑟爲他的攝政，在他的頸上配掛一條金項鍊，並替約瑟取了一個新名字：「撒發那忒巴內亞（Zaphenath-Paneah）」。（譯按：《創世記》四一：四五）

幾千年來古聖先賢們對這個名字的含意眾說紛紜，莫衷一是。有些人相信那是埃及象形文字的希伯來文翻譯，意味著「揭發祕密者。」其他人認爲那原始的鳥或蛇形象形文字意味著「上帝說話並且活著。」

然而，事實上，那個名字在希伯來文中有一個非常明確的含意——「密碼的解碼者。」

故而聖經密碼的存在，可以預言未來的密碼，事實上在《聖經》的原始經文中便可見端倪。

這時我在與「密碼的解碼者」交錯處，看到了我尋覓之物——「鑰匙」。那與「海岬上的鋼」一起出現。

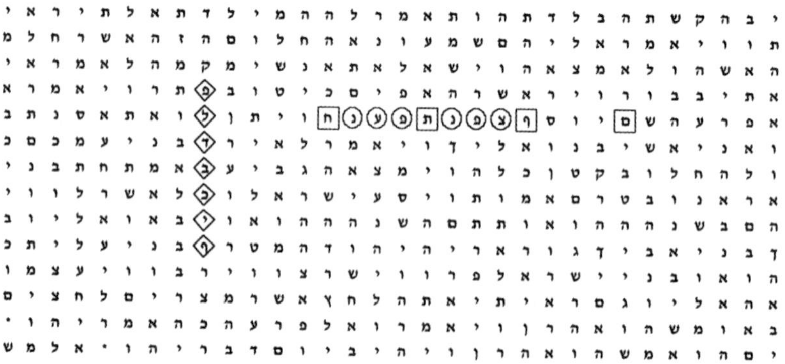

○ 密碼的解碼者　□ 鑰匙　◇ 海岬上的鋼

「這是解決之道，」約瑟在他兩度預言未來時說。而兩次的經文中都透露出了密碼鑰匙的地點——「黎山」。

「這是解決之道。」那彷彿是這位古代的預言家以最直接了當的方式透露要到何處尋找可以「將密碼解碼」的「鑰匙」——就在延伸入死海的半島上，「黎山」。

「上帝的密碼」就密載於「黎山」與「這是解決之道」交錯處。

那可謂是一目瞭然

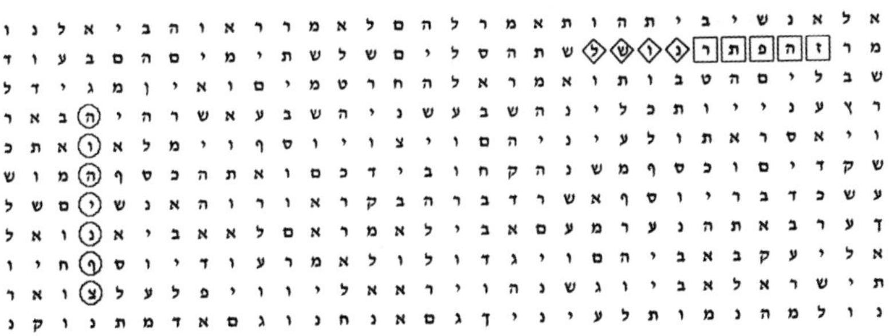

○ 上帝的密碼　◇ 黎山　□ 這是解決之道

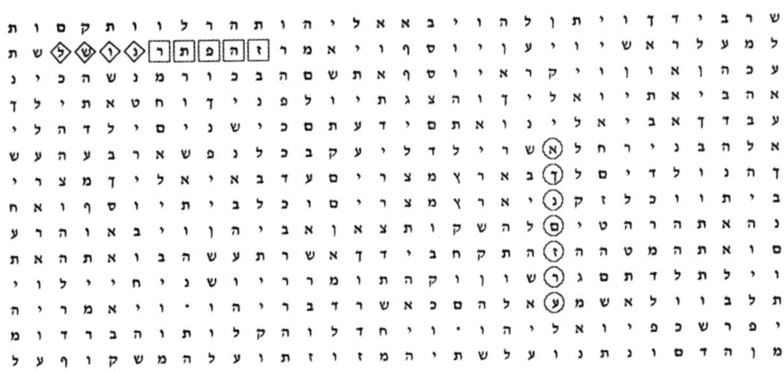

○ 他找到確切地點，馬茲拉　◇ 黎山　□ 這是解決之道

了。另一個密碼矩陣指出「他找到確切地點，馬茲拉，」那亦與「黎山」及「這是解決之道」出現在同一處。

我在這位古代預言家的故事中找到了我這場尋覓之行不可或缺的所有細節的密藏佐證。

「鋼櫃」、「鐵櫃」、「金字碑上的ＤＮＡ」、「上帝的密碼」，與約瑟的話：「這是解決之道」及「黎山」這個地點名稱，全都密載於同一處。

「鑰匙」，亦即「密碼的解碼者」，將可於某種金屬容器中找到，那也將向我們透露聖經密碼與生命密碼。

這些佐證不僅存在於摩西五書中，後來完成的《聖經》經文中亦可找到。

「密碼鑰匙」密載於《約伯記》中，與一段

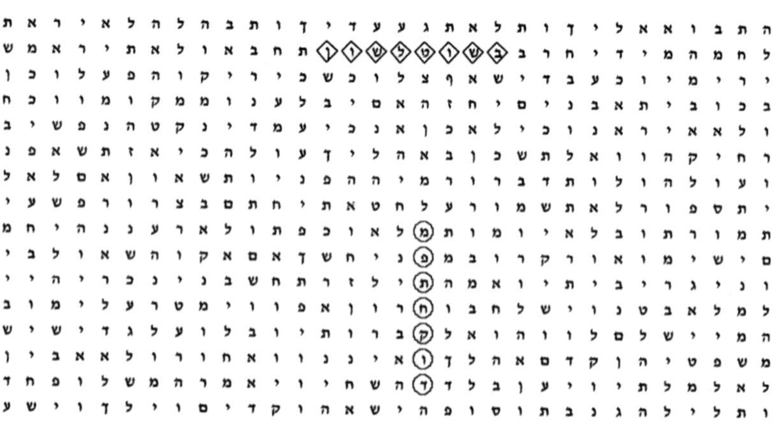

○ 密碼鑰匙　◇ 在黎山的鞭狀附肢中

指出「在黎山的鞭狀附肢中」的讖文密載於同一處。

那又是對地點精確無比的描述，那片土地的手指頭，由半島北端往死海中伸出，形成馬茲拉灣。「他找到了確切的地點，黎山」就密載於《約書亞記》中，那段經描述同樣的地點：「黎山，海之舌，到達邊緣。」

這是密載於《聖經》中的尋寶圖。它證實了我們所要找的就是正確的位置。它指明了那物體至今仍存在著。

如果我們能找到密碼鑰匙，如果我們能找到金字碑，則我們或許甚至能辨識出編碼者的眞實身分。

編碼者是誰？

發現這套密碼的科學家，芮普斯博士，對此早有定見。這套密碼就如《聖經》本身，是來自上帝。

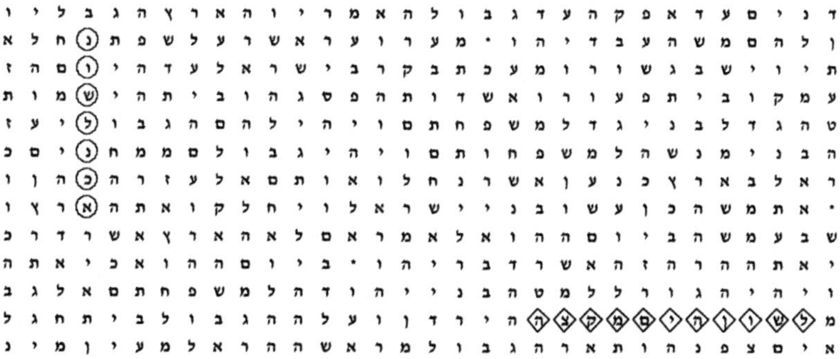

○ 他找到了確切的地點，黎山　◇ 黎山，海之舌，到達邊緣

「那來自一種智慧生物，不僅更高級，也不同類，」芮普斯說。「它可以洞悉古往今來，它的存在也跨越古往今來。我們所思所為，全都不出其所料。」

但我不認為編碼者就是造物主。對我而言，密碼存在並無法證明上帝存在——那只能證明編碼者存在。

密碼中一再暗示編碼者似乎仍然健在。事實上，「編碼者」這幾個字在希伯來文中亦意味著「他正在編密碼。」

我請教芮普斯博士，聖經密碼會不會是一種與人類正在進行中的對話。聖經可不可能是正在即時（real time）編碼——我們一提出問題就得到答案，不是來自於悠邈遠古的智慧生物，而是存在於當下？

「我可以想像一種可以跨越時間存在的智慧生物，對其而言，過去、現在、未來全都一樣，」芮普斯。「故而即使你是『現在』提出問題，而聖經密碼是密載於遙遠的『過去』，在編碼者眼中，那全都是同時發生的——包括他透過密碼正在透露的『未來』。」

芮普斯相信有一個永恆的上帝，他可以想像這種異於尋常的事，但不僅他如此。愛因斯坦亦說：「過去、現在、未來之分野，無論如何執著，終究只是虛妄。」

然而對我而言那仍不是完整的答案。我不想要形而上的觀念。我要確鑿的證據。

聖經密碼是來自一個人、一個神，或一個外星生物？

《聖經》的經文中只給我們一個線索。原始經文中很明確地說上帝降臨西奈山，將《聖經》交給摩西。

「摩西的密碼」出現在識文中，與「編碼者」密載於同一處，這種機率微乎其微。

「摩西的密碼」再度出現，與「鑰匙」及「鐵製容器」交錯。

由於據《聖經》記載，摩西寫下了《聖經》的原始經文，故而他至少在不經意間難免也寫下了密碼。

然而，由於摩西是人類，他無法創造出那套密碼，因爲他無法預見未來。

我的揣測是，《聖經》與這套密碼都是我們所無法想像的某種形式的資訊。

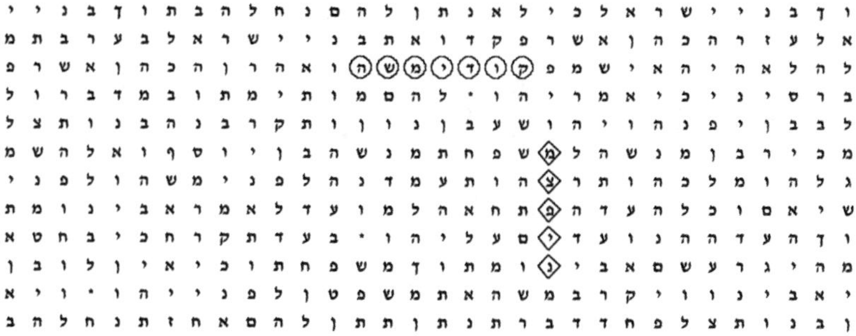

○ 摩西的密碼　◇ 編碼者

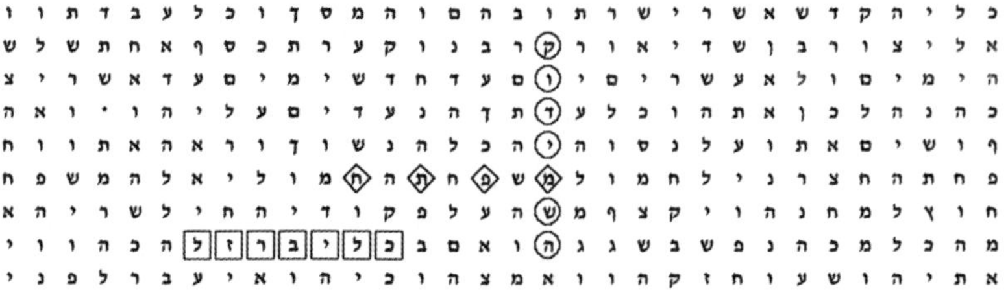

○ 摩西的密碼　◇ 鑰匙　□ 鐵製容器

這些經文起初是寫在獸皮上及刻在石板上，後來書寫在羊皮紙捲上，並裝訂成冊。

但《聖經》一直也都是一套電腦程式，否則它如今也不會成爲電腦程式。

它還可能是何種形式的資訊？那是我們無從想像的，就如三千年前沙漠中的遊牧民族無法想像電腦程式，那是某種我們尚無科技能夠破解、三千年後我們的後代才會發現的資訊形式。

史坦利・庫柏立克（Stanley Kubrick）在他的電影《二〇〇一：太空漫遊》中，將之比擬成「黑石板」，在人類演化的各階段，每當我們準備更上層樓時，就會一再出現的神祕知識來源。

「時光機器」亦密載於《聖經》中。「它每次都會來」與「時光機器」在讖文中交錯。那似乎是永遠會回來的承諾。但在希伯來文中，那些字語亦意味著「它隨時都會來。」那似乎更像一種警訊，下次造訪或許指日可待。

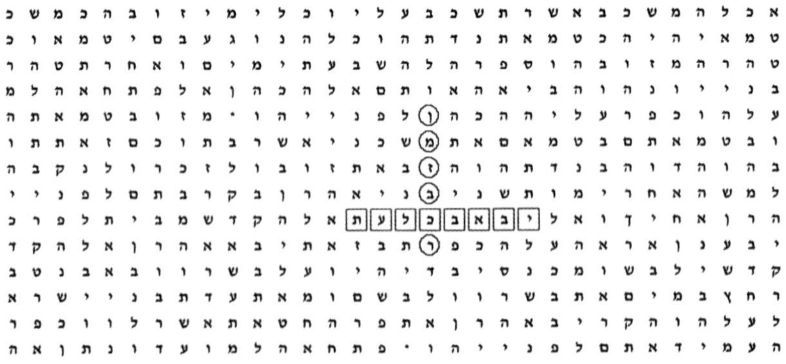

○ 時光機器　□ 它每次都會來／它隨時都會來

「那很貼切地表達了我剛才關於密碼的說法，」芮普斯說。「由密碼或編碼者的觀點，現在及任何其他時刻之間並沒有實質上的差別。」

或許芮普斯和我都是對的。或許密碼來自某種可以跨越時間存在的智慧生物，但是「密碼鑰匙」則是由一位有形體的生物，一個時光旅客，帶來地球的實際物體。

有些德高望重的科學家，包括當今物理學界泰斗史蒂芬・霍金（Stephen Hawking），都相信人類有朝一日將可跨越時間旅行。「時光旅行，」霍金說：「未來我們或許有能力實現。」

任何形式的先進太空之旅，在星際間的任何旅程，都會涵蓋廣袤浩瀚的距離，需要以超光速來進行。這麼做，我們勢得將時空扭曲。

對大部分的物理學家而言，那理所當然地意味著我們不僅在做太空之旅，也是在做時光之旅，換句話說，我們會時光倒流。

是否曾有一些古代的太空人造訪過地球，不僅來自另一個空間，也是來自另一個時間？

我念茲在茲的是追查出編碼者的身分。

一旦我知道《聖經》中有一套可以預言未來的密碼，我便得知道那是出自誰的手中。

聖經密碼的存在是我們所能掌握到「我們並非星際孤旅」的第一項科學證據，因爲沒有人能夠洞燭古往今來。

編碼者依然不知是何方神聖。但他或許會引領我們一步步找到他。

或許我的尋覓密碼鑰匙之舉只是一場旅程，讓我得悉我原本無從體認到的各種層次的事實，令我因聖經密碼的存在而萌生宇宙源起問題的大哉問，或許甚至會引領我誤打誤撞找出生命的源頭。

但我仍很篤定我可以找到密碼鑰匙，金字碑，或許甚至可以見到編碼者的尊容。

「我不懷疑你所尋找的這些密碼表列暗藏著某種事實，」芮普斯說。「但我無法說那是物理上的事實，或形而上的事實。」

那也是許久以來我一直在自問的問題。那套密碼鑰匙是屬於這個世界，或屬於某個其他天地？

「若它是形而上的，那它就更眞實了，更接近所有事實的根本源頭，」芮普斯說。「然而或許你所尋找的只能透過精神的工具才能看得見，因爲它需要與另一種靈界接觸。」

我問芮普斯，聖經密碼怎麼會一再地、刻意地提供虛假不實的資訊，引領我去一個什麼都不存在的地方。

「那不是虛假的，它只是存在於另一種層次，」芮普斯說。他的建議很實際。他同意我的基本直覺，「黎山」指的就是黎山，「馬茲拉」指的就是馬茲拉，而「金字碑」是一種實質的物體，「鑰匙」就密載於其中。

「一部磁力計、低周波雷達、現有的科技，這顯然是應當先試一試的東西，」芮普斯說。「但是你或許會站在確切地點，卻視而不見，因爲我們如今所擁有的工具無法看到你腳下的物體。」

問題的癥結或許不在於聖經密碼是否確實，甚或我們的詮釋是否正確，而在於我們的科技是否已經進步到能找到當地有什麼物體。我們此刻或許就如同三千年前接收到這套聖經密碼的人一般，無法窺見密碼鑰匙的天機。那或許需要一種尚未發明的科技，一種尚不爲人知的科學。

我們無法知道答案，除非我們獲准挖出如今或許埋藏在黎山中的物體。

我們是否能在當地找到我們不是星際孤旅的第一項證據？那種發現能否終止中東地區不分青紅皂白的冤冤相報？或者當地的戰事會阻止我們找到密碼鑰匙？

我們能否及時找到它，藉此接收我們救亡圖存所需的警訊？

誰那麼關心我們，會跨越時間試圖拯救我們免於某種預知的災難？

某種能夠預知未來的智慧生物創造了一套密碼，設計成在人類歷史的這一刻能讓人找到，那不是偶然。那有一套時間鎖。在電腦發明前無法找到。

只有一個原因——我們此刻需要這項資訊。

「原子彈攻擊」密載於《聖經》中，與密碼鑰匙的地點，「黎山」，及「這是解決之道」密載於同一處。

「原子彈攻擊」亦與二○○六年密載於同一處，這個年份亦與「原子彈浩劫」、「世界大戰」、「末時」等出現在同一處。

若聖經密碼屬實，我們正面臨終極的恐怖，不是宗教上的神祇顯靈，而是全人類慘不忍睹的滅亡，我們無法想像的死亡與毀滅之噩夢，全球各地的每一個人都會死得很慘。

那些祈禱末日來臨的教徒不瞭解眞相。那些期盼末日到來的人，想要造成末日浩劫的宗教狂熱分子，崇拜死亡。賓拉登自己就說：「美國人貪生怕死，那是他們的弱點。我們視死如歸，那是我們的力量。」

聖經密碼中所預見的終極危險是宗教狂熱分子將獲

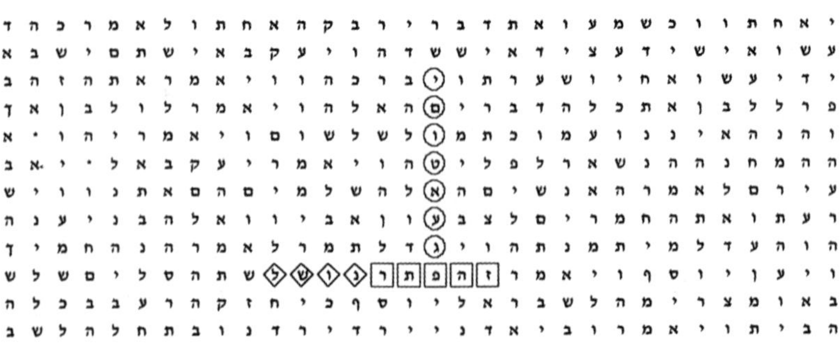

○ 原子彈攻擊　◇ 黎山　□ 這是解決之道

得大規模毀滅性武器，使這則古老的預言應驗。

倒數計時早已開始。遏止它的唯一之道或許是及時找到那則古老的警訊。

可以讓我們看到未來全貌的鑰匙，或許是爲了人類所需要的訊息，好讓我們相信恐怖已然臨頭並能因而防患於未然。

13 倒數計時

二〇〇一年九月十一日或許是我們必須承受的駭怖，藉此才能讓世人聆聽警訊，在爲時已晚之前體認到實際的危險——瞭解到我們此刻已眞的置身於「末時」。

我於九一一事件後幾天與芮普斯博士交談時，在我們都發現「雙塔」絲毫不差地密載於《聖經》中之後，我告訴他即使是毫無宗教信仰的人，即使是我，如今也相信我們活在西方三大宗教都預言的末日浩劫中。

我們再度檢視聖經密碼中最駭人的預測，《聖經》中「末時」與「在末時」唯一同時出現之處。「布希」、「阿拉法特」、「夏隆」全都密載於同一處。那指涉的顯然就是當下。那談的顯然就是現在。

在舊約及新約的經文中都有相同的預言，同樣預測「終末的戰役」將由中東爆發，最後席捲整個世界。

《啓示錄》中的說法如下：「（那一千年完了、）撒但必從監牢裡被釋放、出來要迷惑地上四方的列國、就是歌革和瑪各、叫他們聚集爭戰。他們的人數多如海沙。他們上來遍滿了全地、圍住聖徒的營、與蒙愛的城。就有火從天降下、燒滅了他們。」（譯按：二十：七）

在聖經密碼中，同樣的古代預言以現代的詞彙令人毛骨悚然地說出來：「世界大戰」及「原子彈浩劫」與「耶路撒冷」和二〇〇六年全密載於同一處。

而且在聖經密碼中，當今世界各國領袖的名字全拼出來了。忽然間，它似乎非常眞實。

九一一事件當天，我看著世貿大樓坍塌，不寒而慄地回想起了第一位預言家以賽亞的話語：

「使大地戰抖、使列國震動、使世界如同荒野、使城邑傾覆、不釋放被擄的人歸家、是這個人麼？」（譯按：《以賽亞書》十四：十六—十七）

撒旦神話就是出自這段經文，其中述及惡魔由天國淪落至地球。但在九一一事件那一刻，顯然有某種恐怖的新惡魔釋放到世間了。會毀掉整座城市的不是交戰中的國家，而是狂徒。

《以賽亞書》的那段經文最令我毛骨悚然的，是大惡魔到頭來只是區區一個凡人。不是某種我們無法抗衡的神力，而是我們這種凡夫俗子，我們可以輕易制伏的人。若希特勒在第二次世界大戰期間一直藏匿著不現身，直到最後在他的地下碉堡中被人發現，則同樣會令人震驚——「使大地戰抖的是這個人麼？」

不是什麼神通廣大的惡魔，什麼法力無邊的神靈，反倒是這麼一個微不足道的小人物，他真的就令世界如同荒野。

若今日世局導致第三次世界大戰，則顯然當歐薩瑪‧賓拉登被人由洞穴中拖出來時，世人也會問同樣的問題。

我們怎會坐視我們的世界任區區一個賓拉登、一個利用他所鄙視之文明的先進科技來毀滅這個文明的宗教狂熱分子，玩弄於股掌間？我們怎能聽任這個狂徒擁有大規模毀滅性武器？

在我們都已認清世局之後，若這種事如今還會發生在我們身上，那將是因爲我們對末日浩劫的宗教狂熱主義視若無睹，這個世界對軍事科技，甚至連核武都已失控。

然而若恐怖分子是藉著科技壯大勢力，則宗教是他們的驅動力。若問題癥結在於宗教，則聖經密碼或許是解決之道。

在《聖經》中表達「末時」的兩種說法同時出現，也與以色列、巴勒斯坦、美國領袖名字密載於同一處的段落，「恐怖主義」與「和平」交纏於一起。

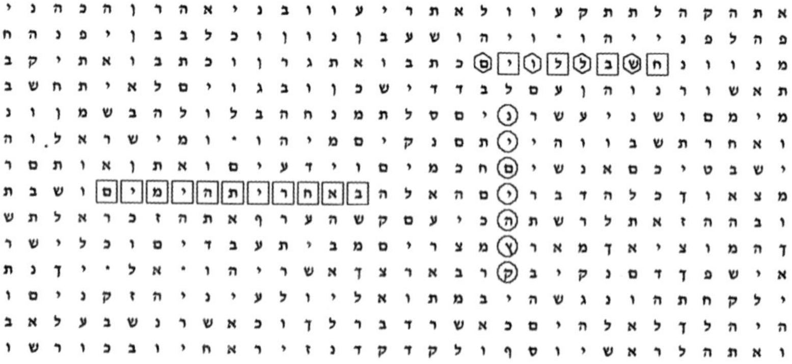

○ 末時　□ 在末時　◇ 和平　□ 恐怖主義／末時誕生的陣痛

當我向芮普斯博士展示這組密碼時，他顯得很激動，並告訴我「恐怖主義」這個關鍵字眼還有另一種很重要的含意。

「太完美了，」芮普斯說。「在《猶太法典》中，在《聖經集注》中，這種說法與『末時』同時出現。那意味著『末時的苦難』，但那也意味著『末時誕生的陣痛』，因爲那被視爲是彌賽亞降臨前的時刻。

「但同時那所談的也是當前的以色列，謀和的努力就如同密碼那般，與恐怖活動交纏在一起——或許那些正是『末時誕生的陣痛』。」

有時那令我心灰意冷。聖經密碼似乎在警告，最嚴重的打擊或許在獲得和平（之後）才出現，和平本身並不是解決之道，在中東不是。

拉賓是因爲與阿拉法特握手言和而喪命。沙達特因爲與以色列媾和而遇害。我已告訴過阿拉法特，他若與夏隆和談，或許也會遭到不測。對我而言，或許如今對世人亦然，顯而易見的是賓拉登這個想要製造末日決戰的宗教狂徒，絕對不會謀和，或容許謀和。

對芮普斯這個東方正教猶太人而言，看到我們此刻正生活在彌賽亞即將降臨的時刻，會油然萌生一絲喜悅。

在基督教以及回教中，皆有相同的基本信念——亦即在救世主降臨前，會有一段恐怖的苦難期，由反基督者統治，由獨眼惡魔（Dajal）統治。

西方三大宗教對世界及末日全都有相同的基本觀點，只不過對神的救贖來源各自有不同的名稱。

故而儘管我很難理解芮普斯博士這位傑出的科學家，這位發現了聖經密碼的優秀數學家，竟然會相信這種依我看來很原始的幻想，但是我仍必須接受，大部分世人都和他一樣深信不疑，我試著接觸的大部分世界領袖也都接受西方世界的這種基本宗教神話。

對我而言，我只看到某種早有預言的末日浩劫已經降臨我們身上，因爲我確定沒有救世主會由天空降臨。

然而我們面臨的危險規模如此龐大，唯有《聖經》預言的用語才能描述。

我於一九九八年交給我的律師，待二〇〇二年才開啓之密封信函中，指出三項聖經密碼的預言：

「一、希伯來曆五七六二年（西元二〇〇二年）開始，世界將面臨全球『經濟崩潰』；

「二、這會導致一陣空前危險的時期，擁有核武的國家局勢不穩，恐怖分子可以購買或竊取足以毀滅整座城市的武力。

「三、這場危險將於希伯來曆五七六六年（西元二〇〇六年）達到巔峰，亦即與『世界大戰』及『原子浩劫』密載於同一處的這一年。」

二〇〇一年九月十一日，我目睹世貿大樓遭到攻擊後，我將那份密封的信函取回。兩天後，二〇〇一年九月十三日，我另撰一封信給美國聯邦準備銀行主席艾倫・葛林斯潘（Alan Greenspan）。

我在函中指出：「『經濟危機』與相當於西元一九二九年及二〇〇二年的希伯來曆年份，皆和『不景氣』密載於《聖經》中同一處。

「發現聖經密碼的那位知名以色列數學家計算過，這種情況發生的機率將近兩萬分之一。

「我們於多年前就已發現這則密載的警訊，當時正值經濟蓬勃發展的高峰期，」我告訴那位對全球經濟影響動見觀瞻的人。「我此刻要提出來請您注意，因爲預言中的危機或許已經來臨，而本周所發生的事件使其更可能應驗。」

我的信函於九月十七日送達正在華府的葛林斯潘手中，當天正是與「經濟危機」密載於同一處的希伯來曆五七六二年除夕，股市於九一一事件後於當天首度重新開市，道瓊指數暴跌了六百八十四點，那是有史以來最大的跌幅，也展開了一九二九年的「大蕭條」以來股市連續一星期最嚴重的狂瀉。

兩個月後，政府正式宣布，我們正處於「經濟衰退期」。《紐約時報》報導：「力爭上游的美國經濟滑入衰退期，爲期十年破紀錄的成長期亦爲之戛然而止。」事實上，《紐約時報》指出，世界各國都因二十年來首度的經濟衰退而愁雲慘霧。

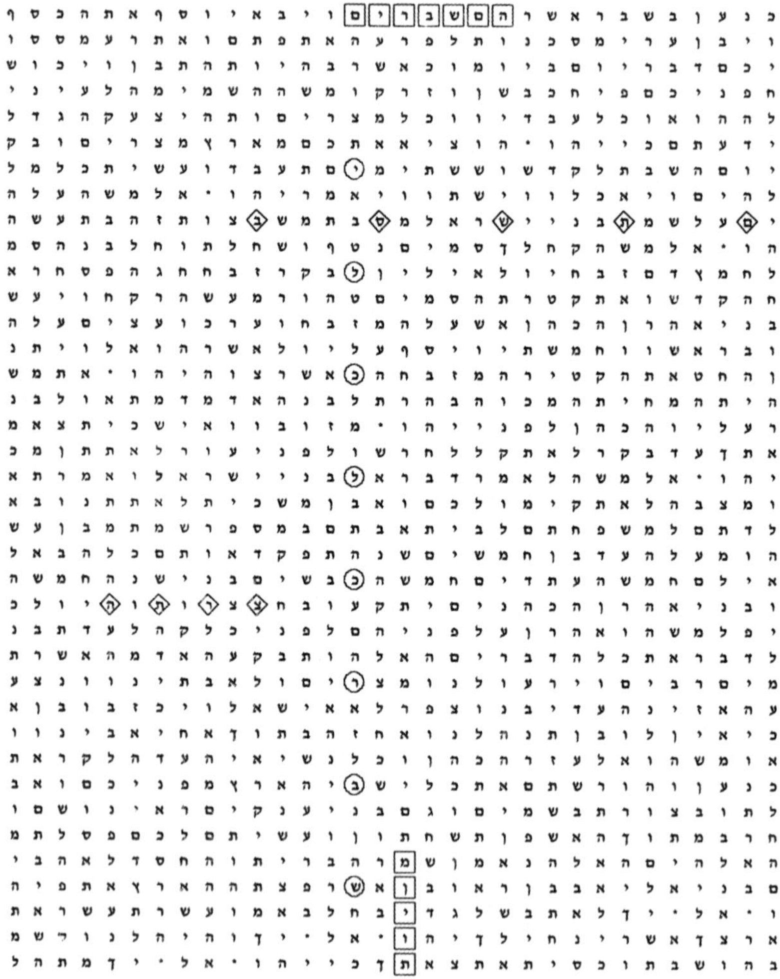

○ 經濟危機　◇ 由五七六二年／二〇〇二年

○ 五六九〇年／一九二九年　□ 不景氣　□ 股票

有一陣子世界經濟似乎可能東山再起。然而於二〇〇二年夏季，這一代最嚴重的空頭市場令所有主要股市的指數紛紛慘跌至九一一事件後的最低點以下。

道瓊指數跌破八千點，在總統走訪華爾街後連續十天共跌了一千五百點，標準普爾（Standard & Poor）指數五年來首度跌破八百點，納斯達克的股價損失了百分之七十五，整個股市在短短兩年間已損失了七兆美元以上。

股市於二〇〇二年九月六日，星期五，結束了希伯來曆的五七六二年，這之前八個交易日中有六天下跌，這之前五個月皆疲軟不振。

這是道瓊指數自從一九八一年的經濟衰退期以來，首度連續五個月長黑。《紐約時報》報導「如今看來可能會連續三年向下探底，自從大蕭條時期以來最長的衰退期。」

聖經密碼的第一則預言已經應驗了。一場「經濟危機」已於希伯來曆五七六二年「開始」。唯一的問題是這場「經濟危機」會多嚴重，二〇〇二年的「經濟衰退期」是否會成爲隨後幾年眞正的「蕭條期」。

我耽心的不是世界將面臨經濟困阨的時期。我們可以熬得過來。我們曾熬過來。我耽心的是另兩則聖經密碼的讖言也會應驗。

我耽心的是若密碼在四年前就已預言二〇〇二年開始會有一場「經濟危機」，則密碼所言我們於二〇〇六年會面臨「末時」或許亦會應驗。

無論如何，自從九一一事件後世界顯然已陷入空前的險境。

二〇〇二年夏天，景氣低迷，中東已瀕臨開戰，賓拉登仍逍遙法外，我搜尋聖經密碼，確信眞正的危險尚在後頭。

「原子彈攻擊」與「飛彈」密載於同一處。

「化武攻擊」亦與「飛彈」密載於同一處。

最可能被鎖定的兩個目標似乎是「紐約」與「耶路撒冷」。

聖經密碼似乎指出對紐約的大規模攻擊還會再出

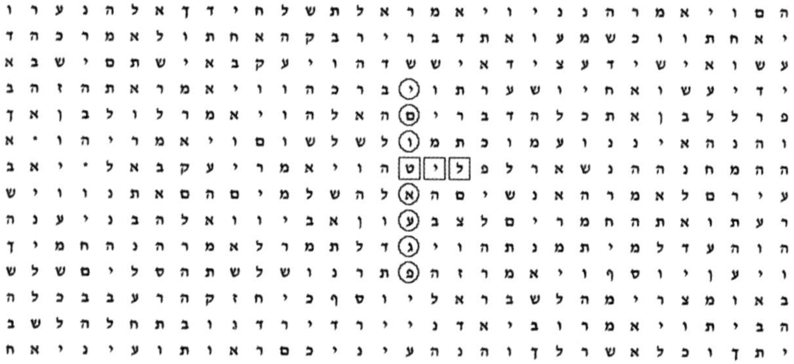

○ 原子彈攻擊　□ 飛彈

○ 化武攻擊　□ 飛彈

現。「飛彈」與「導向」都與「紐約」密載於同一處，意味著世貿大樓的攻擊事件僅是恐怖戰爭的第一擊，但不是最嚴重的，也不是最後一擊。

有兩個年份與「紐約」明確地密載於同一處：「在五七六一年」（西元二〇〇一年），亦即九一一攻擊事件當年，另一年是「在五七六四年」（西元二〇〇四年）。二〇〇四年與「由一枚飛彈的火（或可譯成：由發射一枚飛彈）」這些字語交錯。

「耶路撒冷」與「原子彈浩劫」及「世界大戰」密載於同一處。它亦與「賓拉登」同時出現。

聖經密碼顯然在暗示世界將面對與往昔所經歷過截然不同的大規模恐怖攻擊，屆時所發生的事件，將會令以色列

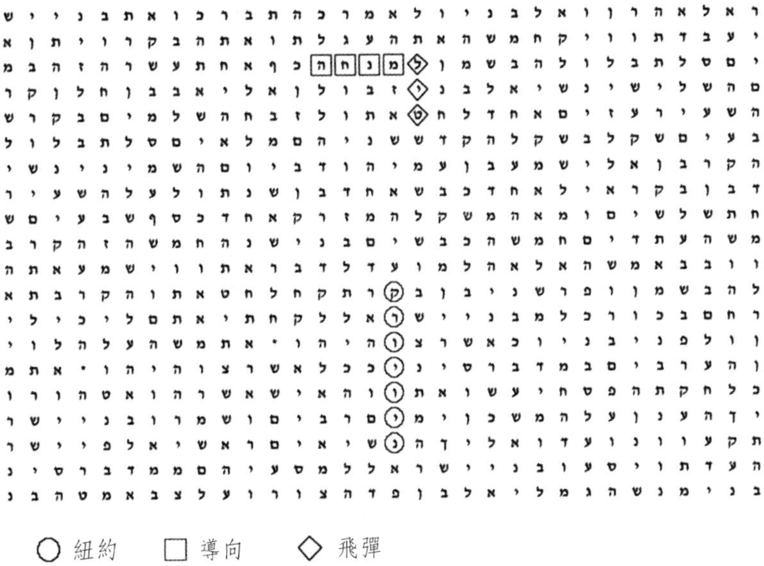

的自殺炸彈攻擊、甚至紐約雙塔的攻擊，相形之下只是一場漫長的戰爭之開場，這場戰爭首先將以各大城市爲目標，最後威脅到整個人類文明。

那將會與以往的戰爭大相逕庭。那將不會是征服國土，或擄掠資源，而是由自詡爲替天行道者殘殺「異教徒」，他們自視爲是履踐聖令，將世界導向末日。

無論有沒有賓拉登，回教聖戰（Jihad）都會持續不輟。聖經密碼明顯指出他的恐怖網路凱達組織「在賓拉登之後」將繼續下去。

「恐怖主義」將由中東的某處祕密總部運籌帷幄，「在末時」。

看來遏止恐怖主義的極端行徑唯一的途徑，似乎是斬斷其源頭。

我只能期盼聖經密碼所提供的恐怖分子祕密基地名稱是正確的。我已經將那處地點交給以色列及美國的情報單位。狂熱分子與他們的生化武器、核武的藏

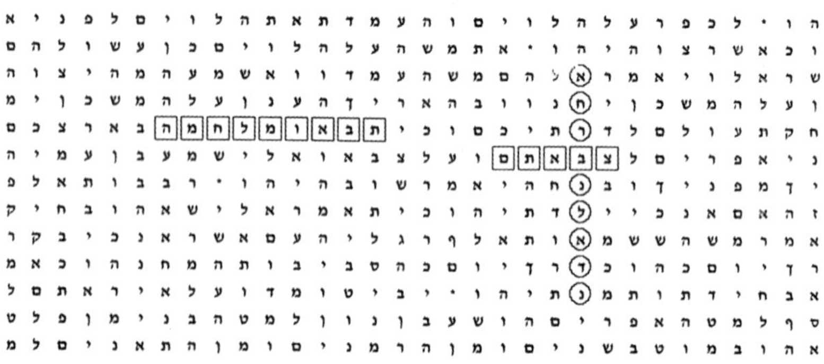

○ 在賓拉登之後　□ 他們的軍隊　◇ 你會參戰

匿處，必須在他們能對世界發動一連串《聖經》上所言的瘟疫之前找出來。

「瘟疫」是與「末時」最明確地密載於同一處的危險。

當以色列總理詢問他的安全顧問，以色列所面臨的最大危險爲何，他們答稱是天花。

天花，在所有生化武器之中最令人聞之色變。這種疾病在一九八〇年根絕之前，曾令數億人喪命，比所有戰爭的傷亡人數總和還高。

但是這種疾病已在這個星球上絕跡的事實，只會令每個人在它再度突然出現時更易受到感染。沒有人有免疫力。

受感染者的死亡率達三分之一，倖存者亦飽受後遺症之煎熬。它的傳染力強。它是空氣傳染。它是經由人與人相互傳染。那會一發不可收拾。那會蔓延至世界各地，勢如野火燎枯林。

目前所知只有俄國及美國在嚴密戒護下將天花

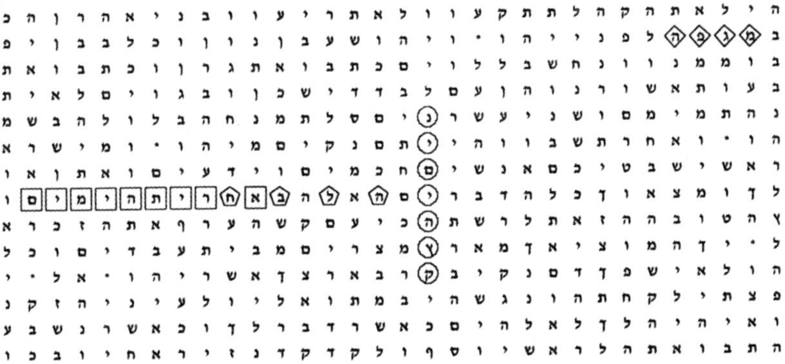

○ 末時　□ 在末時　⬠ 恐怖主義　◇ 瘟疫

樣本保存在他們的細菌戰實驗室內——然而其他國家，包括伊拉克與利比亞，或許已暗中取得此病毒。

「紐約」、「耶路撒冷」、「特拉維夫」全都與「天花」密載於同一處。

美國已下令五十萬名醫護人員，亦即發生生化恐怖攻擊時最前線的人員，接種天花疫苗。以色列已囤積足供全體國民使用的天花疫苗。

以色列於十多年前第一場波斯灣戰爭時，首次將天花當成一種具威脅性的武器看待。不過據該國首席軍事科學家以撒．班以色列將軍表示，專家學者異口同聲認為即使海珊也不致於瘋狂至動用天花。若以色列遭到攻擊，將如同攻擊巴勒斯坦、約旦、黎巴嫩、敘利亞、埃及，最後波及整個中東地區，包括伊拉克。

「故而我們的結論是沒有迫在眉睫的危險，」班以色列說。「不過如今又冒出了一個歐薩瑪．賓拉登。」

一位「自殺帶原者」在巴基斯坦的喀拉蚩（Karachi）或阿富汗的喀布爾（Kabul）搭機前往紐約或特拉維夫，便可引發一場足以讓全世界三分之一人口喪命的瘟疫。

顯然我們已經置身於人類歷史上的危急存亡之秋，我們所製造的武器已無法掌控，遲早會落入蠻橫霸道的國家與四處流竄的狂徒手中。

也因此在我眼中「末時」如今顯得格外眞實。那正是我幾年來對世界領袖提出的警訊。「若聖經密碼屬實，擁有核武的恐怖分子或許會引爆下一場世界大戰，」我於五年前的《聖經密碼》第一集中寫道。「世人面對的不是超強間的核子戰爭，反倒是一種新的威脅——配備著核武的恐怖分子。

「第二次世界大戰是由一枚原子彈結束。第三次世界大戰或許將由一枚原子彈引發。」

自從蘇聯垮台，十多年來相關警訊歷歷可見，甚至明顯得令人感到刺眼。當時一份參議院的報告指出：「以往從來沒有一個擁有三萬枚核武的帝國四分五裂。」

參議院這份報告將前蘇聯形容成「潛力雄厚的核生化武器超市」，報告中警告「一枚、兩枚、或十幾枚大規模毀滅性武器在俄國、或歐洲、或中東、甚至在美國引爆的可能性，已經與日俱增。」

原本只有少數超級強國才能擁有的武器，突然間淪入黑市，只要付得出錢，任何人都買得到，而我們對這種軍火銷售幾乎是不聞不問。

事實上，布希總統在甫上任後的前幾項施政中，有一項就是將前任總統柯林頓計畫用來買斷俄國的武器與核武原料的預算刪除一億美元，而國會亦否決了贊助失業的蘇聯軍方科學家之提案。

而今像巴基斯坦這種局勢不穩的第三世界國家已擁有核武，明天那很可能就會落入回教激進分子手中，像伊拉克、伊朗、利比亞等蠻橫霸道的國家，不久不是能購得就是能自製核武。

賓拉登處心積慮想要取得核武，這可謂是路人皆知，而凱達組織可能亦已成功製造了一枚「髒彈」（dirty bomb），不是核武，而是在傳統炸彈中摻加放射性物質，足以令各大城市無法居住。

直到最近，我們都自欺欺人認爲那種噩夢不會眞的發生。據《紐約時報》報導：「認爲核武恐怖攻擊不會發生的最佳理由，是它尚未發生過，那種邏輯眞是荒謬絕倫。」《紐約時報》資深編輯比爾．凱勒（Bill Keller）於二〇〇二年五月的一篇報導標題令人不寒而慄：「本地遲早會遭到攻擊。」

那是美國新聞界的轉捩點，雖然那篇文稿晚了十年，在危險早就可一目瞭然的十年後才出現。然而在「後九一一」時代的世界，歷史悠久的《紐約時報》終於指出了昭然若揭的危險：「九一一攻擊事件所爲，是將一種理論上的可能性轉變成感受得到的危險。」

文中提出一個例子，由電腦模擬若有一枚「千噸」級（譯按：kiloton，估算核子彈威力的單位，不是重量單位）的核子裝置在紐約的「時代廣場」引爆會是何種情景。不是五百千噸級的彈頭，而是一枚每個人都能揹得動的核子地雷。

一個人在背包內攜帶一枚武器便足以摧毀任何城市的市中心。若此事發生在紐約，其恐怖情景將如下：

兩萬人當場橫死。爆炸點方圓四分之一哩內，任何暴露在火球中的人都會在一天內喪命，死狀慘不忍睹。這個範圍內的居民達二十五萬人。蕈狀雲會竄升兩哩以上，直入雲霄，然後致命的幅射塵開始飄墜回地面，擴散達十哩之遙。

若換成一枚百萬噸級的炸彈投入紐約，曼哈頓的所有建築物都會夷爲平地。依據強納山·薛爾（Jonathan Schell）在他那本言之有據的著作《地球的命運》（*The Fate of the Earth*）中所言：「市內的建築物坍塌當然會使數百萬人喪生。在爆炸點方圓兩哩內，風速可達每小時四百哩。火球將不斷擴大直到廣達一哩，然後往上竄升，高逾六哩。它會將底下的城市烤上十秒鐘。緊接著濃密的塵垢及煙霧將籠罩現場，當蕈狀雲直往上衝時（其直徑可達約十二哩），濃煙蔽日，白晝形同暗夜。」

一般認爲若紐約遭到攻擊，更有可能是使用一枚兩千萬噸級的炸彈：「火球直徑將達大約四哩半。爆炸點方圓二十三哩內無遮蔽處的所有人都會被活活燒死。紐約市及其市郊將在幾秒內淪爲一片焦黑的沙漠。」

不過核武的恐怖攻擊最有可能是在地面引爆。強納山·薛爾的書中又說：「若一枚兩千萬噸級的炸彈在地面引爆，火球的直徑將達六哩，置身其中的人皆當場死亡，大部分人將屍骨無存。紐約市及其居民此刻都已粉身碎骨成爲幅射塵，往上竄升成一片蕈狀雲。」

我耽心有朝一日我們會一覺醒來就看到有一整座城市被夷爲平地的新聞——不是兩座大樓，而是整座城市——紐約，或特拉維夫，或耶路撒冷，已灰飛煙滅。

屆時九一一事件將忽然成爲一絲悠邈的回憶。那使世界爲之改觀的事件，在世界再度面目全非時將會成爲過眼雲煙。

我們早已置身於那個新世界，否認它的存在，卻也冀望它的降臨。

「布希總統說九一一事件對美國的攻擊標示了另一種戰爭，」恐怖主義專家勞伯・懷特（Robert Wright）在九一一事件後兩星期於《紐約時報》上寫道。「就某種意義而言，總統這種說法沒錯，但令人毛骨悚然的是就另一種意義而言，這種說法不正確。恐怖分子並未動用核生化武器，而下一次他們很可能就會將之派上用場。未來敵人的一場攻擊或許所殺害的美國本土民眾人數不是六千人，而是六十萬人。」

聖經密碼中的警訊，對「末時」的終極警告，並不是爲了讓我們防範九一一事件。九一一事件或許是讓我們對「末時」有所警覺。

我們愈仔細檢視聖經密碼中的警訊，就可愈清楚看出終極危險就鎖定在二〇〇六年。這個年份明顯地與「原子彈浩劫」及「世界大戰」、「末時」等密載於同一處。

若倒數計時是由二〇〇一年九月十一日開始，則我們尚有五年可以找到救危圖存之道。

再看一眼密載於《聖經》中的內容：「原子彈浩劫」與「在五七六六年」，西元二〇〇六年，密載於同一處。

「世界大戰」亦與「在五七六六年」密載於同一處，又是二〇〇六年。

再聽聽發現聖經密碼的科學家芮普斯博士對「原子彈浩劫」、「世界大戰」、「末時」全與同一個年份，二〇〇六年，密載於同一處，就數學機率而言的說法──「這種情況出於巧合的機率不及十萬分之一。」

然而芮普斯也提供了希望。他注意到在希伯來曆「五七七六年」與「在末時」密載於同一處的經文，正是摩西警告「邪惡將在末時降

○ 世界大戰　　□ 於五七六六年（公元二〇〇六年）

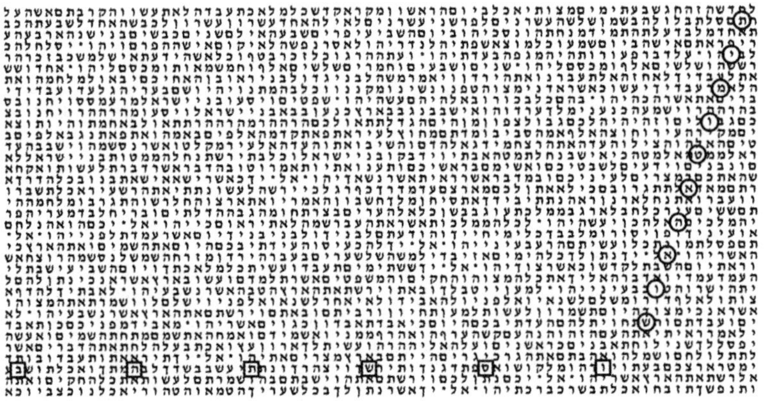

○ 原子彈浩劫　　□ 於五七六六年（公元二〇〇六年）

臨你們身上」（譯按：聖經公會中譯本作：「日後必有禍患臨到你們」《申命記》三一：二九）。

他打開聖經，閱讀《申命記》中的經文，摩西在臨終前交待遺言，並提出兩種選擇，惡之道，及義之道。

「那不是預言，」芮普斯說：「而是警告說依照我們的所做所爲，甚麼是可能發生的。」

那也是我告訴每一位世界領袖的話，只是我未引用《聖經》上的典故。我一再指出，聖經密碼是指出可能性，不是已經注定的事件。我們的所作所爲將決定實際上會發生什麼事。

聖經密碼不是預測我們在二〇〇六年會同歸於盡。那是警告我們在二〇〇六年「可能會」同歸於盡，如果我們不改變我們的未來的話。

我們在此時此地，在地球上的作爲，將決定我們的命運。

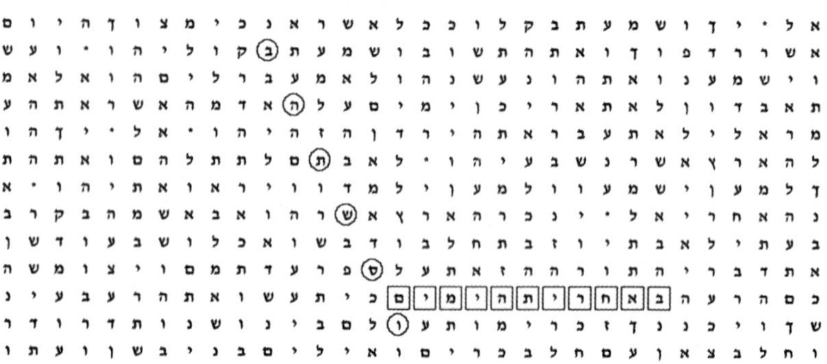

□ 在末時　　○ 在五七六六年／西元二〇〇六年

尾聲

有史以來最偉大的科學家，開現代科學先河的牛頓，很確定不僅是《聖經》，乃至整個宇宙，都是一套「全能的神所設定的密碼」，上帝製造的謎，要我們來破解。

由於牛頓確曾解過這個謎，也比古人及來者都挹注更多心血，或許他言之有理。現代科學尚不足恃。牛頓領悟到我們亦需要古人的智慧才能解開這終極之謎。三百年前牛頓臨終前，將數千份手稿封藏。傑出的經濟學家約翰・凱因斯（John Maynard Keynes）在劍橋大學發現這批手稿時，原以爲會找到牛頓對萬有引力及微基分的摘記。但他反倒找到了上百萬字談論湮佚已久的文明、聖經密碼，及末日浩劫。

「牛頓不是肇始理性時代濫觴的宗師，」凱因斯寫道。「他是末代魔法師，巴比倫文化及蘇美文化的遺民，用相同於建構起我們智能傳承的眼光來看待可見及智性世界的最後一位大師。」

牛頓諒必也想一窺那些鏤刻在金字碑上的文字。

用一種較簡單、較不具宗教色彩的說法，那也是我當記者一貫的信念——所有的謎題都能破解。

我們正在破解聖經密碼時科學家也正在破解基因密碼，我對此並不覺得詫異，就當我們或許即將破解《聖經》中關於我們的眞正起源及終極未來之啓示時，人類也發現了自己的DNA藍圖。

在此同時，哈伯太空望遠鏡也將更能捕捉到宇宙起源、來自理論上的「大霹靂」（Big Bang）那一刻的影像傳回地球。如今有些科學家相信在創造宇宙之初烙印下幾種數學上的陳述，或許僅六個數字就決定了宇宙萬物的形貌。

誠如英國天文學家馬丁・芮斯（Martin Rees）爵士所言，這區區幾個數字或許能解釋「單僅一次『開天闢地事件』如何創造出數十億個銀河系、黑洞、恆星、行星，以及原子如何組合——在地球上，在其他世界中或許亦然——成爲複雜得足以探索自身起源的生物。」

在某些方面，我們有管道可以瞭解。我們在歷經僅六千年的人類文明後，已即將解開那終極之謎。然而眼看答案幾乎就唾手可得，若聖經密碼屬實，我們或許會面臨滅亡。彷彿有某種慈悲的善力要向我們透露一切，而某種獰惡的邪力要在我們能實現自身的命運之前毀滅我們。

無論如何，我們想救亡圖存及窺悉天機，所需要的物品似乎都是埋藏在黎山的「密碼鑰匙」。

各章註解

芮普斯博士的聖經密碼電腦程式，採用的是希伯來文版的標準《聖經》，也就是世人所熟知的「公認經文」（Textus Receptus），本書所引用的密碼研究也是以這個版本爲基礎。我使用的軟體是由芮普斯與他的電腦程式設計師羅登堡博士撰寫的。

現存的摩西五書——希伯來文《聖經》的前五部經書（譯按：即《創世記》、《出埃及記》、《利未記》、《民數記》、《申命記》）——各個版本全都完全一樣，隻字不差，即使錯了一個字母也無法使用。

摩西五書最著名的版本，《耶路撒冷聖經》（*The Jerusalem Bible*，Koren Publishing Co., 1992），包括最受世人認可的舊約英譯本，也是本書引述經文時主要的來源。

若干學者偏愛的譯本，珥葉・卡普蘭（Aryeh Kaplan）拉比的《摩西五書今解》（*The Living Torah*, Maznaim, 1981），我亦參酌採用。

新約引文之出處則大抵是援引《英王欽定版》（*King James Bible*），但我有時也會參考《新國際版》（*New International Version*）這套現代譯本。

本書所引述芮普斯的見解，來自五年來我與他持續不斷的交談，主要是在他位於耶路撒冷的寓所及他在希伯來大學的辦公室，以及數百次的電話訪談。

本書所描述的許多事件是我親眼目睹。其他事件則是以與直接相關者訪談或新聞報導已經證實者爲本。

《聖經》密碼中的名稱與事件使用的是與《聖經》經文同樣的希伯來文，也是當今以色列人使用的希伯來文。人名與地名是採用《希伯來百科全書》（*Hebrew Encyclopedia*）之類的標準參考書。較近期的事件則是採用以色列報紙上使用的希伯來文拼法。

所有密載文字之翻譯皆以頗具權威的阿卡萊希英字典（*R. Alcalay*, Massada, 1990），以及伊文·修山（A. Even-Shoshan）所編纂的未刪節版標準希伯來文字典（Kiryat-Sefer Press, 1985）覈驗過。

密載於《聖經》中的年份是希伯來曆，肇始於聖經時代，比西元早三千七百六十年。目前的年份，二〇〇二年，大約等於希伯來曆的五七六二年。但希伯來曆的新年是依據農曆，由九月或十月開始，至隔年的九月或十月結束。

本書所列舉之聖經密碼表列全都經統計數字證實不是出於巧合。那些統計數字是芮普斯與羅登堡的電腦程式自動核算出來的。電腦採用兩種測試法來比對各字語間符合之程度——出現在同一處的距離多近，以及拼出搜尋字的跳躍碼數是否爲最短的間隔。

每個密碼字語決定電腦要如何呈現《聖經》的經文，會形成什麼樣的縱橫交錯字謎。各字母間原來的順序則不曾更動。

我們不妨以搜尋「末時」做個案研究。這個出自《但以理書》的字語是以間隔七五五一個字母的方式跳躍取碼。故而電腦將整部《聖經》的原始經文——共三十萬四千八百零五個字母——依每七五五一個字母分割成一列，共分四十列。至於列印出來的聖經密碼表列，則只顯示該表列的中央部分。

若「末時」是依間隔一百個字母跳躍取碼，則每列的長度就是一百個字母。若是依間隔一千個字母跳躍取碼，則每列的長度就是一千個字母。無論如何，每一列都是一列一列相疊，原來的順序不曾更動。

三千年前《聖經》就密載成這種形式，故而但以理預言「末時」的話語與摩西預言「在末時」將發生什麼事的經文正好就出現在同一處。而且，三千年前便已密載成這種形式，讓當代世界各國領袖的名字出現在同一處。

書前引述諾貝爾物理學獎得主理查・費曼（Richard Feynman）的談話是出自他於一九六三年四月在華盛頓大學的一場演講稿，後收錄於*The Meaning of It All*(Helix/Addison-Wesley, 1998)。許多人將費曼視爲繼愛因斯坦後最重要的物理學家，他亦指出：「唯一能預測的事是不同事件的可能性」（《隨筆六篇》（*Six Easy Pieces*, Helix, 1995, p.135）。

注疏《聖經》的《猶太法典》亦有類似之說法：「一切都已預見，但也得以自由行動。」近兩千年來古聖先賢不斷爭辯這種明顯的弔詭——如果上帝事先已預見一切，人類如何有自由意志？聖經密碼亦引發同樣的問題，即使不是信徒亦有此疑惑。它的答案似乎就如科學所言——只有可能性，不只有一種未來，而是有許多可能的未來。結局操在我們手中。

1 末日

二〇〇一年的九一一事件是我親眼目睹，細節則以《紐約時報》《時代周刊》（Time）、《新聞周刊》（*Newsweek*）等報章雜誌的報導作佐證。我沒有收看現場實況報導，因爲我所接收的廣播都是由世貿雙塔發送出來的。

我於雙塔倒塌後幾分鐘找出來的聖經密碼表列，芮普斯博士亦以電子郵件將同樣的表列傳送給我，但因電話線路阻塞，隔天我才收到。他身爲數學家，最感到震驚的也是每個人都自然而然會想要去搜尋的三個字語「雙」、「塔」、「飛機」，竟會密載於同一處，其機率爲十萬分之一。在以色列，世貿中心習稱爲「雙塔」。

白宮幕僚長約翰．波德斯塔告訴我，柯林頓總統在西元兩千年七月於大衛營與阿拉法特及巴拉克會晤時，就帶著我的《聖經密碼》第一集。

我與阿拉法特在拉馬拉市會晤的日期是二〇〇一年四月十三日。我與席蒙．裴瑞斯在特拉維夫外交部會晤的日期是二〇〇一年四月二十二日。我與歐姆里．夏隆會晤的日期是二〇〇一年四月十七日，在耶路撒冷的大衛王旅館。我與波德斯塔於西元兩千年十月十六日在白宮見面。

我於二〇〇一年八月三日致函布希總統，我於二〇〇一年九月十日打電話至白宮。我聽說他的幕僚長，安德魯．卡德以及他的國家安全顧問康多麗查．萊絲都收到該函了。

布希總統說「二十一世紀第一場戰爭已經開打」這句話，我是引述《紐約時報》的報導。湯姆・福雷曼那篇標題爲〈第三次世界大戰〉的專欄刊於二〇〇一年九月十三日《紐約時報》。

牛頓探索聖經密碼之事可參閱著名經濟學家約翰・凱因斯的〈牛頓，其人其事〉（Newton, the Man）這篇文章（收錄於*Essays and Sketches in Biography*, Meridian Books, 1956）。理查・威斯佛（Richard S. Westfall）在《牛頓傳》（*The Life of Isaac Newton*, Cambridge University Press, 1993, p.125）中，亦引用牛頓的筆記，並指出牛頓相信「《聖經》在本質上是人類史的預言。」

芮普斯說牛頓無法找到密碼是因爲密碼「封藏直至末時」，他此言是引用《但以理書》十二：四。（譯按：聖經公會中文版此段經文爲「…但以理阿，你要隱藏這話，封閉這書，直到末時…」）

傳說中《聖經》的原始形式是上帝向摩西口述——「一氣呵成，毫不間斷」——這是十三世紀大師納其曼尼茲（Nachmanides）在他的《摩西五書注疏》（*Commentary on the Torah*, Shilo, 1971, Charles Chavel, ed., Vol. I, p.14）中的說法。《聖經》的毫不間斷亦可見於其傳統的捲軸形式，那種捲軸鋪開後就是一張持續不斷的羊皮紙。

原始的《聖經》包括舊約的前五部經書，由《創世記》至《申命記》。猶太人稱之爲「摩西五書」。但我在本書中皆稱之爲《聖經》，其中的密碼就稱爲「聖經密碼」。

芮普斯原先的實驗發表於一九九四年八月號的《統計學》（*Statistical Science*, Vol. 9, no.3），四二九至四三八頁，篇名爲〈創世紀中之等距字母序列〉（Equidistant Letter Sequences in the Book of Genesis）由多倫・魏茨坦（Doran Witztum）、伊利雅胡・芮普斯、亞歷山大・羅登堡聯合執筆。該文指出三十二位生活在聖經時代之後的拉比之生卒年月與聖經密碼吻合，其機率爲百萬分之一。在後來的一系列實驗中，實際的機率爲千萬分之一。

美國國家安全局解碼專家哈洛・甘斯在兩次電話訪談，一九九三年一月及一九九六年十二月，告訴我他自行實驗的結果。

甘斯指出，同時能找到那些拉比的名字與城市名稱密載於同一處的機率是二十萬分之一。

我是於一九九二年六月與當時擔任以色列軍事情報局局長的尤里・沙蓋（Uri Saguy）將軍會晤後，偶然得悉有聖經密碼這回事。

我於一九九二年六月底與芮普斯博士首度在他的耶路撒冷寓所見面。他當晚向我展示的第一次波斯灣戰爭讖語是由他的同事魏茨坦率先發現的。芮普斯證實魏茨坦告訴他攻擊以色列的第一枚飛毛腿飛彈的日期，芮普斯自己亦在第一次波斯灣戰爭爆發前三個星期看到這組密碼。

柴罕・古里與我於一九九四年九月一日在他的耶路撒冷寓所會面。他當晚打電話至拉賓的辦公室，隔天早晨拉賓總理的駕駛取走我那封警告行刺讖語的信函，轉交給拉賓。該函簽署的日期是一九九四年九月一日。

拉賓是於一九九五年十一月四日傍晚在特拉維夫的一場政治集會中遇刺。二十六歲的東正教猶太人伊格・艾密爾（Yigal Amir）連開三槍，兩槍擊中拉賓背部。

摩西五書中提及「末時」的四篇之章節分別爲《創世記》四九：一、《民數記》二四：十四、《申命記》四：三十、及《申命記》三一：二九。「末時」的另一種拼法出現在《但以理書》十二：十三。

柯林頓總統是於二千年七月五日宣布將於大衛營舉行高峰會，阿拉法特與巴拉克於七月十一日開始與他會晤。我寫給柯林頓的函件上簽署的日期爲二千年七月五日。

大衛營高峰會於七月二十五日宣告破裂。艾里爾・夏隆於九月二十八日前往神殿山後，巴勒斯坦人的暴動於九月二十九日爆發。夏隆於二〇〇一年二月六日當選爲以色列總理。

芮普斯於二〇〇一年五月一日證實他使用希伯來大學的電腦執行了兩星期後的最後結果——《聖經》中「末時」的兩種說法與「阿拉法特」、「巴拉克」、「夏隆」、「布希」密載於同一處的機率不到五十萬分之一。

我交給我的律師麥可・甘迺迪的封緘存證信函簽署日期是一九九八年十月六日。

阿拉伯文的「自殺炸彈客」，Shahid，照字面解釋是「烈士」，但以色列人與阿拉伯人都將這個字用來形容採取同歸於盡式的炸彈攻擊之恐怖分子。

芮普斯博士於二〇〇一年五月十七日於一次電話訪談時證實，「世界大戰」、「原子彈浩劫」、「末時」全都與「在五七六六年」（二〇〇六年）出現在同一處的機率不到十萬分之一。「我只隨機尋找了十萬份文稿，沒有一份比這個好。」

2 密碼鑰匙

《出埃及記》二四：十記載摩西「看見以色列的　神、他腳下彷彿有平鋪的藍寶石」。上帝將《聖經》的原始經文書寫在「藍寶石」上的傳說，見於卡普蘭之《摩西五書今解》三七九頁，他是援引一本古代的聖經注疏*Sifri, BeHaAlothekha*,101。另請參閱卡普蘭書四二〇頁。

我與翻譯希伯來文古籍最具威望的譯者亞丁・史坦沙茲（Adin Steinsaltz）拉比於他的耶路撒冷書房中見面，他告訴我，《以賽亞書》四一：二三寫道：「鑑往以知來（要知道未來，你必須回顧以往），」而那句希伯來文亦意指：「將字母倒過來唸。」（譯按：以下為聖經公會中文版相關經文：「可以聲明、指示我們將來必遇的事、說明先前的是甚麼事、好叫我們思索、得知事的結局、或者把將來的事指示我們。」四一：二二「要說明後來的事、好叫我們知道你們是神、你們或降福、或降禍、使我們驚奇、一同觀看。」四一：二三）

一九九八年五月，聖靈降臨節不久，亦即慶祝上帝將摩西五書交予摩西的節日，我與芮普斯在耶路撒冷碰面，並向他展示他的名字（由希伯來文的「藍寶石」倒過來拼）出現在上帝降臨西奈山的那段《聖經》經文中。

芮普斯向我誦讀的維爾納才子（Genius of Vilna）的話語是援引Abraham Rabinowitz的英譯本，*The Jewish Mind* (Hillel Press, 1978, pp.33-34)。

我在Abraham Even-Shoshan所編，厚達四冊，完整翔實的希伯來文字典*The New Dictionary*（Kiryat-Sefer Press, Jerusalem, Israel, 1985）中，總算找到了「金字碑」這個晦澀的希伯來文。這個字的含意在注解《聖經》的古籍《聖經集注》中亦獲得證實。

已有一千七百年歷史的《聖經集注》中，指出「金字碑」「不是人類製造的，而是天國之物」，這一段是引用*Mekhilta According to Rabbi Ishmael, An Analytical Translation*這篇注疏（英譯者爲Jacob Neusner, Scholars Press, Atlanta, GA, 1988）。那篇注疏中亦暗示，金字碑類似人類，「一種男性及女性」。另請參閱Marcus Jastrow所著之*The Book of Words*，其中稱「金字碑」爲「類似人形的洞穴狀岩石」（Judaica Press, New York, 1996, p.460）

芮普斯證實「『密碼鑰匙』兩度與『金字碑之口』交錯的機率是百萬分之一」的那封電子郵件是二〇〇二年一月二日發出。後來，一月六日，在電話交談時，芮普斯告訴我「這是有史以來尋找密碼最微渺的機率。」

「金字碑之口」與「密碼之主」都是出現在《聖經》經文中提及埃及瀕臨紅海的地名處，法老王與他的軍隊在此處追上了想逃出埃及的希伯來奴隸。

不過這兩個地點，其地名在英譯《聖經》中不曾列出過，從來沒有人知道它們的希伯來文之字面含意，那不會是「密碼鑰匙」或「金字碑」的所在地。

摩西是在希伯來人逃離埃及之後，才在西奈山領受《聖經》。故而，聖經密碼的鑰匙當然不會埋藏在埃及。

而且在聖經密碼中亦清楚指出「密碼鑰匙」、「金字碑上的密碼」之所在地——「西訂谷」。

《創世記》十四：三說明：「西訂谷就是鹽海。」最著名的《聖經》注疏家刺許指出，那座山谷曾一度綠意盎然，但許久以前地中海的海水倒灌，形成了死海（請參閱：Rev. M. Rosenbaum與A. M. Silbermann英譯之*Pentateuch with Targum Onkelos, Haphtaroth, and Rashi's Commentary*, Jerusalem, 1929, p.55）。

我與以色列地質學家大衛・尼夫於一九九八年十一月在耶路撒冷他的寓所會面，後來又曾在其他場合見過幾次面。他告訴我，死海目前正處於五千多年來最低水位的時期。尼夫是研究當地的權威，他也告訴我，「西訂」在希伯來文中意指「石灰」，他並認爲覆蓋著石灰岩的黎山半島或許是西訂谷殘留在地表碩果僅存的一處。

我於一九九八年十一月首度前往黎山，一九九九年三月及四月再度走訪，先是與兩位以色列地球物理學學會（Geophysical Institute）的以色列人同行，其次是隨同兩位約旦地球物理學家造謁。西元兩千年二月十六日，與我同行者包括尼夫的一位門生，Yuval Bartov，他是年輕的以色列地質學家，也是研究黎山地區的權威，另一位是Mikhail Rybakov，他是以色列的地球物理學家，隨行者尚有約旦觀光與古文物部的官員。

在此之前兩天，西元兩千年二月十四日，我與該部的部長Akel Biltaji於安曼會晤，他向我保證我們可以獲得必要的許可從事考古探勘。書面的許可證明簽署日期是西元兩千年四月十三日，事實上是由古文物局局長Fawwaz Al-Khraysheh博士親自批准的。

我是純粹依循聖經密碼才會先前往「西訂谷」，然後再走訪死海，最後才找到方圓二十五平方哩的精確所在地黎山半島。密碼明確描述它最北端的頂點，有如手指的陸地延伸入死海，形成一個名爲馬茲拉的海灣，指出那是「密碼鑰匙」所在地。

「黎山如同西訂」出現在《但以理書》一：四，「馬茲拉」則出現在《但以理書》一：三，那一大段經文中的讖文亦描述一根「宮殿中的柱子」上頭書寫著古代的智慧，那或許就是「金字碑」。（譯按：聖經公會中文版之一：四經文請參閱第二章。一：三之中文版經文如下：「王吩咐太監長亞施毗拿、從以色列人的宗室和貴冑中、帶進幾個人來」。）

3 柯林頓

柯林頓總統於一九九八年八月十七日坦承他與莫妮卡・李汶絲姬的「關係」。一九九八年九月二十一日，我以聖經密碼預測柯林頓可以躲過這場桃花劫，投稿《紐約時報》一個專欄。一九九九年二月十二日，美國參議院豁免柯林頓的兩項彈劾案。

我寫給柯林頓的信函簽署日期為西元兩千年七月五日，亦即宣布將舉行大衛營高峰會當天。總統的幕僚長約翰・波德斯塔同意替我將信及拙作《聖經密碼》第一集轉呈給總統後，我於七月七將該函寄出。七月十七日，幕僚長的助理來電表示：「波德斯塔先生已立即將您的相關資料送至大衛營轉呈給總統。」

大衛營高峰會由七月十一日揭開序幕，於七月二十五日宣告破裂。《紐約時報》西元兩千年七月二十六日報導，柯林頓公開譴責阿拉法特，表示巴拉克「比阿拉法特主席更進一步的退讓，尤其在耶路撒冷的相關問題方面。」

我第一封致巴拉克函簽署日期是一九九八年五月十七日，函中預測他會成為總理，我是透過以色列國防部的首席科學家以撒・班以色列將軍轉送此函。一年後的當天，一九九九年五月十七日，巴拉克當選以色列總理。

我於當天再度修書致函巴拉克，委請班以色列及內閣祕書以撒・何索轉交，該函指出密碼中亦預言巴拉克將「於極端危險的時刻」成為以色列領袖，尤其涉及神殿山。

我在致巴拉克函中指出，「他們將攻打神殿山」與「巴拉克總理」密載於同一處，就如同行刺與「伊茲哈克・拉賓」密載於同一處般的清楚。

班以色列於一九九八年五月二十九日在紐約告訴我，巴拉克於拉賓遇害後曾親自調查聖經密碼，他當時擔任內閣閣員。

《紐約時報雜誌》於一九九九年十月三日刊出由Jeffrey Goldberg執筆之特稿，描述西元兩千年的千禧年對神殿山發動攻擊所引發的危險。文中引述哈瑪斯領袖阿密德・亞辛的話說：「這將是以色列的末日。」

我與巴勒斯坦國會領袖阿布・阿拉的會晤時間是西元兩千年八月十三日，地點是他位於拉馬拉的辦公室。

西元兩千年九月二十日，我傳眞給柯林頓的幕僚長波德斯塔：「問題癥結在宗教。聖經密碼或許是解決之道。」他同意於十月十六日在白宮接見我。

約旦河西岸的巴勒斯坦人暴動，於西元兩千年九月二十九日在神殿山做完星期五祈禱後爆發。依據《紐約時報》、以色列媒體、ＣＮＮ等之報導，四名投擲石塊的年輕人於清眞寺遭以色列士兵射殺。事發之前一天，九月二十八日，以色列右翼領袖艾里爾・夏隆率領一千名鎭暴警察與士兵登上神殿山，引爆了巴勒斯坦暴動。

我與巴拉克的姊夫多蘭・柯翰於西元兩千年十月十二日在他的特拉維夫法律事務所會晤，我交給他一封致巴拉克的信函。我們正在晤談時他收到訊息，有兩名以色列士兵在拉馬拉的警察局遭到凌遲。我對那場凌遲的描述是依據ＣＮＮ及ＢＢＣ的報導影片。

我與納比爾・夏阿斯於西元兩千年十月十日於加薩會晤，交給他一封致阿拉法特函。兩天後，我們會面之處遭到以色列直昇機發射的飛彈摧毀。

西元兩千年十月十六日，我與柯林頓的幕僚長波德斯塔在白宮會晤。他告訴我，他已經與柯林頓總統談過聖經密碼之事，並說他會再向總統提一次。

波德斯塔告訴我，他對聖經密碼是寧可信其有，並說：「柯林頓也是虔誠的教徒。」他答應要安排我晉見總統，但在柯林頓任內紛紛擾擾的最後幾個月間一直未能兌現。

4 它存在

在希伯來文中，半島的名稱「黎山」亦指「語言」。故而，與「聖經密碼」這幾個字平行的那組完整密碼矩陣有兩種不同的含意：「它存在於黎山」，以及「它存在於人類的語言中」。

我於西元兩千年七月十一日將這新發現向芮普斯博士透露。我的發現是源自於他的電腦程式設計師亞歷山大・羅登堡博士稍早的發現，羅登堡博士找到拼寫完整的「聖經密碼」這幾個字，跳躍的間隔很短，機率是五千分之一。

實際密載的字語是「摩西五書密碼」（Torah code）這幾個字，不過我在本書中提起時一律通稱為一般人較熟知的「聖經密碼」。

我於二〇〇一年四月五日與芮普斯在以色列會面，我們一起發現「聖經密碼」與「字典」交錯，「黎山/語言」在那段經文處出現了兩次。芮普斯發現《聖經》中最直接涉及「語言」的兩處經文，《創世記》十：五與《創世記》十一：六，就出現在那份表列中（譯按：在內文中作者引用的是十一：七。十一：六經文如下：「耶和華說、看哪、他們成為一樣的人民、都是一樣的言語、如今既作起這事來、以後他們所要作的事、就沒有不成就的了」）。

羅塞達石碑是一七九九年於埃及北方尼羅河口附近的一座小鎮發現的。那塊石碑上有埃及象形文字與希臘文對照的碑文，使得古代埃及的象形文字得以解密。

許多學者認爲有一種全人類共通的原始語言。達爾文於一八七一年說「人類有說話的本能」（*Descent of Man*, John Murry, London）。語言學家Noam Chomsky於四十多年前率先指出語言有基因上的根源。請參閱*Language 35*, pp. 26-58(1959)。另請參閱Luigi Luca Cavallisforza所著之*Genes, Peoples, and Languages*(New York: North Point Press, 2000)。

芮普斯聲稱希伯來文是原始語言，他是援引最著名的《聖經》注疏大師刺許的論點，刺許則引述《創世記》十一：一——「那時、天下人的口音言語、都是一樣。」——並謂那是「聖語（希伯來語）」。請參閱*Pentateuch with Targum Onkelos, Haphtaroth, and Rashi's Commentary*，另請參閱上書四四頁。

《紐約時報》關於已發現一種「語言基因」的報導是刊載於二〇〇一年十月四日，該文乃引述Anthony P. Monaco博士於*Nature*雜誌上的文章。

沒有人知道語言是如何或何時開始的。有些科學家聲稱在數百萬年前的原人頭顱中找到語言的證據，然而其他科學家，例如史丹福大學考古學家Richard Klein則駁斥在距今僅五萬年前有一種獨特的基因改變形成了現代人類的頭腦，也因而使我們具有語言能力。這是依據Chomsky於一九五九年提出的理論，謂頭腦的神經網絡中蘊藏著一種語言專用的器官。

《紐約時報》於二〇〇二年八月十五日的另一篇報導中，引述Max Planck Institute之Svante Paabo博士的論點，謂一項關於人類與黑猩猩的研究顯示，語言的演化只是距今十萬年間的事。Paabo的論文刊載於*Nature*雜誌。

在聖經密碼中，「語言基因」與「上帝的基因」交錯，在該處之經文寫道：「那地在耶和華未滅所多瑪、蛾摩拉以先，如同耶和華的園子」（《創世記》十三：十）。在希伯來文中，「語言基因」亦指「黎山的園子」，而「上帝的基因」亦指「上帝的園子」。

約旦的報紙*Al-Arab Al-Yawm*於二〇〇一年一月九日於頭版刊載一篇文章抨擊我基金會的考古之行。

該報那篇文章所言幾乎全係一派胡言，但基本訊息很明確：「爲什麼一個猶太人的基金會能獲准在約旦的領土上挖掘猶太人的古文物？」

我於一月二十四日與美國駐安曼大使威廉・邦斯晤談，他送我一份上述那篇報導的翻譯，隨後我於二〇〇一年一月二十八日再度與他晤談。

5　阿拉法特

我那封二〇〇一年四月十二日的致阿拉法特函是當天午夜由專人前來耶路撒冷的American Colony Hotel領取。

阿拉法特的幕僚長阿布・盧坦尼於二〇〇一年四月十三日凌晨一點十五分打電話給我，要求我當天晚上去拜會阿拉法特。

我與阿拉法特於四月十三日晚上九點，在他位於拉馬拉的高牆專區內會面。在場人士包括他的首席談判代表薩伊布・伊雷卡特，他擔任我們的口譯；阿布・盧坦尼亦在場。

《紐約時報》於西元兩千年七月二十三日報導，阿拉法特告訴柯林頓他耽心若他放棄了耶路撒冷，恐遭不測。

阿拉法特的外交部長納比爾・夏阿斯於西元兩千年十二月二十六日在電話訪談中告訴我，阿拉法特相信回教的基本教義——「我們的命運是定數，我們不會多活一天，或少活一天。」

我在二〇〇一年四月十三日與阿拉法特會面當天早晨，先前往芮普斯的寓所拜會他。芮普斯並未勸阻我去會見阿拉法特，但確曾將阿拉法特與希特勒及海珊相提並論。

阿拉法特提到「穆罕默德說我們有一千年，但沒有兩千年，」他所言是一種回教傳統，不是記載於《可蘭經》中，而是在Hadith這本《可蘭經》的注疏中。依回教的曆法，西元二〇〇一年相當於回曆一四二二年，已較穆罕默德所言我們能存活的一千年多出四百餘年。《可蘭經》中記載，人類無法知道末日的時刻。

「阿拉法特」這個名字就密載於聖經識文中「在末時」的下方，與現代以色列報紙的拼法完全一樣。

在同一份密碼表列中，以色列領袖「巴拉克」、「夏隆」、美國總統「布希」全都出現在聖經密碼中，他們的名字與以色列媒體的拼法亦完全相同。

我與阿拉法特會晤當天，二〇〇一年四月十三日，星期五，基督徒、猶太教徒、回教徒全都齊聚在耶路撒冷的古城中——基督徒是紀念耶穌受難日，並在苦路（Via Dolorosa）上重演釘十架那一幕；猶太教徒則是在逾越節倒數第二天前往哭牆誦經，那面哭牆是古神殿的遺蹟；回教徒則是前往神殿山上的清眞寺從事安息日祈禱。

三大宗教的聖日全在同一天，只彰顯了已持續數千年的宗教衝突，及爲了爭取耶路撒冷而迄今兵連禍結。

6 鋼櫃

「鋼」與「密碼鑰匙」同時出現於摩西五書中，使用的是希伯來文，「鐵」則是與「今日的鑰匙」同時出現在《但以理書》，使用的是阿拉姆語（Aramaic）。阿拉姆語是古代閃族的語言，與希伯來文相當類似，《但以理書》有一半是用這種語言寫成的。

「鐵爐」出現在《申命記》四：二十（譯按：該節經文如下：「耶和華將你們從埃及領出來脫離鐵爐、要特作自己產業的子民、像今日一樣。」），據信那篇經文已有三千年歷史。希伯來文的「鋼」這個字出現在舊約較後一部經書中，描述一位較籍籍無名的先知，《那鴻書》二：四——「雙輪戰車閃著鋼的光。」《那鴻書》是摩西五書完成將近一千年後所撰。（譯按：上引係由本書英文版直譯，聖經公會中文版中則沒有「鋼」字，該節經文如下：「車輛在街上〔或作城外〕急行、在寬闊處奔來奔去、形狀如火把、飛跑如閃電」）。

「這是解決之道」，古代的先知約瑟這席話在《創世記》四十：十二及四十：十八兩度出現。（譯按：「約瑟對他說、他所作的夢是這樣解、三根枝子就是三天」四十：十二、「約瑟說、你的夢是這樣解、三個筐子就是三天」四十：十八）。第一段經文與「鋼櫃」交錯，第二段經文與「鐵櫃」交錯。兩段經文在讖文中都與半島的名稱，「黎山」，重疊。

我與芮普斯是於田納西州的納虛維爾會面，他於西元兩千年一月前往當地的梵達比大學擔任客座教授。

《出埃及記》三五：三三的經文描述的是製造活動式聖幕的工匠，那段經文的希伯來文亦可譯成「鍛鐵，電腦的全部工作。」（譯按：該節經文如下：「又能刻寶石、可以鑲嵌、能雕刻木頭、能作各樣的巧工」）。

《約書亞記》中兩段提到「鐵製交通工具」的經文是十七：十六與十七：十八。這兩節經文都出現在密載「金字碑的遺址」處。（譯按：相關經文如下：「約瑟的子孫說、那山地容不下我們、並且住平原的迦南人、就是住伯善和屬伯善的鎮市、並住耶斯列平原的人、都有鐵車」十七：十六、「山地也要歸你、雖是樹林你也可以砍伐、靠近之地、必歸你．迦南人雖有鐵車、雖是強盛、你也能把他們趕出去」十七：十八）。

我於西元兩千年二月十六日與古文物局的一位約旦考古學家，Fawzi Zayadin博士同行，再度回到黎山，他對鐵器或鋼器能否留存數千年提出質疑。一位與我們同行的以色列地球物理學家Mikhail Rybakov說，即使那件物品仍能倖存，若它已銹蝕，磁力計亦偵測不到。

我於西元兩千年二月二十五日以電話向麻省理工的隆納・拉坦尼玄教授請益。拉坦尼玄是銹蝕學權威，他證實了鐵器或鋼器在含鹽量高的環境中，無論是在地下或在海水中，都可能保存數千年。

「當水中含鹽量達百分之三十五時，含氧量開始急遽下降，」拉坦尼玄說。「沒有氧，就不會生銹。」

這證實了以色列地質學家大衛・尼夫幾年前告訴我的說法。我於西元兩千年三月六日再訪尼夫，他是研究死海地區的權威，他也證實了死海的含鹽量高於百分之三十五。

尼夫亦告訴我，他曾見過在死海挖掘鹽礦的工程師刻意將鐵管泡在海水中，藉此避免銹蝕。

麻省理工的拉坦尼玄亦向我證實一位美國中央情報局的科學家的說法——中東地區的古代鋼器可能比現代鋼器更能抗銹蝕。

拉坦尼玄說，製鋼的方式，及摻雜了何種混合物，會決定鋼能保存多久，他並說古代的鋼劍「比現代鋼器更能抗銹蝕」。

希伯來文的磁力計有兩種寫法。較常用的拼法意指「測量磁性的儀器」。另一種拼法意指「引力偵測器」。第二種拼法與「鐵」密載於同一處，就在「鐵」上方的經文中，另一種拼法密載於「偵測器」唯一一次未跳躍取碼出現在《聖經》中的經文處。

那種儀器可以感應到地下或水中的任何鐵質物品，能感應到之深度則主要是依該物品之大小決定。

若能找到古代的鋼製物品，使用一種新近發現，鮮爲人知的方式有可能精確地估算其年代。耶魯大學的地球物理學家Carl Turekien博士於一九九九年六月一日告訴我，他與他的博士班學生Nikolass VanderMurray——如今已是哈佛大學教授——發現碳十四可以推算十九世紀前所有的鐵製及鋼製物品的年代。現代製鋼業者採用煤，那不含放射性碳，故而無法推算年代。然而早期的鋼器全都是以樹木的木炭製造，植物性物質可以推算年代。

以色列地質學家Gidon Baer的報告，〈全球最低點正在下陷〉，發表於西元兩千年十一月號的以色列*Geological Survey*雜誌。文中表示我尋找的確切地點，黎山半島的新生地，正快速下陷。

西元兩千年十月五日，我飛往約旦的安曼，再度與美國大使威廉・邦斯見面。當時是新一波的巴勒斯坦暴動發生的第一個星期，我抵達時美國大使館遭兩萬名憤怒的示威者包圍。我與邦斯於十月八日見面，當天也拜會了約旦的副總理Saleh Rusheidat。

7 夏隆

我與夏隆總理的兒子歐姆里・夏隆是於二〇〇一年四月十七日在耶路撒冷的大衛王旅館見面。

前一天晚上，加薩地區發射的迫擊砲攻擊以色列，擊中通往夏隆總理農場的道路。以色列坦克及武裝直昇機立刻反擊，入侵加薩，以色列報紙《哈拉茲報》、《耶路撒冷郵報》、《國際前鋒論壇報》對此皆有報導。

所有的以色列媒體於四月十六日都報導歐姆里於一個星期前密訪阿拉法特，披露了他在我於四月十三日會晤阿拉法特之前兩天曾與阿拉法特見面。

夏隆於二〇〇一年二月六日當選總理，依希伯來曆是五七六一年的五月。我在此之前幾個月便已發現這個日期與「夏隆」密載於同一處，當時以色列人咸認爲前任總理班傑明・納坦雅胡將成爲以色列右翼的Likud黨候選人，並贏得勝選。

夏隆於選前談及不可能議和的那席話是引述Jeffrey Goldberg執筆之Arafat's Gift，原刊於二〇〇一年一月二十九日的《紐約客》雜誌，第五十七至六十七頁。

我請歐姆里轉交給總理的信函簽署日期是二〇〇一年四月十七日。

我於二〇〇一年四月一日與國防部首席科學家以撒・班以色列將軍在國防部晤談，四月十二日與他於特拉維夫的以色列軍事總部再度會面。他打電話給密爾・大千將軍，大千曾於納坦雅胡政府中擔任反情報部門首長，不過卻是除了歐姆里之外夏隆最親信的心腹。

我於二〇〇一年四月四日與大干將軍在他位於以色列北部的羅盧平納寓所會面。西元兩千年十一月二十三日刊出的《耶路撒冷郵報》曾引述他在耶路撒冷一場反和平集會中的談話說「送亞瑟．阿拉法特回突尼西亞的時候到了」。

大干告訴我，他曾讀過一九九七年以希伯來文出版的拙作《聖經密碼》第一集，並表示他對密碼的警訊愼重其事看待。

我將簽署日期爲二〇〇一年四月四日那封致總理函交給大干，他承諾會轉交給夏隆。但待他們於四月十六日終於見面時，以色列正遭逢危機，總理只想談迫擊砲攻擊他的農場附近之後，以及以色列軍機深入黎巴嫩攻擊敘利亞雷達站之後，他入侵加薩的計畫。

「我看到他了，」大干在隔天早晨告訴我：「但我未將你的信轉交給他。我認爲在危機期間那是不智之舉，也未對密碼做任何解釋。」

我隨後於二〇〇一年十二月四日在耶路撒冷與大干會面。他甫奉命率領以色列代表團，在美國特使安東尼．金尼將軍居間斡旋下，與巴勒斯坦人進行停火談判。

大干再度承諾會替我在夏隆面前代爲說項，但以色列再度陷入危機，幾天來三場嚴重的自殺炸彈攻擊事件已使二十五名以色列人喪生。

二〇〇二年九月十一日《哈拉茲報》報導，二〇〇二年九月十日，夏隆任命大干爲莫薩德首長。

我與以色列外長席蒙・裴瑞斯於二〇〇一年四月二十二日在特拉維夫他的辦公室會晤。我上一次與裴瑞斯見面是一九九六年一月二十六日，當時他擔任以色列總理。

在全世界，以及在以色列，裴瑞斯都被視爲是功敗垂成的奧斯陸和平協議的推手，然而他也曾經負責在Dimona一處祕密基地研發以色列的核武，他也深諳核子恐怖攻擊事件的威脅。我於一九九六年與他會晤後三天，他仍任總理時，在我首度告訴他聖經密碼警告將有一場「原子彈浩劫」後，裴瑞斯在一場演說中表示世界所面臨的最嚴重危險是核子武器將「落入不負責任的國家手中，由狂熱份子扛在肩上。」二〇〇二年九月十三日，裴瑞斯在白宮參加一場會議後預言，在五至十年內中東將成爲「不是和平就是核武。」

8　生命密碼

我於一九九八年十月二十七日以電話訪問法蘭西斯・克里克。他當時在加州聖地牙哥的沙克研究所辦公室內。克里克於一九六二年與James Watson因爲發現了DNA的結構而同時獲頒諾貝爾獎。

克里克博士在天文學家卡爾・沙崗主編的*Icarus*這份科學雜誌一九七三年七月號第十九期三百四十一至四十六頁，首度發表他的「有機體是另一個星球上的智慧生物刻意運送到地球來的」這套理論。他稱他的理論爲「有計畫的星際繁殖」。

克里克在我們的訪談中及在他的那篇文章中，都否決了ＤＮＡ是由隕石帶到地球來的之相關理論，並堅稱「另一個星球上的先進科技社會」經由一艘「太空船」，「將一種原始的生命形態刻意安置於地球上。」

我與芮普斯博士於一九九八年十一月二十七日在他的耶路撒冷寓所見面，距離克里克證實聖經密碼所言「ＤＮＡ是由一部交通工具帶過來的」正好一個月整。

芮普斯同意聖經密碼與生命密碼可能擁有相同的螺旋狀結構，兩道螺旋體相互交纏，他並向我展示一份他許久前找到的密碼表列，其中「上帝的審判」與「上帝的慈悲」交纏。

要將這種聖經密碼的結構眞實地展現在平面的書頁中或電腦螢幕上不大可能，因爲那是一種三度空間的圓柱形。就如芮普斯的解釋，那就像將一張地圖攤開而不是用地球儀展示。

克里克對「有計畫的星際繁殖」這套理論的進一步闡述是引述自他的著作*Life Itself*（Simon & Schuster, New York, 1981）。

克里克在那本書中說明：「基因密碼是一部小字典，將四個字母的核酸語言與二十個字母的蛋白質語言連結」（第一七一頁）。

更新而且更完整的解釋可見於麥特・里德雷所著之《二十三對染色體》（*Genome*），書中論及最近才解密的人類藍圖之故事（Harper Collins, New York, 2000）。該書亦將基因密碼稱爲一種「語言」。

許多古代開天闢地的神話中都提及利用字語使萬物由無到有，萬物都是在命名後便創造出來了，這頗値得玩味，現知蘇美人的作品爲這類神話的濫觴。

就如芮普斯告訴我的，猶太教將這一點說得更是明確：「摩西五書在這個世界之前出現——上帝先創造摩西五書，然後據此創造宇宙。」那些字母、語言，再度成爲創造天地的藍圖。

9 入侵

二〇〇二年三月二十九日以色列的坦克入侵拉馬拉，橫掃阿拉法特位於西岸這座城市的所在地，《紐約時報》、《國際前鋒論壇報》，及以色列的《哈拉茲報》對此事皆有報導。我在本書所述亦參考CNN及BBC對這次圍城事件的報導。

以色列的進犯，佔領約旦河西岸各大城市，隨之而來的是層出不窮的自殺炸彈攻擊，於三月二十七日達到最高峰，當天在沿岸的尼塔亞鎮一家旅館內舉行的逾越節宴會中，發生一樁恐怖攻擊事件，造成十九人罹難，上百人受傷。

以色列這場軍事行動的名稱，「防禦牆」，密載於《聖經》中的拼法與以色列媒體所使用的完全相同，戰火最熾烈的兩座城市名稱，「綑寧」及那不勒斯的「卡虛巴」區，名稱亦一如報載。

我無法與歐姆里．夏隆聯繫上，他與成千上萬名以色列人一樣奉召擔任軍事勤務。不過我於二〇〇二年四月一日在特拉維夫再度與大干將軍見面，並向他展示聖經密碼中對當前戰事精確得令人刮目相看的預言。大干告訴我，他已經將我們上回見面時我交給他的信轉呈給夏隆總理，但我又給他一封致夏隆的新信函，簽署日期是四月一日。

夏隆的幕僚長尤里・尚尼在大干的催促下同意與我見面，當時他正在夏隆總理與前來以色列協商停火事宜的美國國務卿柯林・鮑爾間往來奔走。

我與阿拉法特的首席和談代表薩伊布・伊雷卡特是於二〇〇二年四月六日在耶律哥見面，那是唯一未遭以色列佔領的約旦河西岸大城。我交給他另一封致阿拉法特函，簽署日期是四月六日。

此處所援引的湯姆・福雷曼在《紐約時報》之專欄——論及「大規模毀滅性武器」或許會「使以色列由地圖上消失」——刊載於二〇〇二年三月十日。

我與遭刺殺的故總理之女達莉亞・拉賓的會晤是於二〇〇一年十二月三日我上一趟以色列之行期間，地點在以色列國會。當天，夏隆發動了自從一九九三年拉賓與阿拉法特在奧斯陸協議握手言和後對西岸與加薩最大規模的攻擊行動，此為三月份攻擊行動之前奏。

達莉亞・拉賓於二〇〇二年七月表示夏隆已背離了媾和的努力，故而掛冠辭去副國防部長一職。

我與游西・庫柏瓦瑟將軍於二〇〇二年四月十五日在特拉維夫的以色列軍事總部見面。

我告訴擔任情報分析部門首長的庫柏瓦瑟，《聖經》中密載著一處與賓拉登有關的恐怖分子可能的基地。雖然密碼中將該處地點註明得非常明確，我基於安全考量並未在本書中將之列出。

二〇〇二年九月四日夏隆總理在以色列電視上說：「利比亞正成爲比我們想像或許更危險的國家。利比亞或許是第一個擁有大規模毀滅性武器的阿拉伯國家。」

我不知道那是否因爲我向庫柏瓦瑟將軍所提出的聖經密碼之警訊終於上達總理，不過那至少證實了密碼中一貫的警訊所言不虛。

我與負責處理核生化武器之恐怖攻擊威脅的以色列內閣閣員丹・莫里鐸會面時間是二〇〇二年四月十九日，地點是他在耶路撒冷的辦公室。

莫里鐸對於二〇〇一年九一一事件的聲明——「不幸的是，這場攻擊只是開始」——是引用二〇〇一年十月二十二日《哈拉茲報》的報導。

以色列國防部長班傑明・班伊利哲於二〇〇二年一月在「和平與安全會議」中提及「大約二〇〇五年，伊朗將擁有核武能力」，我引用的是二〇〇二年一月十一日《哈拉茲報》報的報導。

美國中央情報局估計伊拉克將於二〇〇七年即可製造一枚核子武器，我引用的是二〇〇二年九月八日《紐約時報》的報導。

尤里・尚尼於二〇〇二年四月十八日辭去夏隆的幕僚長乙職，使我能立刻與夏隆總理見面的機會落空。

一九六七年的戰爭之後，當時的總理李維．伊虛科爾向年輕的夏隆將軍所說的一席話——「阿拉伯人還是會在此地。」我引用的是Michael Oren所著之*Six Days of War*（Oxford University Press, New York, 2002）。

依官方說法，於一九六七年的戰爭後以色列僅「兼併」東耶路撒冷及北方的戈蘭高地，不過以色列在當時也佔領了約旦河西岸及加薩。二〇〇二年三月，以色列自一九九三年的和平協議後首度重新佔領西岸，於二〇〇二年六月再度入侵這片領域。

依據二〇〇二年九月十七日《紐約時報》的報導，截至二〇〇二年九月止，在巴勒斯坦人的暴動兩年後，至少有一千七百九十名巴勒斯坦人及六百零九名以色列人喪生。

我於二〇〇二年九月在本書即將送交出版社之前，透過夏隆總理的兒子歐姆里最後一次試圖與他聯繫，我傳送一封電子郵件給歐姆里：

「歐姆里：你問起，能有何成果？我的答覆，以色列得以存活。」

10 外星生物

「尋找外星智慧生物」（簡稱SETI），於一九九二年開始由外太空尋找無線電訊號，原本是美國政府的企畫，後來成爲私人贊助的活動。

一九九九年，美國航空暨太空總署（簡稱NASA）任命諾貝爾獎得主Baruch Blumberg博士主持該署新成立的太空生物研究所，其目標是偵測地球以外的生命。依據二〇〇二年六月四日《紐約時報》報導，NASA於二〇〇二年六月宣布將發射太空船探勘宇宙的外星生命。《紐約時報》那篇報導中亦指出，如今已有八十五顆已知的行星環繞其他恆星運行。

在我們的太陽系外首度發現兩顆行星時，《時代》雜誌曾於一九九六年二月五日刊載一篇封面故事：「外面有人嗎？」文中報導：「兩位美國天文學家已在我們的太陽系外發現兩顆行星，其上之狀況或許適合生物居住。」

澳洲物理學家保爾・戴維斯在他的著作《我們可是星際孤旅？》中提到，發現外星生物的無線電訊號，無法立刻進行與我們的文明間之對話：「距我們一百光年的外星生物所傳來的訊息，要花一百年才能到達地球，」戴維斯說，他認爲此事只有待地球的文明跨越某種高階的門檻方能實現」（同前書）。

卡爾・沙崗所言，宇宙中其他智慧生命或許遠較我們更早就演化，也因而更進步，他們的科技或許「在我們看來像奇蹟」，請參閱他的著作*Pale Blue Dot*（Random House, 1994, p.352）。《二〇〇一：太空漫遊》的作者Arthur C. Clark所見略同：「任何高科技都與魔法難以區隔，」參見*Profiles of the Future*（Holt Rinehart & Winston, 1984）。

「兩輪戰車的異象」引用的是《以西結書》一：四－五的經文《但以理書》七：九－十亦有類似的內容，描述「古時候」搭著噴火的「寶座」降落地球：「冒出一股洶湧的長河，由他面前展開。」（譯按：聖經公會中文版此兩節經文如下：「我觀看、見有寶座設立、上頭坐著亙古常在者、他的衣服潔白如雪、頭髮如純淨的羊毛、寶座乃火焰、其輪乃烈火」七：九、「從他面前有火像河發出、事奉他的有千千、在他面前侍立的有萬萬・他坐著要行審判、案卷都展開了」七：十）。

11 布希

我於二〇〇一年八月三日的致布希總統函，是由他的幕僚長安德魯・卡德於八月七日在白宮收訖，依據他的助理長Josephine Robinson的說法，卡德將一份複本轉交給總統的國家安全顧問康多麗查・萊絲。二〇〇一年九月十日，我去電詢問，布希總統由德州渡假回來後是否已收到那封信函，Robinson小姐告訴我：「該函已由本處兩位最高階人士閱讀過。但他們決定不要將之轉呈總統。」

《時代》雜誌於二〇〇二年五月二十七日報導，美國中央情報局於二〇〇一年八月六日告訴總統，賓拉登的徒眾或許會劫機，在此之前一個月，一份未能上達布希總統的美國聯邦調查局報告中警告，賓拉登或許正在派地下工作人員前往美國的飛行學校受訓。

劫機犯的第二十名涉嫌人Zacarias Moussaoui於二〇〇一年八月十六日遭逮捕，但是依據《時代》雜誌報導，美國聯邦調查局未能於他的電腦內找出關鍵的線索，亦即九一一攻擊事件的首腦名字穆罕默德・阿塔。

二〇〇二年八月二十八日，《紐約時報》報導，有一份機密的參議院報告中認為，政府「於九一一攻擊前其實已掌握了該事件的詳細計畫。」《華盛頓郵報》於二〇〇二年六月二十日報導，國家安全局於二〇〇一年九月十日截獲一則訊息，註明「明天是零時（攻擊發起日）」，但這則阿拉伯文的訊息直到九月十二日才迻譯出來。

我於二〇〇一年十月一日寄出第二封致布希總統函，委請安德魯·卡德及康多麗查·萊絲轉呈，函中指出九一一攻擊事件在三千年前即已密載於《聖經》中，我並再度提出警告，依據密碼，第三次世界大戰或許會在布希仍在任內時爆發。此函如石沉大海，雖然布希自己也相信「九一一事件證實了上帝挑選他有特殊目的，並向他展示此目的為何，」此段引述文句是依據二〇〇二年三月二十三日《紐約時報》所刊載比爾·凱勒的專欄。《紐約時報》於二〇〇一年九月二十二日亦登出一篇大同小異的報導，指出布希在白宮告訴宗教界領袖，他已「遭逢他存在的原因」——九一一。

我對布希與高爾兩人在西元兩千年十一月七日選舉日當晚的談話之描述，是依據NBC、ABC、CBS等之轉播，以及隔天《紐約時報》之報導。

美國最高法院於西元兩千年十二月十二日決定終止佛羅里達州的重新計票，宣布布希當選，此事當時經各電子媒體實況轉播，《紐約時報》亦有報導。

美國聯邦調查局於九一一後找到的穆罕默德·阿塔手稿中，清楚表明他相信自己是在替天行道。「神，我信任您，」他以阿拉伯文寫道：「神，我將自己交付您手中。」阿塔並帶領其他劫機者在登機時祈禱：「噢，神啊，請爲我開啓所有的門。」

聖經密碼中指明中東有一處恐怖分子可能的基地，那處地名與「賓拉登」的兩種希伯來文拼法全都交錯，出於巧合的機率微乎其微，密碼中並將該地點稱爲他的「陸軍總部」。同一個地點與「原子武器」、「原子彈浩劫」、「化武攻擊」、「下一場戰爭」全都密載於同一處。我將相關資料送交美國與以色列的情報局高級官員。以色列的情報單位官員對此愼重其事，但我看不出美國官員有何反應。

我也向以色列及美國提出警告，利比亞，或一項「利比亞的武器」，或許會由恐怖分子用來進行某種終極攻擊。以色列報紙《哈拉茲報》於二〇〇二年五月二十二日報導，「利比亞處心積慮想獲取核子武器，這令以色列及美國官員漸感憂心。兩國於上星期在華府展開戰略會談時，曾就利比亞的威脅提出討論。」

我不知道是我依據聖經密碼所提出的警訊導致對利比亞賦與新的關注，或者以色列與美國所見不謀而合，獲致同樣結論。

我於二〇〇二年二月十九日曾設法聯絡美國副國防部長Paul Wolfowitz，他與以色列情報單位關係匪淺。我在傳眞函中指出：「那處基地，若確實存在，或許與賓拉登有所關連，或許也是美國及以色列危險的根源。」Wolfowitz透過他的助理Linton Wells於三月十九日回函，並拒絕與我會面。

我致函美國國務卿柯林．鮑爾，簽署日期是二〇〇一年五月十九日，我在函中告訴他我四月間甫與阿拉法特及裴瑞斯會晤。「即使您無法相信《聖經》有一套可以預言未來的密碼，」我在致鮑爾函中寫道：「我們見個面或許仍有其重要性，因爲阿拉法特顯然深信不疑。」鮑爾沒有回函。

副總統錢尼關於「美國幾乎可以肯定會遭到一種新的恐怖攻擊」的說法——問題不是會不會，而是何時——我引用的是二〇〇二年五月二十日《紐約時報》的報導。他於五月十九在NBC的Meet the Press節目中也有同樣的論點。

國防部長唐諾・倫斯裴關於恐怖分子將取得大規模毀滅性武器的說法，是於二〇〇二年五月二十一日在參議院一場撥款委員會的聽證中提出。倫斯裴於隔天接受PBS公視訪問時再重申他的警告：「他們會樂於殘害成千上萬無辜男女老幼，將飛機撞向大樓。我們知道他們一旦擁有大規模毀滅性武器，會毫不遲疑地將之派上用場。」

國土安全局局長Tom Ridge於二〇〇二年九月六日《紐約時報》的專訪中說：「我們此刻，在可預見的未來亦然，都是一場或多場恐怖攻擊的目標。」

聯邦調查局局長勞伯・慕勒關於未來恐怖分子的攻擊事件是「在所難免」、「我們將無法遏止」的說法，我引用的是二〇〇二年五月二十一日的《紐約時報》。慕勒顯然原本並不知道他對一場執法會議的談話會公諸於世。依據二〇〇二年五月三十日的《紐約時報》報導，慕勒於五月二十九日坦承，若能在九一一事件之前將政府所蒐集到的零星情報加以彙整，九一一攻擊事件或許可以消弭於無形。

12 英雄之旅

約瑟夫・坎貝爾所言的古典「英雄之旅」，是引用他的作品《千面英雄》（*The Hero with a Thousand Faces*,Princeton University Press, 1968），第三十頁。坎貝爾所言，歷經千辛萬苦、冒險犯難贏得的神力，「到頭來才發現原來一直都存在於英雄的內心中」，這段話出現於該書第三十九頁。

摩西臨終前對以色列人的遺言出現在《申命記》三十：十一—十四。

芮普斯博士所言，「金字碑」與「密碼鑰匙」始終密載於同一處，絕非巧合，但那不能證明那些物品存在於這個世界上，這段話是我於西元兩千年元月與他見面時他所表達的看法，我們幾年來屢有類似的討論。

芮普斯謂《聖經》的經文中曾明白提及有整部摩西五書的複本刻在石版上，以及古代的經書注疏中曾說那事實上是以七十種不同的文字刻在石版上，以供全球各國使用。

「故而你所謂的『金字碑』可能存在，這並非無稽之談，」芮普斯說：「當然，如果你找到了，我會欣喜若狂。」

法老王替約瑟重新取名爲「撒發那忒巴內亞」的故事——這名字在希伯來文中意指「密碼的解碼者」——出現在《創世記》四一：四五。約瑟兩度預言未來時所言的「這是解決之道」，出現在《創世記》四十：十二及四十：十八，「黎山」半島的名字兩度與他的話重疊。

芮普斯謂密碼「來自一種智慧生物，不僅更高級，也不同類，」這段話是我於一九九九年三月逾越節前不久與他會面時他提起的。在那次會面期間，芮普斯告訴我對編碼者而言，過去、現在、未來全無區別。

愛因斯坦的類似說法——「過去、現在、未來之分野，無論如何執著，終究只是虛妄」——出現在他寫給一位物理界同事也是終身友人Michele Besso的遺孀之信函中，發函日期是一九五五年三月二十一日（愛因斯坦檔案七之二四五號，收錄於*The Quotable Einstein*, Princeton University Press, 1966）第六十一頁。

我於一九九〇年代中期撰寫《聖經密碼》第一集期間，曾與電影導演史坦利・庫柏立克在數個不同場合談過聖經密碼。我首次向他提起聖經密碼時，庫柏立克不假思索的反應是：「那就像《二〇〇一：太空漫遊》中的黑石板。」

史蒂芬・霍金關於「未來我們或許有能力實現時光旅行」的說法是引用自他的著作*The Physics of Star Trek*（Basic Books, 1995）p.xii之前言。霍金在他最新版的著作*A Brief History of Time*（Bantam, 1996），第二一一頁中，再度重申他對時光旅行的信念。他亦提到任何形式的先進太空之旅，都需要以超光速來進行，對大部分的物理學家而言，那理所當然地意味著是時光倒流。

賓拉登所言——「美國人貪生怕死，那是他們的弱點。我們視死如歸，那是我們的力量」

——這段話是引述自他在阿拉伯的半島電視台所播出的錄影帶之一，據信那是在九一一事件之前預先錄製，事後才播出。

13 倒數計時

我在九一一事件後與芮普斯所談，關於連毫無宗教信仰的人如今也相信我們置身於末日中的這種說法，在《時代》雜誌二〇〇二年七月一日刊出的封面故事獲得證實：「《聖經》與末世浩劫：爲何閱讀及討論世界末日的美國人與日俱增。」文中引述曼哈頓區第五街基督長老教會穩重的資深牧師的話說：「自從九一一事件後，鐵石心腸、憤世嫉俗、原本對一切都無動於衷的紐約律師與證券經紀人，如今都在說：『世界要毀滅了嗎？』」

有關新約中「末日決戰」的預言是引述英王欽定版的《啓示錄》二十：七—九。（譯按：此三節經文如下：「那一千年完了、撒但必從監牢裡被釋放」二十：七、「出來要迷惑地上四方的列國、就是歌革和瑪各、叫他們聚集爭戰．他們的人數多如海沙」二十：八、「他們上來遍滿了全地、圍住聖徒的營、與蒙愛的城．就有火從天降下、燒滅了他們」二十：九）。所引述的舊約——凡看見你的、都要定睛看你、留意看你、說、使大地戰抖、使列國震動——是出自《以賽亞書》十四：十六。

在彌賽亞（救世主）降臨前會有一段恐怖難熬的日子，這種預言可見於舊約中的《但以理書》十二、新約《啓示錄》二十，以及一本名爲Hadith的可蘭經注疏。

我交給我的律師麥可・甘迺迪的封緘存證信函簽署日期是一九九八年十月六日。

我寫給美國聯邦準備銀行主席艾倫・葛林斯潘的信，簽署日期是二〇〇一年九月十三日，於九月十七日送至葛林斯潘的辦公室。當天正好是與「經濟危機」密載於同一處的希伯來曆五七六二年除夕，當天亦是九一一事件後股市首度重新開市。依據《紐約時報》二〇〇一年九月二十二日一篇報導，道瓊指數重挫六八四點，是有史以來最大跌幅，也展開自大蕭條時期以來股市爲期一星期最嚴重的狂瀉。

葛林斯潘的媒體助理Lynn Fox於二〇〇一年九月二十八日證實，主席「已讀過你的來函，」但他未曾接受訪問，也不願會面。《紐約時報》於二〇〇一年十一月二十七日報導，國家經濟研究局已正式宣布進入「景氣衰退期」。

二〇〇二年七月，這一代最嚴重的空頭市場使各大股市指數再跌破九一一事件後的最低點。《紐約時報》二〇〇二年七月二十三日報導，道瓊指數已跌破八千點關卡，以七七〇二點作收，那是一九九八年十月以來的新低，標準普爾指數也跌破八百點，以七九七點作收，那是一九九七年四月以來的新低。《紐約時報》七月二十一日亦報導，股市在短短兩年內已經損失了七兆美金。

希伯來曆五七六二年最後一天，西元二〇〇二年九月六日，當天股市收盤，過去八個交易日中有六天暴跌，也是連續五個月下挫，這是自從一九八一年景氣衰退以來首度連續五個月長黑。《紐約時報》於二〇〇二年九月四日報導，股市「如今可能會持續三年疲軟，是大蕭條時期以來最久的空頭時期。」

與「在末時」密載於同一處的恐怖分子基地名稱是刻意未提的。我已將那個地名交給美國及以色列情報單位。

以色列報紙《哈拉茲報》於二〇〇一年十月三十一日報導：「安全顧問告訴艾里爾·夏隆總理，以色列所面臨最危險的非傳統威脅是天花。」

依據Jonathan Tucker所著的*Scourge*（Atlantic Monthly Press, New York, 2001）一書所言，天花於一九八〇年由全世界絕跡之前，奪走了「數億條人命」。他在書中亦指出感染者有三分之一不治，即使能苟活者亦會留下恐怖的後遺症。美國與以色列於二〇〇二年夏季不約而同都決定替從事醫護急救工作者及防止生化細菌攻擊的第一線人員施打疫苗。《紐約時報》於二〇〇二年七月七日報導，美國將替五十萬名醫護人員施打疫苗，並稱美國如今已有一億劑天花疫苗，待二〇〇二年底將有足敷全美人口所需之疫苗。依據《哈拉茲報》的報導，以色列已儲備足夠其全體國人使用的疫苗。

以色列國防部首席科學家以撒·班以色列將軍於二〇〇一年十二月十二日告訴我，天花是「人人聞之色變」，因爲它是經由人類互相傳染，經由空氣傳染，在如今這世上只消幾個星期便會散播至全球。「做起來很容易，」班以色列說：「若對此置之不理就是愚不可及了。」

我引用拙作，一九九七年出版的《聖經密碼》第一集——「核武恐怖分子可能引發下次世界大戰」——出現在第一三〇頁（*The Bible Code*, Simon & Schuster, New York, 1997。中文版：大塊文化，台北，一九九七年，第一四二頁）。

美國參議院對核武恐怖主義的報告，「大規模毀滅性武器在全球擴散」（Global Proliferation of Weapons of Mass Destrustion, Sen. Hrg. 104-422），發表於一九九五年。本書所引述關於蘇聯垮臺——「以往從來沒有一個擁有三萬枚核武的帝國四分五裂」——是出自參議員Sam Nunn的開場致詞，於一九九五年十月三十一日整理成書面文字。

《紐約時報雜誌》關於核武恐怖主義的封面故事是由比爾．凱勒執筆，刊載於二〇〇二年五月二十六日。該刊用醒目的標題寫道：「本地遲早會遭到攻擊。」凱勒所引用的一枚一千噸級核武在時代廣場引爆之衝擊的電腦模型，是由「自然資源防護評議會」（Natural Resources Defense Council）的科學家Matthew McKinzie所撰寫。我引用的是凱勒的文章。

一枚百萬噸級核彈投擲在紐約上的衝擊之描述，是引用強納山．薛爾的權威作品《地球的命運》（*The Fate of the Earth*, *Knopf*, New York, 1982），第四十七至四十九頁。薛爾所言關於一枚兩千萬噸級核彈可能的衝擊是引述該書第五十二至五十三頁。他對於在地面引爆的攻擊之描述是引自第五十三頁。

恐怖主義專家勞伯．懷特於二〇〇一年九月二十四在《紐約時報》的九一一事件專欄中寫道——「這次恐怖分子沒有動用核生化武器，下一次他們很可能就會將之派上用場。」

芮普斯博士引述摩西警告「日後必有禍患臨到你們」，是引用《申命記》三一：二九。（譯按：該節經文如下：「我知道我死後你們必全然敗壞、偏離我所吩咐你們的道、行耶和華眼中看為惡的事、以手所作的惹他發怒、日後必有禍患臨到你們。」）他表示摩西在長達幾節的經文中所交待的遺言說得很明確，我們有一個選擇，摩西最後並說：「經由這些話語你們得以在地球上繁衍不絕。」

尾聲

牛頓說不僅是聖經，乃至整個宇宙，都是一套「全能的神所設定的密碼」，請參閱約翰・凱因斯的著作《牛頓，其人其事》（Newton, the Man, *Essays and Sketches in Biography*, Meridian Books, 1956）。

人類基因組是由兩組科學家解密，一組是公家機關，一組是私人團隊，兩組人員於西元兩千年六月二十六日共同宣布，《紐約時報》於六月二十七日報導此事時採用的標題是「科學家破解人類的生命基因密碼」。

哈伯太空望遠鏡正在將更能捕捉到宇宙起源那一刻的影像傳回地球。《紐約時報》於二〇〇二年七月二十三日報導：「望遠鏡能看得更遠，它們看到的光之年代就更久遠——遠達一百三十億年前，科學家相信這已接近渾沌初開的時期。」

英國天文學家馬丁・芮斯爵士在他的著作《宇宙的六個神奇數字》（*Just Six Numbers*, Basic Books, 2000, p.x）中表示，創造宇宙之初烙印下幾個數字，或許僅六個數字就決定了宇宙萬物的形狀。

牛頓相信宇宙是上帝所製作的一道謎題，要由我們來破解。芮普斯博士相信聖經密碼是上帝製作的一道謎題，密碼本身也說要「交由我們解決」。

附錄

伊利雅胡・芮普斯發現並證實了《聖經》中有一套密碼可以預言聖經成書後數千年才發生的事件，他此舉已經挑戰現代科學並使我們對世界的看法爲之改觀。

「若確有其事，則其重要性較愛因斯坦的發現有過之而無不及，」以色列最德高望重的物理學家Yakir Aharonov在多年前我首度向他提起聖經密碼時這麼告訴我。

「若確有其事，則其重要性較牛頓的發現亦不遑多讓，」我最近再度與Yakir Aharonov會晤時他這麼說。

「你將它升級了，」我說。「是的，」Aharonov說。「若確有其事，它會如同牛頓般使科學全然改觀。」

不過就如庫恩（Thomas S. Kuhn）在他的經典名作《科學革命的結構》（*The Structure of Scientific Revolutions*）中指出，許多最偉大的發現都會遭到排斥，甚至受到當時科學界的奚落——尤其因爲所有偉大的發現難免會挑戰我們認爲我們知道的，也因而挑戰了當時的科學界。

「每一項發現勢必會受到長久以來普受敬重卻與其格格不入的另一套科學理論的排斥，」庫恩寫道。「正常的科學通常會壓抑別具創意的新思維，因爲它們難免會顛覆現存體制。」

我記得在拙作《聖經密碼》第一集付梓前曾警告過芮普斯，一旦他的發現廣爲人知，必會招惹訾議。那是在所難免的。他是在要求世人接受一套激進的理論，一旦這套理論能獲認同，世界將爲之改觀。

「你是在向世人挑戰，就如同伽利略說地球繞著太陽運轉，我們這個星系的中心是太陽而不是地球。對他口誅筆伐的不僅是教會，還包括他當代的整個科學界。你也在挑戰當代的宗教界與科學界。」

「我只會慶幸他們不再將人燒死在柱子上了，」芮普斯說。

不過芮普斯仍得面對另一種嚴酷的考驗。他飽受平庸的科學家之抨擊，他們對於他們不能理解的現象，就無法認定那或許會是眞的。

然而在他的原始實驗之數學或電腦科學方面卻沒有人有置喙餘地。芮普斯於一九九四年八月在普受學界推崇的美國數學期刊《統計學》（*Statistical Science*）發表他的實驗。甚至沒有人提出反駁。

後來，五年後，《統計學》雜誌的編輯新官上任，確曾刊出一篇詰難文章，由一群數學界人士執筆，主導者是一位澳洲人士，而他不懂聖經密碼所使用的語言，希伯來文。

然而，芮普斯的許多以色列同胞所挑戰的既不是數學，也不是芮普斯原始實驗的電腦科學，反倒抨擊那些資料——由三十二位古聖先賢組成的那份希伯來文名單，那些聖賢全都活在《聖經》成書之後，但在聖經密碼中他們的生卒日期竟與他們的名字各自配對。

那些批評者說，同樣的現象在任何書籍中都可以找得到。那也是我與芮普斯首次會面時，我請教他的第一個問題。若使用電腦，難道不會發生同樣的明顯巧合？

芮普斯告訴我，事實上他與他的同事曾經試著使用同樣的電腦程式與數學測試法，在三本與《聖經》無關的文稿上，找同樣的名字與同樣的日期。

在《聖經》中，那些名字與日期全都密載於同一處。在其他三本書中則不然。而出於湊巧隨機找到密載資訊的機率是千萬分之一。

「那些資料是刻意挑出來作測試的，」那些批評者說。詰難者只差沒有明白譴責芮普斯博士和他的同儕舞弊，挑出那些只適用於《聖經》中的人名與日期。

我知道那並非事實，因爲我在出版《聖經密碼》第一集前已查覈過。那也是我向芮普斯提出的第二個問題——那些資料是誰挑選的？

事實上，那些聖賢的名字是採用極刻板的篩濾法挑出來的。芮普斯與他的同事純粹是依據《聖賢百科》（*Encyclopedia of Sages*）這本書中每則條目所佔的欄數多寡，挑出篇幅最多的前三十四名。當覈驗這項原始實驗的科學家要求採用新資料——說明白點就是要排除有造假舞弊的可能——芮普斯於是轉而再由百科全書的條目中挑出其次三十二位篇幅最多的聖賢。

完全沒有動手腳的可能。那些名字純粹是採取最刻板的方式挑出來的。

然而在這些猶太拉比名字的正確拼法上也有若干爭議，他們生活的年代都在希伯來文的拼法已趨一致並有依循的標準之前。故而芮普斯與他的同事要求研究拉比傳記的權威，Shlomo Z. Havlin教授，自行裁奪正確的拼法，然後據此選定他們實驗的資料。我訪問過Havlin，他也提供我一份書面聲明稿：

「我已確認兩份名單上的人名與名稱是依我自己的判斷決定，並將其與Bar-Ilan大學資料處理中心之電腦資料庫的名單詳細核對過。」

在《統計學》雜誌刊載那篇姍姍來遲了五年的詰難文章之前，Havlin還曾傳送一份更詳細的聲明到該刊，表明他在選定芮普斯的原始實驗之資料中所扮演的角色：

「我必須強調，在準備上述名單期間，我不僅無從得悉挑選出某一特定名字或名稱對實驗的成功會有何影響，我對該實驗是否成功之評定標準亦一無所悉，以及那與名字及名稱的清單有何關連。」

芮普斯的原始實驗採取的是典型的雙重盲檢法（double-blind）。自行挑選資料的專家根本不知道那些資料對實驗結果會有何影響。事實上他對那實驗也是毫無所悉。

對芮普斯及他的同事之基本抨擊——亦即他們「刻意挑出那些資料來作測試，」——顯然並非事實。芮普斯以及與他一起做這個實驗的兩位同事都未挑選資料。是Havlin挑選的。

儘管《統計學》事先已獲Havlin書面告知，表示對芮普斯的指控並非事實，然而該刊仍逕將那篇詰難文章登出。

那篇唱反調的文章中還對芮普斯的實驗提出另一項挑戰。那位澳洲的Brendan McKay自己做了項「實驗」，不是採用《聖經》，而是用《戰爭與和平》。他坦承爲了在這本俄文小說中編造出一套假的「密碼」，他將這項實驗的資料動了手腳。

他試圖表達的論點是，如果他可以操控一項實驗，捏造出一套「密碼」，則芮普斯亦可能也是這麼做出來的。

當然，這種論點是既荒謬又是捕風捉影。首先，芮普斯無法操控他的實驗，因爲是由一位獨立作業的專家，Havlin，挑選資料。而Havlin不知道那些資料對實驗結果有何影響。

然而除此之外，McKay所能證明的只是他做了一項動過手腳的實驗，他設了一場騙局。誠如以色列最知名的數學家，希伯來大學的Robert Aumann所言：「若McKay僞造了一張百元大鈔，那並無法證明所有的錢都是僞鈔。那只能證明McKay是製造僞鈔的人。」

這項挑戰顯然是空穴來風，顯然是荒謬絕倫，在正常情況之下絕對不會刊登的。

然而事實上該文獲得許多科學家的熱烈迴響，因爲他們早有先入爲主的定見。芮普斯所言，他所證明的，沒有人能證明那是錯誤的——亦即《聖經》中有一套密碼可以預言在《聖經》成書後才發生的事件——這徹底顛覆了現代西方科學，以致若干西方科學家決定未審先判，毫不檢視證據便認定那不會是眞的。

如果芮普斯是對的，則他們便是錯的。如果芮普斯是對的，則物理學、數學的法則、時間的本質勢必都得再重新審視。

那種挑戰是幾乎每一位有重大發現的科學家都要面臨的，那種發現會挑戰他們自己的時代之科學。

然而直至今日，沒有人找到任何證據足資證明芮普斯是錯的。沒有人挑戰過他的數學，或他的電腦科學，或他的原始實驗之結果，他的實驗顯示三十二位生活在聖經成書後時代之聖賢，他們的名字與生卒日期能吻合的機率是千萬分之一。

事實上，美國國家安全局的一位資深解碼專家哈洛．甘斯就使用他自己的電腦程式，將以色列人所做的實驗重做一次。甘斯由於很確定聖經密碼不可能確有其事，故而他做更進一步的實驗——他在密碼中尋找新資訊，就是那些聖賢生卒的城市之名稱。他找到了，就密載於同一處。

McKay及其他人士在攻擊芮普斯時佯稱甘斯已「取消」他的實驗。事實上，甘斯公開以書面聲明他已再度證實他的實驗，並對其結果滿懷信心。

「我們反對那些『密碼』最有力的證據，就是我們找不到密碼，」McKay及其他人士寫道，然而美國國家安全局一位窮畢生之力爲美國軍方情報單位編碼及解碼，已有二十五年資歷的解碼專家，確實在《聖經》中找到了一套密碼，他們竟對此事實視若無睹。

再者，McKay及其他人士自己就曾找到聖經密碼確有其事的確鑿證據，事實上，找到過兩次。首先，他們挑戰原先對那些人名的挑選方式，聲稱在估量《聖賢百科》各條目所佔欄位篇幅時不夠精確。待芮普斯原先的實驗採取McKay所挑選的資料重做之後，結果反倒更好。McKay及其他人士對那次實驗佯裝不知。

隨後，他們在自己的首次實驗時，原本打算拆穿聖經密碼的騙局，結果卻找到了確鑿的證據。他們未將之公諸於世，反倒改變他們的實驗方式，將芮普斯曾事先警告過他們會排除正確結果的參數加進去。他們隨後公佈第二次實驗的結果，對他們第一次實驗的確定結果之新數據則祕而不宣。

還有，當然，沒有人曾解釋聖經密碼若不是確有其事，如何能精確預測未來。沒有人曾在《戰爭與和平》或《白鯨記》中找到事發前便已預知的世界大事之正確預言。

沒有人能變造一套密碼，在一年前便精確預測到一位總理會遭刺殺。

或許正因此，除了一小群科學家之外，每個人都接受聖經密碼存在的事實。

《統計學》雜誌在這篇攻訐文章中指出，芮普斯的「論文完全收錄在卓思寧（本書作者）的書中，該書已迻譯成多種語言，都成爲暢銷書，故而該篇論文或許已成爲有史以來發行量最廣的科學論文。」

然而在各科學期刊中，芮普斯的論文只招來一篇顯然是造假的非難抨擊。

芮普斯與他的同事在回應《統計學》時，將McKay斥爲「毫無效力」的數學分析詳述縷析。芮普斯亦指出「望重士林的Bar-Ilan大學S. Z. Havlin教授，及美國國防部的資深解密專家哈洛·甘斯的聲明，已明確顯示其指摘乃一派胡言。」

「聖經密碼的證據是愈辯愈明，」芮普斯寫道。「已有令人訝異的進展，包括有新的實驗顯示《聖經》中的人物，以及生活在《聖經》成書後許久的年代之人士，都列名其中，並與他們的生平事蹟之細節密載於同一處。」

然而原先刊登芮普斯的實驗，並以書面承諾讓他回應任何詰難的那份數學期刊，卻拒絕刊登他的回應。

Aumann是以色列最孚清譽的數學家，也是美國科學學會（American Academy of Sciences）的成員，他致函《統計學》期刊抗議該刊拒絕讓芮普斯和他的同事對攻訐作出回應，該函並獲哈佛大學最知名的數學家之一David Kazhdan聯署。

「我們對該篇原始文稿如石破天驚般的本質知之甚詳，」Aumann與Kazhdan寫道。「《統計學》有此知識份子的道德良知與勇氣刊登該文，令人深摯慶幸，儘管該文勢必會造成騷動——也確已引發風潮。

Aumann叮囑《統計學》期刊切勿虎頭蛇尾，在原先的勇於刊登後，又採取「卑劣、不當、不公平的手段」，尤其不宜發表偷偷摸摸完成的非難文章，卻根本不知會芮普斯。

然而那份數學期刊對Havlin、甘斯、Aumann、Kazhdan等人的來函置若罔聞，並發表了一篇已有人先提出反駁的論文。

我確信芮普斯原先發表的那篇論文有朝一日將被視爲是一場「科學革命」。

謝詞

本書肇始於我得悉那位發現聖經密碼的以色列數學家之名，就密載於《聖經》中述說上帝降臨西奈山將摩西五書交給摩西的那段經文中。

隨後五年，我們經常交換意見，也多次會晤。聖經密碼確有其事的證據來自多方管道，但是若非芮普斯不遺餘力的匡助，本書難竟其功。

然而，本書之撰寫乃獨力完成，他並未參與，本書所表達的觀點除了引述部分之外，亦全是我的一己之見，並非他的論點。

我採用的是他與他的同事亞歷山大·羅登堡博士研發之電腦程式。所有的聖經密碼列印都是使用羅登堡博士與Alex Polishuk博士所撰寫的軟體。

許多以色列政府官員曾鼎力襄助。我不在此舉名致謝，因爲那或許會使他們的職務更難推行，但我必須感謝我的朋友以撒·班以色列將軍，他直到最近仍爲以色列國防部的首席科學家。我也要向Joel Singer敬申謝忱，他是草擬奧斯陸和平協議的律師，也協助我聯絡上以色列及約旦的諸多重要人士。

兩位地質學家，大衛·尼夫與他的年輕門生，Yuval Bartov，與我分享他們對死海及黎山地區的淵博知識，使我的考古尋覓得以成行。

許多友人撥冗閱讀、批評、鼓勵。其中一位，Jon Larsen，惠我良多。他的建言不僅直言無諱，更是見解獨到，他幾年來也不吝鼓勵我。

另兩位友人，我的律師Ken Burrows與麥可・甘迺迪，對我的協助遠超過法律上的忠告。我的經紀人，John Brockman，一方面要安排本書全球同步發行事宜，同時又設法讓本書在出版前祕而不宣。

我在維京出版社的編輯Wendy Wolf，令我能化繁爲簡，設法讓本書在空前快速的時間內付梓。Susan Petersen Kennedy與David Shanks，Penguin Putnam Inc.的總裁與執行長，從一開始就熱中參與，並對我全力支持。

若非我的兩位助理Diana與Talya之助，本書無法完成。Diana將一切打理得井然有序，查資料可謂是上窮碧落下黃泉。聰穎的年輕以色列人Talya不僅替我查證翻譯，也協助我撰寫此書。若不是她，我無力完成本書。

國家圖書館出版品預行編目資料

聖經密碼／邁可・卓思寧(Michael
Drosnin) 著；杜默，蔡梵谷譯.-- 初版.
-- 臺北市：大塊文化，1997- [民 86-]
冊； 公分. (Mark；3, 42)
譯自：The Bible Code
ISBN 957-8468-23-7（平裝）.-- ISBN
986-7975-98-7（第 2冊：平裝）

1. 聖經 - 舊約 - 研究與考訂

241.4 86009604

105 台北市南京東路四段25號11樓

廣　告　回　信
台灣北區郵政管理局登記證
北台字第10227號

大塊文化出版股份有限公司　收

地址：□□□ ＿＿＿＿＿市／縣＿＿＿＿＿鄉／鎮／市／區
＿＿＿＿＿路／街＿＿＿段＿＿＿巷＿＿＿弄＿＿＿號＿＿＿樓
姓名：

請沿虛線撕下後對折裝訂寄回，謝謝！

大塊 LOCUS 文化

編號：MA 042　書名：聖經密碼 2

大塊 LOCUS 文化 **讀者回函卡**

謝謝您購買這本書，爲了加強對您的服務，請您詳細填寫本卡各欄，寄回大塊出版 (免附回郵) 即可不定期收到本公司最新的出版資訊。

姓名：____________________ **身分證字號**：____________________

住址：____

聯絡電話：(O)____________________ (H)____________________

出生日期：______年______月______日 E-mail: ____________________

學歷：1.□高中及高中以下 2.□專科與大學 3.□研究所以上

職業：1.□學生 2.□資訊業 3.□工 4.□商 5.□服務業 6.□軍警公教 7.□自由業及專業 8.□其他________

從何處得知本書：1.□逛書店 2.□報紙廣告 3.□雜誌廣告 4.□新聞報導 5.□親友介紹 6.□公車廣告 7.□廣播節目8.□書訊 9.□廣告信函 10.□其他____________

您購買過我們那些系列的書：

1.□Touch系列 2.□Mark系列 3.□Smile系列 4.□Catch系列 5.□tomorrow系列 6.□幾米系列 7.□from系列 8.□to系列

閱讀嗜好：

1.□財經 2.□企管 3.□心理 4.□勵志 5.□社會人文 6.□自然科學 7.□傳記 8.□音樂藝術 9.□文學 10.□保健 11.□漫畫 12.□其他_____

對我們的建議：____

____

____

LOCUS

LOCUS

LOCUS